CB057292

FICHA CATALOGRÁFICA

(Preparada na Editora)

Novelino, Corina, 1912-1980

B289f   Eurípedes – o Homem e a Missão / Corina Novelino; mensagens psicografadas por Francisco Cândido Xavier. Araras, SP, IDE, 18ª edição, 2007.

320 p.: il.

ISBN 978-85-7341-372-4

1. Barsanulfo, Eurípedes, 1880-1918. Espiritismo 3. Psicografia I - Xavier, Francisco Cândido, 1910-2002. II. Título.

CDD -922.89
-133.9
-133.91
-133.901 3

Índices para catálogo sistemático:
1. Brasil: Espíritas: Biografia 922.89
2. Espiritismo 133.9
3. Psicografia: Mensagens: Espiritismo 133.91
4. Vida depois da morte: Espiritismo 133.901 3

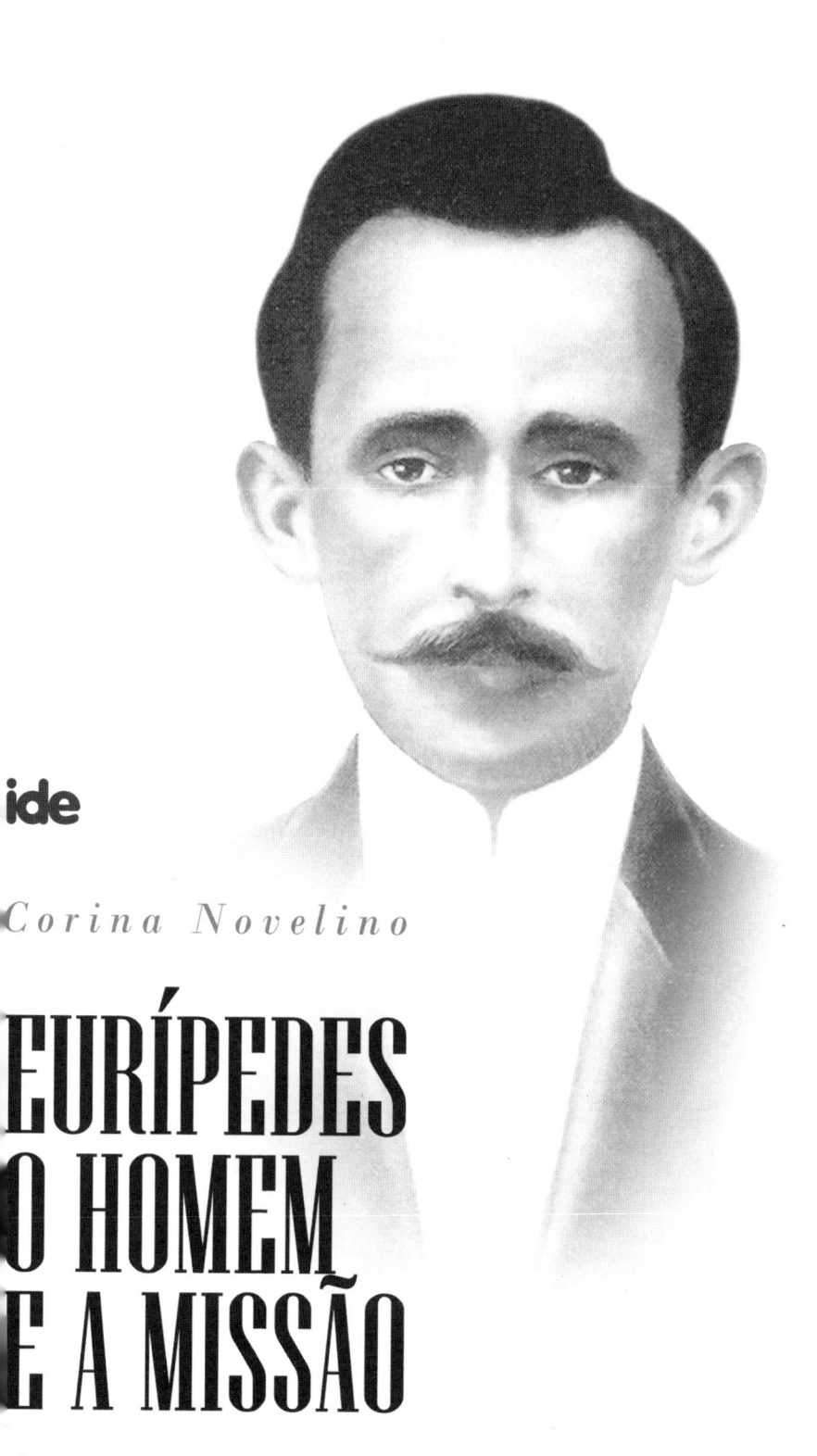

ide

Corina Novelino

EURÍPEDES
O HOMEM
E A MISSÃO

Uma visão da cidade mineira de Sacramento na primeira década do século XX

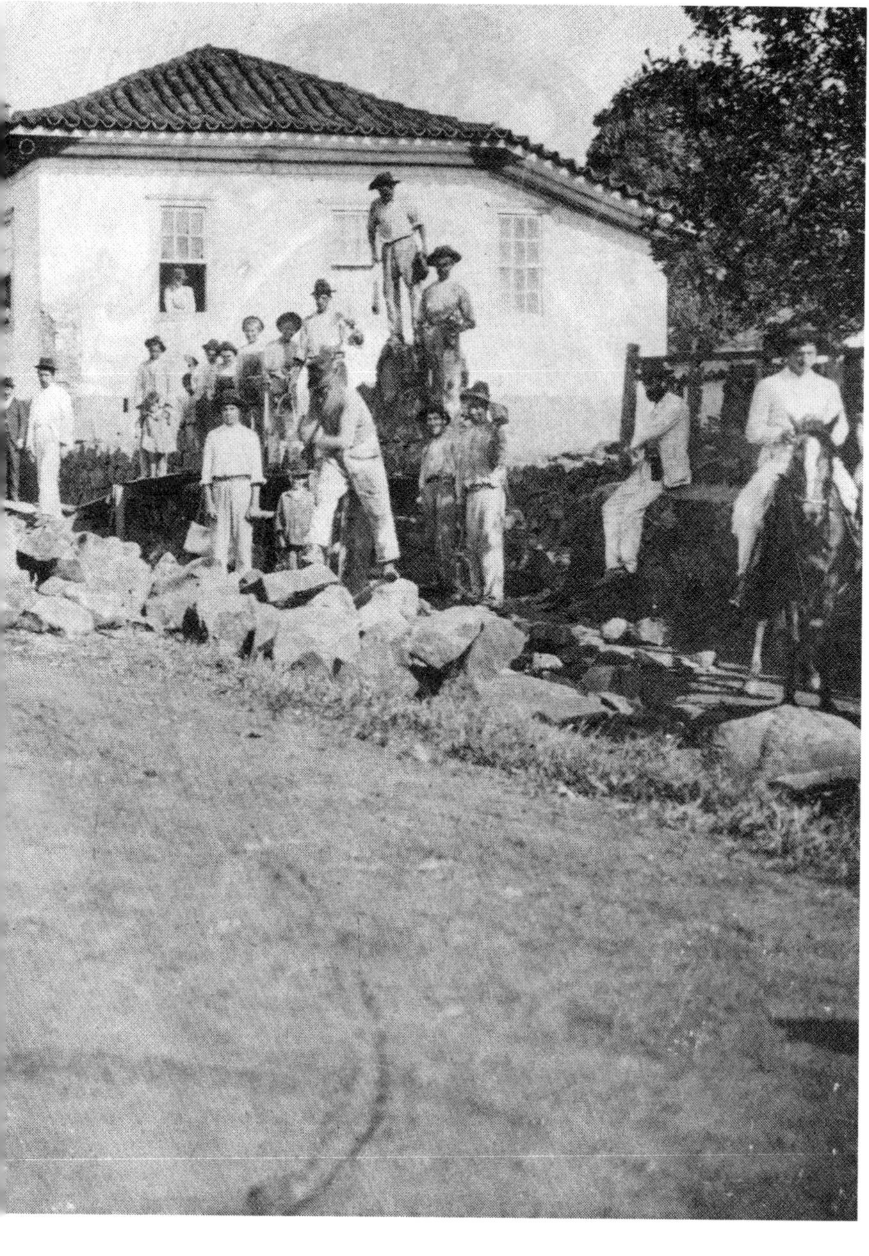

Hermógenes Ernesto de Araújo, pai de Eurípedes, aos 35 anos.

Jerônima Pereira de Almeida, mãe de Eurípedes, aos 75 anos.

Eurípedes Barsanulfo aos 33 anos.

Foto histórica dos bondes elétricos de passageiros em viagem experimental em 1913, nas imediações da fazenda dos Palhares (Tuia), local da subestação dos bondes, que faziam o percurso da cidade de Sacramento, MG, à estação do Cipó, da Companhia Mogiana de Estrada de Ferro.

ISBN 978-85-7341-372-4

18ª edição - julho/2007
10ª reimpressão - maio/2024

Copyright © 1979,
Instituto de Difusão Espírita - IDE

Conselho Editorial:
Doralice Scanavini Volk
Wilson Frungilo Júnior

Produção e Coordenação:
Jairo Lorenzeti

Revisão de texto:
Mariana Frungilo Paraluppi

Capa:
César França de Oliveira

Diagramação:
Maria Isabel Estéfano Rissi

Parceiro de distribuição:
Instituto Beneficente Boa Nova
Fone: (17) 3531-4444
www.boanova.net
boanova@boanova.net

INSTITUTO DE DIFUSÃO ESPÍRITA - IDE
Rua Emílio Ferreira, 177 - Centro
CEP 13600-092 - Araras/SP - Brasil
Fones (19) 3543-2400 e 3541-5215
CNPJ 44.220.101/0001-43
Inscrição Estadual 182.010.405.118
www.ideeditora.com.br
editorial@ideeditora.com.br

Todos os direitos reservados. Nenhuma parte desta publicação pode ser reproduzida, armazenada ou transmitida, total ou parcialmente, por quaisquer métodos ou processos, sem autorização do detentor do copyright.

Sumário

Nossa humilde homenagem 13
1 - Evocações de Vovozinha.. 17
2 - Uma família mineira no século XIX................................ 23
3 - A formação de Eurípedes... 30
4 - O Colégio Miranda 41
5 - Um jovem diferente em busca de novos horizontes......... 46
6 - Eurípedes, educador 62
7 - Os primeiros núcleos do pioneirismo espírita na região ... 73
8 - Acende-se a lâmpada da dúvida..................................... 83
9 - O toque de despertar 88
10 - A conversão ao Espiritismo. Novos rumos.................... 94
11 - O Grupo Espírita Esperança e Caridade 111
12 - O Colégio Allan Kardec 134
13 - A Farmácia Espírita Esperança e Caridade 179
14 - Eurípedes, homem público 202
15 - Testemunho e definição 209
16 - O credo de Eurípedes...218
17 - O testemunho 225
18 - Filho e irmão.. 242
19 - D. Meca.. 264
20 - Novas perspectivas sob nuvens de inquietações.............272
21 - O começo do fim. Os anúncios continuam 278
22 - O desenlace 283
23 - A missão continua... 296
Índice das ilustrações 316

Nossa humilde homenagem

PROPOMO-NOS TRAZER, PARA O PÓRTICO DESTE LIVRO, o testemunho de nosso reconhecimento carinhoso e singelo às almas queridas que nos auxiliaram na estrutura desta obra e que valorizam a autenticidade dos relatos nela contidos.

Uma vida marcantemente apostolar, como a de Eurípedes Barsanulfo, merece ser evocada nas suas linhas soberbas, em que o Missionário se impõe de maneira fulgurante.

Trazer a lume episódios do dia a dia, iluminados pela constante do Bem, da Verdade, da Justiça, da Lógica e da Ordem – eis o dever inadiável e imperioso dos que conheceram de perto a obra missionária de Eurípedes. Tratar da preservação do patrimônio de inestimável valor espiritual, que o tempo poderia tisnar nas sombras da incompreensão tendenciosa e da lenda – eis outra obrigação intransferível.

"Escrever sobre a vida de Eurípedes seria quase o mesmo que fazer a biografia de Jesus", afirmou-nos o querido Médium Francisco Cândido Xavier, quando lhe anunciamos a intenção audaciosa de aproveitar depoimentos que, diariamente, chegam-nos às mãos, bem como o volumoso documentário pertencente ao LAR DE EURÍPEDES, em Sacramento (MG), para o enfeixe de uma obra simples, na qual, sem pretensões a voos da literatura, pudéssemos oferecer modesto código de esperanças aos corações em reajuste reencarnatório na Terra, através da trajetória da luminescente Estrela, que fez reviver, nas terras sacramentanas, os passos de Jesus nos Caminhos da Humildade, do Perdão e do Amor.

Sentindo profundamente a alusão respeitosa do Médium ao Servo fiel que, por mais de uma vez, fora conduzido ao flagício, em oportunidades diversas, por Amor à Causa do Cristo, reconhecemo-nos na posição da criatura no estágio de reestruturação educativa e, em virtude disso, muito longe de perceber as sublimes dimensões do apostolado de Eurípedes.

Todavia, os Benfeitores da Vida Maior recomendam-nos a lógica da coragem, que deve prevalecer nas decisões fortes; e sob o amparo da advertência do Médium abençoado de Uberaba, iniciamos o trabalho sério, que nos empolgou o Espírito por vários meses.

Todas as realizações úteis se consolidam no espírito de equipe.

Dentro dessa conceituação superior, sob o peso da enorme responsabilidade de extrair a verdade da pujante Missão de Eurípedes, é que fomos buscar o indispensável apoio em valiosos depoimentos de antigos alunos e familiares do Apóstolo do Bem, através de entrevistas baseadas no sistema universal – com formulários comuns – a fim de que pudéssemos recolher respostas coincidentes.

Mencionamos os seguintes:

Dr. Tomaz Novelino, Edalides M. Rezende, José Rezende da Cunha, Elith Irani Vilela, Odulfo Wardil, Jerônimo Cândido Gomide, Antenor Duarte, Dr. Alfredo Fernandes, Walter Vieira, Ana Pinto de Almeida, Hipólita Alves Neme, Emiliana Jardem Cavalini, Maria Fernandes Matos, José Fernandes de Matos, Júlia Bárbara, Maria Campos Bárbara, José Bárbara, Zenon Borges, Carlito Bertolucci, José Ferreira de Almeida, Osvaldina Silva, José Vieira Negrão, Dr. Agnelo Morato, Dr. José Pereira Rezende, Dr. Iulo Derwil de Miranda, Adelino Ferreira e outros.

Outros atestados de grande significação aparecem nesta obra, projetando a luz da Verdade nos ângulos sublimes da personalidade e da missão de Eurípedes.

Cumpre-nos salientar a contribuição de elevado valor que nos deixou D. Amália Ferreira de Mello – nossa querida "Tia Amália" e amada "Avozinha" das internas do Lar de Eurípedes. A seus apontamentos valiosos e, notadamente, ao arquivo por ela organizado, devemos os pontos altos informativos acerca do trabalho e da personalidade de Eurípedes, sem os quais não nos seria provável a compilação deste livro.

Aditamos a colaboração valiosa da Professora Alba das Graças Pereira, no campo paciente das pesquisas e na datilografia dos originais da obra, bem como na assistência às cópias definitivas.

Registramos a tarefa devotada do jovem Luiz Mário Ferreira, que funcionou como copista auxiliar do livro.

Incluímos aqui o esforço abnegado do Médium Francisco Cândido Xavier, que se propôs ao trabalho estafante da leitura dos originais deste livro e à revisão de alguns pontos importantes suscetíveis de controvérsias.

Entregando este livro singelo ao grande público ledor, como modesta introdução para posteriores análises de maior profundidade, em torno da fascinante tese nele apresentada, deixamos a todos o nosso humilde preito de reconhecimento eterno.

Sacramento, 18 de junho de 1978.

Corina Novelino

Capítulo I

Evocações de Vovozinha

"– É... o Mogico casou comigo por causa do Reculuta...¹

– Sim? E como foi isso, vovó Meca?"

Os netos e, principalmente, as netas pediam, e a terna vovozinha reconstituía o episódio, que ficara no passado distante, todo pontilhado de traços pitorescos.

☆

Estamos em 1874.

Numa dessas tardes ensolaradas, tão comuns do pequeno termo de Sacramento, na província de Minas Gerais, a sala modesta da família Pereira de Almeida recebia quase solenemente o moço Hermógenes Ernesto de Araújo, seu pai Hermógenes Casimiro de Araújo e um rapaz amigo.

Hermógenes pai vinha pedir a mão de Jerônima Pereira de Almeida – então com quatorze anos – para o filho presente.

Jerônima – cujo porte franzino parecia dar-se melhor com o apelido que os familiares lhe arranjaram – Meca – ficara

---

¹ *Reculuta* – corruptela de recruta, recrutamento – muito comum nos meios incultos.

órfã muito cedo, passando a residir com o irmão mais velho de sua família.

Como era costume da época, a jovem não conhecia o noivo que lhe destinavam.

Por essa razão, colada ao buraco da fechadura, procurava inteirar-se dos entendimentos que se processavam a seu respeito na sala.

Mas só o que podia ver era o quadro formado pelos circunstantes.

Do outro lado, o irmão e tutor José Pereira de Almeida acertava com o progenitor do moço, que seria seu esposo.

Sentados, dois rapazes seguiam com interesse o acordo que a experiência dos mais velhos firmava.

Um dos moços ostentava respeitável bócio.

Este fato colocava em pânico o coraçãozinho da jovem.

Seria aquele o seu noivo? A esse pensamento estremecia de pavor.

Os dias que se antecederam à cerimônia nupcial foram de angustiante expectativa para a jovenzinha, que, dentro em breve, assumiria o mais grave passo da vida, sem conhecer aquele que partilharia suas dores e suas alegrias.

Seu temperamento vivaz, embora acomodatício às exigências da época, muitas vezes reprovara, em silêncio, o estranho costume de os pais darem os filhos em casamento sem consultar-lhes o coração.

Era o uso imposto pela necessidade. Os filhos varões aceitavam alegremente as algemas do matrimônio, que os pais lhes impunham, temerosos de um possível recrutamento para as fileiras nas forças imperiais, ainda estremecidas pelas enormes baixas no conflito com o Paraguai.

Mas se a opção agradava aos homens, não era tão lisonjeira para as mulheres. Era quase um negócio apressado, em que a mercadoria nem sequer merecia a consulta do comprador.

Bastava saber se a família era de bom tronco para consumar-se a transação...

☆

Chegara, finalmente, o dia tão temido.

Na Matriz da Freguesia do Patrocínio do SS. Sacramento, muitos pares alinhavam-se junto ao altar-mor para receber a bênção coletiva.[2]

Meca tremia como vara verde e já estava a ponto de despejar um chuveiro de lágrimas, quando, finalmente, apresentaram-lhe o noivo.

Fora um grande momento.

O jovem era extremamente simpático.

Graças a Deus, não era o moço papudo, entrevisto no buraco da fechadura, no dia do pedido... Ah... se soubesse, não teria sofrido tanto.

Os olhos se encontraram.

Ambos perceberam o magnetismo da afinidade, que os havia de irmanar para a eternidade.

As circunstâncias se encadearam de tal forma, permitindo que as tramas do destino viessem a consolidar os elos da luminosa corrente do Amor, futuro em diante.

Agora, aqueles jovens se reuniam, mercê da fuga dele ao engajamento no "Voluntariado da Pátria".

Iniciava-se outra campanha diferente. A mais bela cam-

---

[2] Naquela época, não havia o registro civil, sendo que o ato do casamento realizado pela Igreja tinha validade perante as Leis do País.

panha de compreensão e de virtudes jamais experimentada na cidadezinha.

O jovem marido, tocado de ternura inesgotável, enfrentou, desde o nascimento da primogênita Maria Neomísia – ocorrido a oito de julho de 1876 –, as insidiosas crises, que atormentariam a esposa durante trinta anos.

Foram longos anos de paciente e amorosa solicitude.

Vieram os primeiros filhos ao casal. A miséria batera-lhe às portas. Todo o dinheiro ganho escoava-se no tratamento da jovem senhora que, tomada de frequentes acessos, dava ao marido cuidados permanentes.

Nunca esmoreceu aquele devotamento tocante. Ele se sentia sempre prisioneiro daquela alma singela e pura, que irradiava beleza envolvente.

Uma florzinha humana devotada também ao ninho doméstico, que se ia enriquecendo, de dois em dois anos, com um novo membro.

No curso de vinte e seis anos, nada menos de quinze filhos formavam o conjunto harmonioso da família.

Fácil é imaginar-se o dobrado trabalho de uma dona de casa no século XIX.

Não havia, como hoje, os benefícios da água canalizada, dos sanitários, para não se dizer dos eletrodomésticos que, mesmo se existissem, fugiriam ao alcance dos precários recursos do bolso do casal.

Na época, o instrumento básico de uma casa era o *pilão*, em que se pilavam o arroz e o café e socava-se o milho para a canjica suculenta.

O café era torrado e moído em casa, nem sequer existia a torradeira. A operação se fazia em panelas de ferro.

Os tecidos para cama, peças do vestuário e mesa eram feitos no tear caseiro após o processo de cardação e de estruturação dos fios na *roca* ou fiadeira[3].

Meca era excelente dona de casa e mãe extremosa.

Alegre, vivaz, comunicativa nos intervalos de tréguas dos ataques, ela era a companheira ideal do homem bom, de aspecto grave, cujo coração jamais se fatigara no entusiasmo de servir e de amparar a doce companheira que os Céus lhe confiaram.

Foi nesse lar, iluminado pela compreensão e abençoado pela dor sem revoltas e, sobretudo, singularizado por alto sentido da fraternidade, que Altos Desígnios destinaram Espíritos com evidentes gamas de deméritos cármicos, é certo, mas todos portadores de marcante sensibilidade para o Bem.

E nesse homogêneo grupo – eis que a Celeste Bondade faz situar um Missionário do seu Amor – Eurípedes Barsanulfo.

INTERMEZZO

Anos após a epopeia gloriosa da Laguna, na qual os Voluntários da Pátria tiveram imortal participação, ressoavam ainda, por entre as paredes austeras do casarão solarengo ou da casa modesta da classe média, na cidade como no campo, as trágicas notas do movimento, que, no dizer de Taunnay, tornou-se o "símbolo do heroísmo nacional" e que deixara marcas profundas na opinião popular, especialmente nas povoações mineiras.

Assim, os dramáticos episódios da coluna, que, sob o comando do Coronel Drago, depois do Coronel Fonseca Galvão, saíra de Uberaba a 1º de abril de 1866, exerceram considerável influência no comportamento rural e urbano da região.

Pela transcendência de um desses sutis fenômenos do

---

[3] Pequena máquina de roda, que funcionava através de um pedal.

coração sonhador, as mocinhas casadouras da época conservaram, anos a fio, a certeza de que apenas um motivo levava os rapazes ao casamento: entre o matrimônio e o recrutamento impunha-se a opção plausível...

    E a jovem de quatorze anos de nossa história não fugira à regra geral.

NOTA – Para a composição deste capítulo introdutório, servimo-nos dos valiosos depoimentos de D. Edalides Millan de Rezende, de São Carlos, SP, e também do Dr. Tomaz Novelino, médico de Franca, SP, e D. Elith Irani Vilela, de Uberaba, MG.

Capítulo 2

Uma família mineira no século XIX

AS TERRAS DAS MINAS GERAIS – NO PERÍODO COLONIAL, denominadas *Capitania* e depois *Província,* já no governo imperial – talvez tenham sido a faixa da área brasileira que maior influência recebeu dos costumes lusos.

No século XIX, apanhou a carga do tradicionalismo herdado de estranho processo de interação social, quando a influência do Catolicismo era muito considerável. A partir do rigorismo com que os governos provinciais tratavam de manter as tradições, notadamente no campo religioso, até a austeridade familiar.

Daí criou-se naturalmente o senso conservador que, até os dias atuais, domina certos meios incultos das Minas Gerais.

A história de Sacramento está muito ligada a esse tradicionalismo inerente a Minas Gerais, a começar pelas sucessivas denominações toponímicas recebidas.

Os registros do Município marcam o dia 24 de agosto de 1820 como a data de sua fundação, quando o reverendo Hermógenes Casimiro de Araújo Brunswich – parente próximo de Mogico[4] – ergueu, à margem esquerda do Ribeirão Borá, uma

---

[4] Mogico era o apelido familiar de Hermógenes Ernesto de Araújo.

capela com o orago do SS. Sacramento, apresentado sob o patrocínio de Maria Santíssima.

Data daí a criação de Sacramento, até então distrito da Freguesia de Nossa Senhora do Desterro do Desemboque, em terras doadas ao Santíssimo pelo capitão Manoel Ferreira e sua mulher, D. Joaquina Rosa de Sant'Ana.

A 3 de julho de 1857, foi criada a *Freguesia de Nossa Senhora do Patrocínio do Santíssimo Sacramento* e, a 13 de setembro de 1870, a Lei Mineira nº 1637 sancionava a criação do Município, termo anexo da Comarca do Paraná até 8 de julho de 1876, quando foi elevada à cidade, ainda termo do Comarca do Paraná.[5]

Nos tempos coloniais, a organização eclesiástica servia-se da colaboração de *irmãos-leigos*, que se introduziam pelos sertões em busca do ouro nos filões dos rios que enriquecem a hidrografia mineira.

Com esse objetivo primordial, tais indivíduos radicavam-se em locais estratégicos – sempre junto a um rio –, o que lhes propiciavam a fundação de um arraial, atraindo colonos e suas famílias.

Começavam com uma igrejinha ou capela, em torno da qual agrupavam-se casas de pau a pique com cobertura de folhas de indaiá.

O irmão-leigo transformava-se num misto de aventureiro e de pregador dos dogmas católicos, que pouco a pouco iam estruturando as bases de convencionalismo já mencionado.[6]

Não raro, enriqueciam-se e tomavam outro rumo, levan-

---

[5] Em 1888, a Comarca do Paraná passou a denominar-se Comarca de Uberaba. (J. Camilo de Oliveira Torres, *História de Minas Gerais*)

[6] Ver J. Camilo de Oliveira Torres, *História de Minas Gerais,* Difusão Pan-Americana do Livro, Belo Horizonte, MG, vol. I, cap. IV.

do o produto de sua empresa extrativa. Deixavam atrás de si uma povoação destinada a remotas possibilidades de desenvolvimento.

Desse modo, criaram-se numerosas cidades mineiras, a exemplo das bandeirantes.

Em todas, estabeleceu-se o espírito tradicionalista, que envolveu, por mais de três séculos, as generosas terras mineiras.

☆

O nascimento de Maria Neomísia – a 8 de julho de 1876 – viera, coincidentemente, assinalar a promulgação da Lei Mineira nº 2273, que fixava a elevação de Vila à Cidade do pequeno termo de Sacramento.

A criação da novel cidade deixara um clima de justificável euforia no ânimo popular.

O lar da família Mogico tinha duplo motivo para rejubilar-se. Nascera-lhes a primogênita, iluminando os caminhos, então tecidos de dificuldades.

Mogico instalara-se com a família em modesta casa, numa rua afastada do centro. Ao que parece, nessa época, existiam apenas duas ruas no local, que se denominavam Avenida Municipal e Rua Principal, onde se localizavam residências de pessoas abastadas, casas de comércio e o Paço Municipal.

Por essa ocasião, a saúde de Meca achava-se bastante comprometida com crises frequentes, caracterizadas por desmaios.

Mogico trabalhava como balconista de uma casa comercial do lugar. Ganhava pouco, mas o esforço da esposa na contenção das despesas motivava-o no trabalho.

Meca desdobrava-se para dar conta dos afazeres e dos cuidados que a pequena Maria reclamava de sua ternura.

Dois anos e cinco meses se passaram, quando o lar abençoado de Meca e Mogico recebeu um novo membro – Eulógio Natal. O fato se deu a 25 de dezembro de 1878.

Novas alegrias banharam aqueles corações virtuosos. O bebê era robusto e trazia novas esperanças à Meca e a seu marido.

A saúde melhorava e a jovem senhora entregava-se a seu dia a dia com redobrado esforço.

O pilão de madeira funcionava diariamente, recebendo os impactos da "mão de madeira", acionada por outras mãos ágeis.

Meca preparava o arroz e o café para o consumo da família.

No Ribeirão Borá, havia o local preferido das donas de casa para a lavagem das roupas.[7]

Para essa fonte improvisada, Meca se encaminhava semanalmente.

As dificuldades eram as mesmas. Contudo, os dias se passavam e a família buscava reconforto na paz de espírito.

A jovem mãe era profundamente religiosa e buscava a igreja com assiduidade e firmeza, embora muitas vezes desmaiasse durante os ofícios religiosos, em virtude de visões "esquisitas", que a perturbavam.

Com o correr do tempo, o vigário autorizou-a a realizar as orações diárias de sua congregação na própria casa.

A pequena Mariquinhas – apelido que o carinho familiar dera a Maria Neomísia –, agora com quatro anos, crescia normalmente e dava aos pais alvoroços de contentamento, oriundos do amor.

---

[7] Na época, esse local ficava pouco abaixo do Laticínio Scala.

O coração de Meca recebia influxos generosos, até então desconhecidos. O estado de saúde alternava-se em crises e acalmias.

Dois anos e cinco meses novamente se escoavam no calendário familiar.

Nasceu Eurípedes Barsanulfo. Exatamente a 1º de maio de 1880, numa casa situada nas esquinas da Rua Principal com a transversal, Major Lima. Foi recebido nos braços carinhosos de Ludovina, grande amiga da família e parteira da cidade, desde anos.

Os demais filhos de Meca nasceram sob seus cuidados.

Rufina, escrava ainda moça de Bárbara Pereira de Almeida (Babota), irmã de Meca, apareceu para lavar as roupas e fazer a comida.

Viera fugida da dona, como o fazia frequentemente, porque estimava muito a *Memeca* e gostava de ajudá-la, especialmente nas ocasiões de doenças.

Meca se afeiçoara muito à escrava de Babota e sempre advertia aos filhos que a tratassem muito bem.

Meca apegara-se muito ao caçula, talvez por ser franzino.

Quantas vezes não teria ela ido aos extremos do sacrifício para garantir a sobrevivência do filho querido?

Enquanto a cidade caminhava a lentos passos com a sua pecuária iniciante e a sua agricultura rudimentar, Eurípedes desenvolvia-se sob os cuidados dos pais.

A situação financeira da família não progredira. As lutas continuavam.

Mogico recebia 1$500 (mil e quinhentos réis) diários, que mal davam para o sustento da família.

PARÓQUIA DE N. SENHORA DO PATROCÍNIO DO SANTÍSSIMO SACRAMENTO

DIOCESE DE UBERABA

Certidão de Batismo

Certifico que revendo os livros de assentamentos de batismos desta Paróquia, no de n.º 12, às fls. 23, encontrei o seguinte:

Aos onze de maio de mil oitocentos e oitenta baptizei solenimente e pus os Santos Oleos no inocentte EURÍPEDES, nascido a um deste, filho de Hermogenes Ernesto de Araujo e Jeronima Bernardes de Almeida: Foram padrinhos Eusebio Lui de Mendonça e Emericiana Euzebia de Araujo mulher deste; e para constar faço este assentamento que me assigno.

Vig. Manuel Rodrigues da Paixão

Nada mais se achava no referido assentamento que copiei fielmente. — Ita in fide Parochi.

Sacramento, 3 de agosto de 1962

Vigário

Registro de batismo de Eurípedes, cópia gentilmente cedida pela Paróquia de Sacramento, MG.

Eurípedes crescia malnutrido e, consequentemente, enfermiço.

A alimentação ordinária da família era deficiente. Houve um tempo em que Mariquinhas buscava no quintal folhas de "ora-pro-nóbis", que cozia em água e sal para os irmãos.

Eurípedes contava quatro anos nessa fase aflitiva. E a família havia recebido mais dois elementos: Wenefreda Dermecília, cujo nascimento se dera a 20 de agosto de 1882, e Waltersides Willon, que viera ao mundo a 7 de maio de 1884.

NOTA – Os dados do presente capítulo foram fornecidos por: Elith Irani Vilela, residente em Uberaba, MG; Edalides Millan de Rezende, residente em São Carlos, SP, e Oswaldina Silva, que os recolheu de sua mãe Maria Neomísia da Silva, residente em Sacramento, MG.

Capítulo 3

A formação de Eurípedes

O MENINO CRESCE EM AMOR

Aos quatro anos, Eurípedes era uma criança comum, condicionada à ingenuidade própria da idade.

Conta-se que, certa feita, brincava com outros meninos na via pública, junto à sarjeta alta. Ao ver os companheiros com alguns níqueis, deixou transparecer o desejo de possuir uma moeda também.

Queria comprar um doce na venda.

Os outros, maldosamente, sugeriram ao pequeno:

– Passe aquele caco de telha na pedra até que fique redondinho e fino como o nosso "quarentão"[8]. Leve-o ao vendeiro e compre o seu docinho...

Assim fez o menino, enquanto os outros se afastavam sob risos abafados.

Pacientemente, a criança burilou o pedaço de telha. Em seguida, foi à venda.

O dono da quitanda sorriu bondosamente, tomou o caco burilado e deu-lhe o doce.

---

[8] Quarentão era a menor fração de mil réis.

Eurípedes ficara exultante. Já podia comprar doces como os outros meninos. Sabia fazer dinheiro...

☆

Usava uma camisolinha de tecido grosso, tal como era o costume da época, em que os meninos vestiam camisolas até sete a oito anos.

Meca fazia esses modelos, acrescentando um bolsinho, onde o menino guardava um naco de pele de porco e um pedaço de rapadura.

O menino chupava, chupava a pele e guardava-a de novo. A operação durava todo o dia. E dava para enganar a fome.

Também fazia das suas traquinagens, uma das quais era perito reincidente: gostava de apanhar a "comidinha" que as irmãs faziam de brinquedo, no quintal, num fogãozinho improvisado de adobes e cacos de telhas, que ele ajudava a construir.

Era um Deus nos acuda.

As meninas corriam atrás do irmão. Este desabalava ao encontro da mãe. Muitas vezes, encontrava-a no leito, presa de crises.[9]

Já o menino se preocupava muito com a mãe.

Quando a via assim, presa dos ataques, não saía de seu lado.

Dois anos depois, nascia o sexto rebento da família – uma menina a quem o pai deu o nome de Arísia Hermenecília. A ocorrência deu-se a 15 de abril de 1885.

As dificuldades eram uma constante na vida do casal, agravadas com o aumento gradativo da família e a enfermidade

---

[9] Relato do próprio Eurípedes à sua secretária D. Amália.

de Meca. Todavia, sofriam com paciência, aguardando melhores dias.

Desde pequeno, Eurípedes demonstrou invulgar interesse pelos enfermos. Vivia à volta de pessoas sofredoras, a quem oferecia as alegrias naturais da idade.

Relata-nos a Sra. Edalides M. de Rezende, em seu depoimento, que Eurípedes ficara muito preocupado quando tia Babota adoeceu para desencarnar. O menino, então com seis anos, não saía de junto do leito da enferma.

A doente pedira doce de cascas de laranjas. Ele correu à procura da desejada compota. Evidentemente, as diligências do pequeno foram demoradas, em virtude da confecção do mencionado doce exigir tempo.

Contudo, o menino chegou à beira do leito da tia e, muito feliz, foi levando-lhe pequenos bocados de doce à boca, o que ela pareceu saborear.

Depois, satisfeita, tia Babota voltou-se para o outro lado e disse: "Eurípedes, como se vive, se morre".

Foram suas últimas palavras. Logo após, falecia sob o olhar compungido do menino.

☆

A pedido de Eurípedes, o pai encaminhara-o para a escola primária do Sr. Joaquim Vaz de Melo, onde o menino aprendera a ler e a contar rapidamente. Depois que aprendeu a ler, nunca mais deixou a companhia luminosa dos livros.

Eurípedes projetou-se na escola do Tatinho, mercê de sua aplicação e comportamento exemplares. Aproveitou com brilhantismo as lições recebidas, através do método intensivo aplicado na época nas escolas oficiais e particulares da Província.

O nascimento do sétimo filho – Odulfo Wardil – ocorrido a 22 de fevereiro de 1887 – veio marcar um acontecimento importante para a família.

UMA ESTAÇÃO FERROVIÁRIA E OS PRIMEIROS NÍQUEIS

Mogico recebera vantajosa proposta do Sr. Antônio Batista de Melo para gerenciar sua casa comercial, que se localizava na Estação do Cipó, tronco ferroviário da Mogiana, a quatorze quilômetros de Sacramento.

O moço aceitara, jubiloso, o emprego que lhe daria possibilidades melhores para a manutenção de sua já numerosa família.

Profundamente ligado à esposa e aos filhos por sublimes laços, jamais tivera, nos anos difíceis, momentos de desânimo.

Chegara, enfim, o ensejo tão sonhado. O bom salário, acrescido de comissões, seria a providência da família querida.

A mudança para o Cipó deu-se no correr de 1885.

O dinamismo e a retidão de Mogico asseguravam-lhe a crescente confiança do patrão.

Mas, na Estação do Cipó, não havia escolas.

Eurípedes prosseguia seus estudos com o pai, que, nas horas vagas, transmitia-lhe lições de Aritmética e Língua Portuguesa.

Na casa comercial onde o pai trabalhava, o menino passava quase todo o dia, ocupado com seus livros e empenhado em auxiliar o progenitor no balcão. Nos momentos oportunos, quando chegavam fregueses a cavalo, oriundos das fazendas e sítios próximos, para compras, ele guardava os animais.

Quando o trem apitava a poucos metros da Estação, o menino preparava-se para o carregamento de malas dos possíveis viajantes que desciam ou que embarcavam.

A doce preocupação de Eurípedes era ganhar dinheiro para a mãe.

Conseguiu amealhar o numerário para a compra das primeiras calças que usou.

Depois desse evento, todo o dinheirinho ganho era cuidadosamente guardado numa velha meia do pai.

As frações de mil réis – fruto do trabalho cotidiano –, Eurípedes as trocava por moedas de prata no valor de dois mil réis (2$000).

Quando houve um bom número dessas moedas no cofre improvisado, ele as entregou à mãe, dizendo alegremente:

"Guarde, mãe, para o dia em que a senhora não tiver pão em casa."

As lágrimas de ternura da mãe banharam as faces do filho querido.

Era o primeiro dos grandes testemunhos de renúncia que aquela alma de escol daria existência afora...

O RETORNO A SACRAMENTO

O Rio Grande sempre constituiu uma ameaça à saúde pública, no vale que se estende pela faixa do município de Sacramento, notadamente nos recuados quartéis do século passado, quando medidas profiláticas contra sezões eram desconhecidas.

Eurípedes fora acometido de maleita, muito comum nas épocas posteriores às chuvas.

O fato trouxera naturais apreensões aos pais.

Meca esperava o oitavo filho, que veio a nascer a 7 de dezembro de 1889.

Desta vez, veio outra criança do sexo feminino, que recebeu o nome de Eurídece Miltan.

Logo depois, Mogico apareceu com beribéri.

A enfermidade pertinaz o levou a pensar no retorno a Sacramento. O Cipó era bom para se ganhar dinheiro, porém era foco de sezões, e a família não devia ser exposta a esse perigo. Talvez por um desses felizes encadeamentos, que a Providência estrutura no caminho das almas, resolveu voltar.

Dessa forma, depois de dois a três anos de permanência naquela Estação Ferroviária, a família regressou a Sacramento.

Eurípedes contava nove anos.

Na cidade natal, a saúde retornou-lhe ao abençoado veículo de carne.

O CARAÇA CHEGA A SACRAMENTO

Nesse ano – 1889 – inaugurou-se, em Sacramento, uma fase nova para a população estudantil.

Instalou-se na cidade o "Colégio Miranda".

Seu diretor – o Prof. João Derwil de Miranda – era natural de Mariana, MG, e recebera esmerada formação no Caraça, o mais famoso educandário mineiro de todos os tempos.

A convite do coronel Manuel Cassiano de Oliveira França, chefe político em Sacramento, viera com seu Colégio.

Numa época em que a rarefação demográfica opunha barreiras quase intransponíveis à comunicação entre as cidades, vilas e povoações da Província de Minas Gerais, verdadeira elite de intelectuais veio até Sacramento, através do eminente Prof. Miranda e de seu coadjutor Prof. Inácio Gomes de Melo, ambos com brilhante estágio no Caraça e em outros colégios da época.

Para se avaliar a influência primordial que o Caraça representou na área educacional sacramentana, foi que nos dispusemos a trazer algumas notas informativas a respeito desse colégio a que se deve a visão pedagógica dos professores mencionados.

João Camilo de Oliveira Torres oferece valiosa documentação no seu excelente tratado *História de Minas Gerais* – vol. IV – cap. V – acerca do regimento interno do Caraça, em que evidencia a extraordinária experiência pedagógica dos padres lazaristas – portugueses que dirigiam o conceituado educandário.

O historiador acima referido vale-se de brilhante trabalho de Alceu Amoroso Lima, inserto em *Voz de Minas* – Rio de Janeiro, 1944 – em que o brilhante publicista católico enfatiza o avançado comportamento psicológico, observado no regime do Caraça.

Em seguida, o autor transcreve alguns dispositivos do importante código que data de 1835 e que, segundo seu capacitado juízo, "deveria continuar a inspirar sempre a educação mineira".

A título de informação, damos a seguir alguns artigos do mencionado código:

Cap. 5º – Art. 1º – "Os oficiais de uma casa de educação (isto é, diretores e professores) devem considerar-se revestidos dos caracteres de outros tantos pais de família...

Sua religião deve ser pura, deverá ainda evitar o cheiro da hipocrisia e fanatismo; devem conduzir a mocidade com suavidade e amor, mesmo no exercício da correção e é, então, especialmente, quando devem estar prevenidos para não usarem de nomes injuriosos nem excederem a moderação."

Cap. 2º – Parág. 11 – "Os castigos dos maiores crimes (sic) será privação de recreação e separação dos colegas."

Cap. 3º – Parág. 13 – "Convém conhecer o gênio e o caráter de cada aluno para com prudência tratar bem a todos; pois o que agrada ao melancólico e perturbado, muitas vezes não agrada ao de gênio alegre e vice-versa."

Cap. V – "Os professores, se não se cansarem no ensino dos estudantes, serão a causa destes ficarem paralisados nos conhecimentos, de tornarem-se inúteis a si e à sociedade e serão responsáveis pelas despesas que os pais fazem com seus filhos."

Cap. 5º – Art. 5º – "Eles (os estudantes) devem persuadir-se que não vêm só para aprender os estudos e ciência, mas também as virtudes e é o que mais desejam os pais de seus filhos. Vale mais um homem de conhecimentos medianos, sendo virtuoso, do que grande sábio sem virtudes."

"Devem olhar para os Diretores e Mestres como para outros tantos amigos e como quem faz as vezes de pai, e respeitá-los."

Art. 6º – "Devem ser sofredores, pois não tendo todos aqueles cômodos, que teriam em casa de seus pais e porque têm de viver com outros, dos quais uns terão uma educação e outros outra."

Art. 7º – "Devem respeitar-se uns aos outros mutuamente, evitando os dois extremos – inimizades e amizades particulares."

Art. 13º – "Devem ser muito políticos (isto é, muito polidos), pois a política (a polidez) é um dos caracteres por onde se conhece o homem de bem, para o que não devem omitir a lição, quando se fizer sobre regras de política (polidez)."

A EDUCAÇÃO FÍSICA JÁ ERA OBJETO DE INTERESSE

Cap. 7º – Parág. 2º – "Nas recreações, permitam-se os jogos, especialmente aqueles que exercitarem as forças corporais."

A ALIMENTAÇÃO DO CORPO TANTO QUANTO A DO ESPÍRITO ERA CUIDADA DE MODO PARTICULAR

Cap. 9º – Parág. 1º – "O bom cozinheiro concorre muito para a boa ordem. Se o estudante, descontente do refeitório, em vez de recrear-se ou estudar, estará murmurando, perturbando-se e perturbando a casa."

Cap. 9º – Parág. 2º – "O presidente da cozinha (sic) deve ser um homem muito asseado e em tudo procurar que os ajudantes também sejam asseados e que tudo façam com limpeza."

Art. nº 5 – "Os manjares sejam bem guisados e, com variedades, deleitam e as mesmas comidas repetidas, ainda que boas, aborrecem, haverá para isso variedades no guisamento."

Cap. II – Art. 1 – "Tenha a enfermaria, ou lugar dos doentes, bem-arranjada e asseada, as camas dos doentes compostas, arejadas e defumados os ditos lugares com espécies aromáticas."

Cap. II – Art. 6 – "O enfermeiro divertirá os doentes, trazendo-lhes alguns ramalhetes de flores ou plantas medicinais."

Cap. II – Art. 8 – "Se houver alguns doentes, cuja enfermidade for incurável ou contagiosa, como tísica ou mal de Lázaro, quando o doente morrer ou mudar, todas as coisas de seu uso devem ser queimadas e quebradas e o aposento lavado, arejado e bem caiado."

Vê-se por aí que a higiene pedagógica não é invenção do século XX...

☆

Logo que concluiu o curso primário na cidade natal, João Derwil de Miranda ingressou no Colégio Caraça, onde permaneceu longo tempo no estudo de "Humanidades" – assim também chamados os preparatórios.

A avó de João (e também sua tutora, Maria Querubina) destinava-o ao sacerdócio.

Após esse estágio no Caraça, João transferiu-se para o seminário de Mariana.

Não tinha ele, porém, vocação para o sacerdócio.

Seu escrúpulo religioso o levou a aconselhar-se com o Bispo de Mariana – D. Antônio Ferreira Viçoso.

Exposto seu problema ao Bispo – não queria ser padre – este o aconselhou a ir seguindo o curso do seminário a fim de cientificar-se se a vocação despontava. Caso contrário, deveria desistir definitivamente de ser padre, apesar dos anseios de sua avó.

Permanecendo em Mariana, no seminário passou por todas as *Ordens*, exceto o Presbiteriato – última e irrevogável ordem a ser recebida.

Tornou-se professor, lecionando em diversas cidades mineiras, até que se radicou em Sacramento.

Logo após sua chegada, casou-se com Amélia Vieira, filha do capitão Maurício Vieira, com quem constituiu numerosa família. Dos dez filhos do casal, faleceram os seguintes: Ascânio, Virgínia, Balduíno, João, Enéias, Creusa e Maurício.

Os demais: Dr. Iulo, Profa. Ismalita, Dra. Maria Augusta e D. Maria Natalina – esta casada com o Sr. José Fidelis Borges – todos residentes em Sacramento.

Houve uma época (provavelmente de 1899 a 1900) em que o Prof. Miranda transferiu seu colégio para Uberaba, onde funcionou com o nome de *Ateneu Miranda.*

Em 1905, mudou-se para Ouro Preto, fechando definitivamente o colégio. Nessa cidade, lecionou dezoito anos no ginásio local.

Nesses anos, encaminhara todos os filhos para os estudos de nível superior.

E, em 1922, retornou a Sacramento com a família.

Aí veio a falecer em 1937.

☆

O Prof. Inácio Martins Gomes de Mello era natural de Paracatu.

Quando fixou residência em Sacramento, no início deste século, era homem feito e carregava respeitável bagagem de conhecimentos.

Altamente versado em Retórica, Francês e Latim, colaborou com eficiência no Colégio Miranda e depois no Liceu Sacramentano, ao lado de Eurípedes.

Faleceu em idade avançada, sob os cuidados de D. Edalides Milan de Rezende, que, reconhecida à sua condição de professor e colaborador de Eurípedes, no magistério, prestou-lhe assistência carinhosa até o último momento de sua existência terrena.

NOTA – Os dados para a composição do presente capítulo foram fornecidos pelas seguintes pessoas: Dr. Iulo Derwil de Miranda, Profa. Ismalita Derwil de Miranda, Dra. Maria Augusta Derwil de Miranda, D. Maria Natalina Miranda Borges – todos residentes em Sacramento, MG; D. Edalides Millan de Rezende, residente em São Carlos, SP, valendo-se das reminiscências de sua irmã Maria Neomísia; e do arquivo do Dr. Wilson Ferreira de Mello, São Paulo, SP.

Capítulo 4

O Colégio Miranda

Este educandário exerceu memorável influência no pioneirismo do ensino em Sacramento, no preparo de numerosos jovens, dentre os quais Eurípedes – para posteriores atividades não só na área educacional, mas na imprensa e nas Artes. Também como foco de intelectualidade, ofereceu importante contingente para a formação sociocultural da época.

O Colégio Miranda reuniu autêntica elite na constituição de seu Corpo Docente, que apresentava os seguintes membros: Prof. João Derwil de Miranda – também diretor do educandário; Dr. João Gomes Vieira de Melo – Promotor de Justiça da Comarca; Dr. Floriano Nunes – advogado; Prof. Amélio Lara; Pe. Manoel Rodrigues da Paixão – vigário da Paróquia; Prof. Inácio Martins Gomes de Mello e Maestro Simplício.

O Colégio mantinha bem organizada Banda de Música. Os executantes eram os próprios alunos, sob a orientação do Maestro Simplício.

O currículo no curso secundário constava das seguintes disciplinas: Língua Portuguesa, Matemática Teórica e Prática, Geografia, História do Brasil e Universal, Música e Religião.

As aulas tinham a duração de 60 minutos para cada matéria.

Os exames efetuavam-se no fim do ano, orientados por uma Banca Examinadora, que fiscalizava devidamente as provas escritas e orais.

O Colégio mantinha também o curso primário, que contava com numerosos alunos.

Funcionava em antigo prédio, na Rua Principal, propriedade da família de Antônio Gonçalves de Araújo (Tonico Honorino).

Métodos – O longo estágio no Caraça dera ao Prof. Miranda lúcida visão para o magistério. Os métodos draconianos da época não influenciaram as diretrizes do Colégio Miranda, que bem soube aproveitar a experiência pedagógica recebida naquele conceituado educandário.

Entretanto, o Colégio Miranda não fugira ao *Método Misto* – vigente nas estruturas do ensino oficial – no que concerne à participação dos *primeiros alunos,* na extensão do programa educacional. (Ver nota explicativa sobre os métodos de ensino em Minas Gerais).

Na época, havia a intensificação dos cursos, de acordo com o esforço desenvolvido pelo aluno. Tratava-se de uma opção circunstancial, portanto, que de certo modo beneficiava extraordinariamente os alunos aplicados.

EURÍPEDES NO COLÉGIO MIRANDA

Quando o Sr. Mogico levou Eurípedes para o Colégio Miranda, o menino contava nove anos e já havia feito as "primeiras letras", em brilhante curso intensivo na escola primária do Sr. Joaquim Vaz de Melo Júnior, conhecido por Tatinho, conforme mencionamos anteriormente.

No Colégio Miranda, fora encaminhado à classe adiantada, correspondente ao ginásio.

Tornara-se assistente dos professores, assumindo as funções de monitor, que desempenhou com entusiasmo e dedicação e onde iniciou atividades pedagógicas, que o levariam a posição de invulgar destaque no magistério sacramentano.

O pai continuava enfermo.

Meca esforçava-se por ajudar o marido na manutenção familiar.

Lavava roupas para fora, fazia doces, que os filhos vendiam em domicílio.

Mas, por essa ocasião, a casa comercial do Sr. Antônio Batista de Melo transferira-se da Estação do Cipó para Sacramento.

Mogico retomara o seu cargo de funcionário competente e honesto.

No Colégio Miranda, consoante as diretrizes vigentes, as classes se dividiam em grupos, de acordo com aproveitamento dos alunos.

Havia, desse modo, *alunos atrasados* e *adiantados* nas classes do colégio. Os professores se desdobravam no atendimento duplo, embora tivessem a valiosa colaboração dos *primeiros da mesa*, que funcionavam, junto aos menos aplicados, como monitores.

Efetuando aulas correspondentes ao adiantamento de cada grupo, o Colégio primava por estabelecer um nível de ensino consideravelmente elevado.

Eurípedes enquadrava-se no número dos alunos adiantados.

Ótimo colega, o menino transmitia aos condiscípulos

lições metodizadas de Língua Portuguesa, Francês e Matemática, disciplinas que manejava com singular discernimento e entusiasmo.

Em casa, Eurípedes tomara a si a tarefa de cuidar da educação dos irmãos. Ainda menino, ei-lo entregue à delicada faina de iluminar os Espíritos, conduzindo outras inteligências ao aprendizado.

A distinção inata de Eurípedes levava os mestres a colocá-lo numa plana de visível preferência.

Jamais confiaram a outro aluno a honra de conduzir o Pavilhão Nacional nas festas cívicas, de que o Colégio participava com grande brilho. Também confiaram-lhe a honrosa incumbência de orador oficial do educandário, em todas as solenidades.

Com relação à possível influência que Eurípedes teria recebido nos dois anos de frequência no Colégio Miranda, o Dr. Iulo Derwil de Miranda asseverou-nos em importante entrevista:

– "A influência do mestre, evidentemente, tocou de modo positivo o aluno. A prova é Eurípedes ter se tornado o educador emérito que Sacramento não esquece."

"Quanto ao conceito que Eurípedes mereceu dos companheiros foi o de ter sido aplicado, de inteligência robusta e de costumes moralíssimos" – acentua o Dr. Iulo no seu depoimento valioso.

Todavia, a sistemática do ensino, basilarmente fundada no método intensivo dos cursos, proporcionava aos alunos bons magníficas oportunidades de desenvolvimento rápido.

Desse modo, o Colégio Miranda deu a Eurípedes excelente bagagem intelectual. Aí aprendeu o Francês – idioma que manejava com fluência em colóquios e pesquisas; o Latim, apesar de essas matérias não estarem incluídas no currículo do educandário; a Língua Portuguesa – matéria em que se tornou, posteriormente, profícuo mestre, com processos didáticos próprios; Ciências Naturais, cujos conhecimentos levaram-no a importante planejamento pedagógico, com atividades práticas, junto a elementos específicos (tais como, dissecção de animais e estudo das plantas), que fundamentavam seus processos didáticos, pouco mais tarde.

O professor Miranda transferira-se com a família para Ouro Preto, onde permaneceu de 1905 a 1922, quando regressou a Sacramento. Aqui, radicou-se até os últimos dias de sua existência, cercado do carinho de seus filhos e netos e do reconhecimento do povo.

Faleceu a 9 de agosto de 1937, deixando importante folha de serviços na história do pioneirismo do ensino em Sacramento.

NOTA – Forneceram os dados para a estrutura do presente capítulo, em valiosos depoimentos, com firmas reconhecidas pelo tabelião Antonio Alves de Araújo, as seguintes pessoas: José Rezende da Cunha e D. Edalides Millan de Rezende, residentes em São Carlos, SP; Maria Augusta Miranda, Iulo Derwil de Miranda, Ismalita Derwil de Miranda e Maria Natalina Miranda Borges – filhos do Prof. Miranda.

Capítulo 5

Um jovem diferente em busca de novos horizontes

Eurípedes esteve entregue à orientação sábia do Prof. Miranda até fins de 1901 (provavelmente), quando se dera o encerramento do ano letivo no Colégio Miranda.

Nessa ocasião, o diretor do Colégio Miranda convocou o Sr. Mogico a comparecer ao educandário da Rua Municipal para tratar de assunto importante.

O pai de Eurípedes foi então informado de que deveria providenciar um Colégio para o filho, onde este pudesse realizar um curso superior, para cujo ingresso já se achava preparado.

Ao enfatizar as qualidades excepcionais de Eurípedes como aluno brilhante, o Prof. Miranda acentuou para fim de suas argumentações:

"Nada mais temos para ensinar a Eurípedes. Ele já aprendeu tudo o que nosso colégio pode oferecer."

Naquele mesmo ano, o Prof. Miranda deixou a cidade, transferindo-se para Viçosa.

Dir-se-ia que seu estágio em Sacramento achava-se condicionado à formação de Eurípedes.

EURÍPEDES NO RIO DE JANEIRO

Aquele ano marcara, por outro lado, acontecimentos importantes.

O primeiro relacionava-se com a família de Mogico. Nascia, a 17 de agosto, Eulice Diltan.

A cidade comemorava festivamente a instalação da Comarca de Sacramento, que até então estivera sob a administração da Comarca de Uberaba.

O excelente funcionário Mogico via o seu esforço cotidiano coroar-se de êxitos. A situação melhorava paulatinamente, e os filhos mais velhos contribuíam com pequenas tarefas, que rendiam algum dinheirinho para as despesas gerais do lar – já bastante ampliadas a esta altura dos acontecimentos.

No princípio do ano imediato – 1902 –, o pai do jovem resolveu levá-lo para o Rio de Janeiro, com o duplo objetivo de encaminhá-lo no prosseguimento dos estudos e empenhar-se com amigos na obtenção de um emprego para Eurípedes. Impunham-se a subsistência e a continuidade da carreira estudantil do jovem.

Pai e filho seguiram para a capital do país, onde conseguiram matrícula no Curso Preparatório para a Escola de Medicina.

Após vinte dias de permanência do Rio, voltaram a Sacramento para os preparativos que se faziam necessários a Eurípedes, incluindo-se o enxoval.

Belos sonhos coroavam-lhe os nobres propósitos de aprendizado maior, avultando-se-lhe no coração o velho anseio de curar a mãe estremecida.

No lar, a notícia fora recebida com alvoroço pelos irmãos,

pois todos viam no fato um passo decisivo para a carreira de Eurípedes.

Desde a meninice, aguardava o momento feliz de ingressar numa escola superior, onde viesse a adquirir conhecimentos e prática, no campo da Medicina.

Anos antes, lera com grande interesse livros sobre assuntos médicos pertencentes ao Dr. Onofre Ribeiro, que, em companhia da esposa, passara uma temporada como hóspede da família Mogico.

Nessa ocasião, o médico havia curado o beribéri do Sr. Mogico.

Mas Meca continuava com os ataques de sempre.

O fato se dera, provavelmente, em 1889, quando o Dr. Onofre recebera um convite do coronel Manoel França para transferir-se para Sacramento, onde a recente inauguração do trecho da Mogiana abria novas perspectivas para o Município.

O médico, interessado no cultivo de conhecimentos relacionados à sua nobre carreira, trouxera bom número de livros para suas pesquisas. Volumosos compêndios, que a anfitriã dispôs numa mesa, no aposento destinado aos hóspedes amigos.

Sem fadigas e sem quebrar a continuidade de esforço, Eurípedes folheava os livros atentamente, coordenando conceitos, coligindo dados, bebendo conhecimentos novos.

O Dr. Onofre acompanhava com apreensões o fato e chegou a interpelar Mogico a respeito, acentuando:

– Acho Eurípedes muito jovem para ler esses livros... é bom proibir-lhe essas leituras...

– Farei isso – concordou o amigo.

Logo após, Mogico incumbia a esposa de conversar com o filho...

O jovenzinho revelou serena e firme decisão, quando interrompeu a interpelação materna com a ternura habitual:

– Não descansarei, mãe, enquanto não encontrar um caminho para debelar o mal que tanto a aflige. Não descansarei enquanto não curar a senhora.

A mãe não insistiu no pedido absurdo, mas justificável para sua meiga simplicidade.

Afastara-se de olhos molhados.

Eurípedes buscava os meios, que sua dedicação inspirava, para minorar os padecimentos da mãe adorada. Inclusive os da religião.

Cumpria com devoção os deveres religiosos, jamais se esquecendo do rosário e do missal nos ofícios. Seu lugar de todos os dias era junto do altar-mor, ao lado do vigário oficiante.

Terminados os cultos, rumava para sua casa, desviando-se dos conciliábulos e de encontros suscetíveis de macular o encantamento das horas vividas na oração.

Essa piedade e as tarefas conscientes na Irmandade de São Vicente de Paulo, de que era cofundador, assentavam-se no propósito de fazer-se digno da graça da cura de sua mãezinha.

Por isso, sua euforia traduzia-se no entusiasmo com que dispunha as coisas necessárias ao longo estágio no Rio.

A mãe auxiliava no que podia, costurando e organizando as roupas do filho.

Às vésperas da saída do jovem, quando ela lhe arrumava a mala modesta, foi acometida por uma daquelas crises que tanto preocupavam a família e, de modo particular, a Eurípedes.

Eurípedes correra ao encontro da mãe, na companhia de outros irmãos.

Sentira ele de pronto o motivo do sofrimento da mãe querida.

Era a tristeza da separação próxima. A pobrezinha sempre fora muito sensível e não resistia a quaisquer choques emocionais.

Quando Meca voltou às faculdades normais, encontrou a mala do filho desfeita.

Eurípedes nunca mais tocara no assunto...

O GRÊMIO DRAMÁTICO SACRAMENTANO

Alguns depoimentos chegados às nossas mãos relacionam a criação do Grêmio Dramático Sacramentano, provavelmente em 1891 ou 1892.

Eurípedes contava, então, de doze a treze anos e fora um dos fundadores mais entusiastas do novo veículo sociocultural da cidade.

Eram cofundadores o Dr. Pedro Salazar Moscoso da Veiga Pessoa, o Sr. Leão Coelho de Almeida e o jovem José Martins Borges, este colega de Eurípedes.

O Grêmio granjeara fama além das fronteiras locais, em razão do brilho de suas apresentações. Grandes peças clássicas foram montadas com inexcedível bom gosto. Dentre as mesmas, figuravam "Jerusalém Libertada", de Torquato Tasso, e "Restauração de Portugal", de autor desconhecido.

Na primeira, Eurípedes protagonizou o jovem cristão que converteu a bela Arminda, pagã árabe, nos tempos umbrosos das Cruzadas.

Outra peça muito comentada na época foi "A Rainha dos Sonhos", de autoria do Dr. Pedro Salazar Moscoso da Veiga Pessoa.

O conteúdo de alto teor moral tem como cenários o *Céu* e a *Terra* e como personagem, as virtudes fundamentais – detentoras do cetro da Perfeição – e o homem com seu cortejo de iniquidades.

O autor estabelece o diálogo entre a Fé, a Esperança, a Caridade, a Poesia e a Arte que, em face da debacle moral da Humanidade, promovem aflitivas argumentações no tentame de erguer os homens para Deus.

Criaturas angélicas, situadas em ciclos superiores, unem-se às protagonistas no esforço nobre de conduzir os habitantes da Terra a novos rumos.

Realizando verdadeira assembleia de luz, obtêm da *Rainha dos Sonhos* permissão para descerem aos asfixiantes ares terrenos, a fim de povoar de sonhos bons as mentes humanas e efetuarem a grande conquista das mesmas para as belezas do Céu.

Até certo ponto, esse trabalho, evidentemente inspirado, lembra atuais conhecimentos no tocante ao esforço edificador das falanges luminescentes do Bem, que operam a favor do desenvolvimento espiritual das criaturas. É a reprodução das assembleias de Espíritos Superiores, reunidas nas proximidades da Crosta terrena com o objetivo sublime de estruturar planejamentos de ação norteadora para a redenção humana, descritas por Humberto de Campos, Emmanuel e outros, através da psicografia de Francisco Cândido Xavier.

Por outro lado, dir-se-ia, talvez, uma "avant-première" da portentosa missão que Eurípedes operaria no cenário real da vida, no palco do mundo.

A tarefa conscienciosa do jovem, que se comunicava sob as asas poéticas da Arte, fora a grande motivação das atividades intelectuais de Eurípedes por algum tempo.

Levado por circunstâncias especiais, sem dúvida, alheias à sua vontade, Eurípedes protagonizava várias peças.

Entretanto, jamais o viram, nessa fase em que as ilusões são fáceis de assenhorearem-se das mentes jovens, no empenho de granjear projeção para o seu nome. Encarava com muita seriedade as responsabilidades que lhe impunham os companheiros do Grêmio. Cada triunfo levava-o ao esforço para oferecer o melhor, embora as dificuldades do meio o conduzissem a verdadeiros sacrifícios.

O jovem repelia elogios, considerando-os venenos poluidores da personalidade humana. Mostrava-se constrangido ao contato melífluo do incenso.

☆

Já adolescente, imprimia o senso da perfeição em tudo que realizava. Desde a palavra bem posta, na dicção perfeita, até o tratamento cortês que dispensava a todos, indistintamente.

Em casa – afirmam os irmãos em depoimentos indiscutíveis –, era o companheiro gentil dos familiares. Sempre que possível, auxiliava as irmãs nos arranjos caseiros, proporcionando-lhes inesquecíveis lições de higiene e bom gosto.

As crianças mereciam de seu carinho um tratamento especial.

Preocupado sempre com a mãezinha, estava ao seu lado numerosas vezes por dia. Quando Meca era acometida por crises mais fortes, que a levavam ao leito, ele e o pai se revezavam dia e noite junto dela, como enfermeiros dedicados e carinhosos.

A assistência de filho devotado também se fazia em relação ao Sr. Mogico. Eurípedes colaborava, em todas as horas disponíveis, no balcão.

Depois que saíra do Colégio Miranda e seu ingresso na Escola de Medicina se frustrara, Eurípedes entregou-se ao estudo, através da leitura de bons livros. Pode-se mesmo admitir, daí por diante, na formação do jovem, um importante processo de autodidatismo, que o haveria de colocar, em plano avançado para a época, no campo do magistério, bem como no jornalismo, na tribuna e nas artes.

☆

A 18 de junho de 1893, nasceu Edalides Milan – nona filha do casal Meca-Mogico.

Eurípedes contava, então, treze anos. O evento se deu no alegre mês das fogueiras e dos fogos, talvez trazendo aos corações dos familiares a certeza de que a criança teria um futuro de luz, nas tarefas do Bem[10].

A GAZETA DE SACRAMENTO

A dinâmica de trabalho não conhecia cansaços no roteiro do jovem Eurípedes.

Conhecido nos círculos culturais da cidade por sua participação consciente no Grêmio Dramático Sacramentano, Eurípedes ampliou suas atividades no campo da comunicação, criando, com a colaboração de José Martins Borges, Leão de Almeida e Prof. Inácio G. Melo, a *Gazeta de Sacramento,* que circulou, provavelmente, até 1918.

Esse periódico – o primeiro de Sacramento – era conhecido também nas cidades vizinhas.

O *Lavoura e Comércio,* de Uberaba, em tiragem especial

---

[10] Edalides desenvolveu tarefas de grande significação no campo assistencial, em Sacramento.

dedicada ao Município de Sacramento, em 1918, transcreve bem lançado artigo (editorial) inserto na *Gazeta de Sacramento*.

☆

Em 1894, casava-se Maria Neomísia com o jovem José Saturnino Júlio da Silva.

A casa se enchera de pessoas amigas, que acorreram a compartilhar do grande acontecimento.

Os convites foram confeccionados à mão por Eurípedes.

Mariquinhas e o esposo mudaram-se para um sobrado existente na Rua Principal.

O jovem marido era dotado de um temperamento alegre, mercê do que vivia rodeado de bons amigos.

O sobrado fora transformado em pensão familiar, proporcionando aos jovens muito trabalho, mas garatindo-lhes subsistência.

Nesse mesmo ano, Mogico adquiriu a casa comercial do Sr. Antonio Batista de Mello (Santinho), com financiamento de seu parente José Mendonça.

No ano seguinte, Meca dava à luz uma robusta menina, que recebeu do pai o bonito nome de Edirith Irany. O fato deu-se a 27 de abril.

Mais um Espírito valoroso para as fileiras da renovação, que se aproximava.

O lar da família Mogico apresentava características norteadoras, que traduziam a energia e a segurança do casal na educação dos filhos.

Passaram a residir na casa grande da Rua Municipal, que ficou sendo definitiva morada da família.

A divisão do trabalho entre as jovens filhas, através do

rodízio das tarefas semanais, contribuíra para a harmonia do ambiente.

Meca sofria ainda as crises. E os filhos tinham muito cuidado com ela, secundando o carinho de Eurípedes e do pai.

Mas havia as compensações para as duras labutas diárias.

À tarde, reuniam-se, na residência de Mogico, jovens conhecidos e amigos da família para pequenos divertimentos, como: música ao som de uma sanfona, jogos de salão, cantigas de roda.

Às vezes, dançavam alegremente. Eurípedes não dançava, mas gostava que suas irmãs se divertissem. Porém, a hora de *fechar a porta* para o chefe da casa era sagrada. Todos sabiam que *nove horas* era o tempo de despedir-se. E assim acontecia.

Meca efetuava, algumas vezes por ano, um passeio à Gruta dos Palhares[11] e, para aproveitar bem o tempo, levava sua roca e demais apetrechos para o preparo do algodão. Os filhos acompanhavam-na, inclusive os pequenos. Eurípedes amava sobremaneira essas "excursões" e delas guardava gratas lembranças.

Amigas e comadres se juntavam à Meca para realizarem juntas a tarefa da cardadura do algodão.

Lá passavam o dia, pois muniam-se de merendas necessárias para o lanche.

Outro fato interessante marcou a vinda da primeira máquina de costura a Sacramento.

Meca esperava o décimo primeiro filho quando a notícia de que a Baronesa de Rifaina adquirira uma máquina que costurava chegara à cidade. A nota alvoroçou as mulheres, que se

---

[11] A Gruta dos Palhares, é um dos pontos mais belos e pitorescos do Município de Sacramento.

aprestavam a visitar o tal engenho. Iam a cavalo, o automóvel não era inventado ainda.

Meca aprontou-se para ver a máquina. Mas ao dar conhecimento do fato a Mogico, este recusou-se ternamente a permitir a viagem da mulher, embora pequena, até Rifaina.

"Fique sossegada, Meca. Você também terá sua máquina."

E mandou buscar, na praça de São Paulo, uma máquina para a esposa.

A primeira máquina de costura que a cidade conheceu veio amenizar a tarefa de Meca na confecção de roupas para a família.[12]

☆

E, em 1896, nasceu Heródoto – o décimo primeiro herdeiro da família – o único que não sobreviveu, vindo a falecer oito meses após o nascimento.

O fato trouxe grande pesar para toda a família.

Dois anos após, exatamente a nove de setembro de 1898, chegou mais uma menina ao lar de Meca e Mogico – Elith Irany – cuja vivacidade haveria de alegrar o ninho doméstico.

Por essa ocasião, Eurípedes apegara-se a uma preocupação quase obcecante: a enfermidade da mãe. Buscava incessantemente descobrir a causa daqueles ataques que tanto martirizavam a pobrezinha, já que os médicos se contradiziam no diagnóstico.

Uns diziam que se tratava de puro histerismo, outros afirmavam ser manifestações epiléticas.

Eurípedes, porém, mantinha a íntima convicção de que

---

[12] A referida máquina encontra-se na Sala de Eurípedes, no Lar de Eurípedes, em Sacramento, MG.

a medicina não penetrara o verdadeiro caminho revelador do angustioso sofrimento da querida mãe.

Ocasiões havia em que os ataques recrudesciam de tal sorte, que a enferma não descansava dia e noite. O marido dedicado e o filho amantíssimo não saíam do pé de seu leito.

Qualquer susto determinava uma nova crise. A jovem senhora não mais podia ouvir gritos, gargalhadas ou barulho. Se uma criança passasse correndo perto, era o suficiente para a doente cair desmaiada.

Certa feita, Eurípedes lia um jornal, quando a mãe dele se acercou. Numa das páginas, havia alguns avisos de missas fúnebres, encimadas por cruzes.

Isto era o suficiente para ocasionar uma das crises habituais. Ela não podia ver enterros.

Muitas vezes, caía no quintal, e Eurípedes, ainda menino, carregava-a nos braços, como se fora leve fardo.

Todas as precauções eram tomadas pela família a fim de evitar o menor abalo emocional à Meca.

Os acessos sobrevinham ao mínimo choque.

Eurípedes continuava no encargo de enfermeiro voluntário da mãe.

O COLÉGIO DA PROFESSORA ANA BORGES

Em 1897, um acontecimento importante veio marcar a vida social da pequena cidade. Chegara a Sacramento para uma breve estada a Sra. Joaquina Gomes, irmã do grande compositor Antônio Carlos Gomes. Viera na companhia de seus filhos Ormênio e Vera, ambos já moços.

O primeiro era um rapaz simpático, muito dado a estudos sérios. Vera, bonita morena, portadora de belíssima voz.

A família hospedara-se no Colégio Nossa Senhora do Patrocínio, que era dirigido pela Profa. Ana Borges.

Tratava-se do primeiro internato para meninas na cidade.

Bem orientado por Ana Borges, tornara-se muito conceituado na região, enquadrando-se entre os pioneiros da educação no município, com parcela considerável no esforço heroico da instrução particular, no painel do ensino Mineiro.

O colégio funcionava no mesmo prédio da Avenida Municipal[13].

A Profa. Ana Borges – moça ainda e solteira – era um espírito lúcido com ampla visão pedagógica e acentuados pendores evolucionistas, avançados, sem dúvida, para a época. Tornara-se respeitada e querida em todos os círculos sociais da cidade, mercê da folha de serviços que vinha construindo, no curso dos anos de magistério, a favor da comunidade Sacramentana.

Edalides era afilhada de D. Ana. Por essa razão, afeiçoara-se muito a ela, passando a receber educação no seu colégio.

OS SARAUS DE DONA ANA

No colégio, a diretora reunia, duas vezes por semana, a elite local para memoráveis saraus literomusicais, muito em voga na época.

Eurípedes, muito jovem, não faltava a essas reuniões, nas quais oferecia a contribuição de versos belíssimos, que declamava com entusiasmo.

D. Ana era exímia pianista e executava belas peças, que faziam o encantamento de seus convidados.

Vera animava os saraus com sua voz privilegiada.

---

[13] Antiga sede da Telefônica de Sacramento.

Foi numa dessas reuniões que Eurípedes tomara conhecimento com a família Gomes, tornando-se muito amigo de D. Joaquina e de seus filhos.

A FARMÁCIA HOMEOPÁTICA

Ormênio era entusiasta pelo estudo de homeopatia e trouxera alguns volumes relacionados com essa terapêutica.

Eurípedes demonstrou interesse pelo assunto e obteve o delicado consentimento de Ormênio para efetuar um estudo do mesmo, nos mencionados livros.

Aplicara-se com entusiasmo à nova atividade, em que colocava escrupulosa atenção, como era de seu feitio em tudo o que fazia.

O grande objetivo desse empenho era a cura da mãezinha. Quem sabe a Homeopatia seria a solução há tanto esperada?

Após as necessárias pesquisas e anotações nos livros de Ormênio, surgira a primeira cintilação do Amor de Eurípedes pelos sofredores, nas extraordinárias dimensões concretas do serviço.

Com os próprios recursos, criara pequena Farmácia Homeopática, com que atendia, primeiramente, aos necessitados da periferia da cidade, aos quais buscava em visitas cotidianas.

Depois, assistia às famílias abastadas, que o procuravam.

Todas as manhãs, saía a visitar os pobrezinhos nos recantos mais afastados da cidade, no atendimento carinhoso e dedicado.

O jovem encontrava disponibilidade de tempo para essa assistência diária, apesar dos compromissos na casa comercial do pai e das leituras queridas.

Aos poucos, tornava-se a Providência dos sofredores.

Por outro lado, constituíra-se em foco de confiança no seio das famílias sacramentanas. Mães aflitivas levavam-lhe os filhos, em busca de solução para seus problemas de saúde.

A personalidade do jovem já se impunha pela serena compreensão das fraquezas humanas, que o situaria anos após na plana inconfundível de Missionário do Bem.

Escoaram-se mais quatro anos.

O bom Mogico vira chegar melhores dias. Os negócios prosperavam, pois era senhor de extraordinário bom gosto na compra de tecidos e enfeites, bem como de artigos de mercearia, de vez que mantinha um armazém anexo à loja. Toda mercadoria que passava às mãos do freguês era de primeira qualidade.

Atrás do balcão, sobre uma mesa alta, uma tabuleta anunciava: Preço Fixo.[14]

Assim era. O preço era o mesmo para todos. Até para uma criança que fosse comprar alguma coisa na conceituadíssima Casa Mogico.

Eurípedes auxiliava no balcão e efetuava a escrituração do movimento comercial.

A situação melhorava tanto, que Mogico resolveu criar uma filial da casa comercial em Conquista. Para lá, enviou o filho mais velho, Eulógio Natal, a tomar conta dos negócios. Por essa ocasião, Eulógio já era casado com D. Recenvinda Goulart. A primeira filha – Cora – uma linda menina, já havia nascido.

---

[14] Destacamos do depoimento do Sr. José Rezende da Cunha – genro de Mogico que com ele trabalhou vários anos – esta afirmativa: "Mogico foi uma das pessoas mais honestas que conheci. Em seu arquivo, encontrei o rascunho de uma carta sua em que ele escrevia a uma pessoa: 'Faço tanta questão do meu crédito quanto faço da honra de minha família'".

No interregno mencionado acima, nasceram também ao casal Meca-Mogico os dois últimos filhos.

Homilton Wilson, a vinte e sete de maio de 1900, e Wateville Wilman, a trinta de outubro de 1902.

Homilton, muito cedo, revelara-se entusiasta pelo jornalismo.

Provavelmente, nessa ocasião, o pai internara Watersides no Ginásio Diocesano de Uberaba, onde o jovem se salientara desde o 1º ano.

Nos últimos tempos, Meca vinha sentindo diminuição gradativa da visão até que chegou à cegueira.

Eurípedes aplicara na mãe os recursos conhecidos da homeopatia e obteve a cura tão almejada.

Antes de iniciar novas tarefas, Eurípedes efetuara com o pai a segunda e última viagem ao Rio de Janeiro.

Na capital federal, o jovem sugeriu ao pai que comprasse um gasômetro – então novidade nas casas especializadas do Rio.

O Sr. Mogico atendeu à sugestão filial e adquiriu o primeiro gasômetro que Sacramento conhecera, para alegria da família.

Antes, já havia levado, para o conforto do ninho doméstico, a primeira torradeira de café da cidade. No Rio, Eurípedes posara para um fotógrafo, contrariando velho hábito, no tocante a retratos.

NOTA – Depoimentos que fundamentaram o presente capítulo foram de: Sr. José Rezende da Cunha e D. Edalides M. Rezende, São Carlos, SP; Amália F. Mello (arquivo do Dr. Wilson F. de Mello, São Paulo, SP).

Capítulo 6

Eurípedes, educador

O ENSINO MINEIRO E O PIONEIRISMO EDUCACIONAL EM SACRAMENTO

1 – *O Ensino Oficial na Província de Minas Gerais e a Contribuição Particular.*

O nome de Eurípedes está profundamente ligado à história educacional de Sacramento, de 1889 a 1918, quer como aluno brilhante, quer como acólito dos Professores no conceituado Colégio Miranda; e ainda como professor abnegado e emérito, ele reuniu, substancialmente, elementos de extraordinária vocação pedagógica.

Rápido exame acerca do ensino mineiro, nas últimas décadas do século XIX até os três primeiros lustros da República, dá-nos ideia, embora imperfeita, do grande esforço desenvolvido pelos governos da Província, na área em questão, bem como a participação de grupos particulares.

No correr dos exercícios executivos, notadamente no Segundo Império, verificou-se extraordinário trabalho do Governo da Província de Minas, a favor da instrução. Nesse setor, Minas secundara o elevado pensamento de D. Pedro II, que considerava a educação a mais importante tarefa do Estado.

Esse fato leva-nos a indispensável análise, enfocando o grande trabalho de Eurípedes como educador avançado para a época, como já o fizemos com outras figuras ilustres do pioneirismo do ensino em terras Sacramentanas.

João Camilo de Oliveira Torres, em *História de Minas Gerais,* dedica uma parte desse tratado à Educação em Minas e fundamenta-se na segurança de Relatórios e outros documentos oficiais. Acentua o autor "que o Governo da Província, embora de escassas rendas, sempre soube cuidar do ensino, não obstante as deficiências do tempo".

O historiador cita numerosas leis que formaram a sistemática do ensino em Minas, tanto na área oficial como no campo particular.

A quase totalidade das referidas leis refere-se à criação de cadeiras para o 1º e 2º graus, em cidades, vilas e povoações.

Destacam-se também as cadeiras de *instrução intermediária* (sic) em cidades mais importantes da Província, incluindo-se Ouro Preto, Mariana, Sabará, Curvelo, Barbacena, São João Del Rei, Uberaba e outras.[15]

Dentre as disciplinas criadas, citam-se: Latim e Poética Respectiva, Francês, Inglês, Filosofia e Retórica, Desenho Linear, Geografia Física e Política.

O Governo mantinha os chamados *externatos,* que funcionavam nas cidades mais adiantadas, com elevado programa educacional.

O externato de São João Del Rei, por exemplo, contava no seu currículo as seguintes matérias: Latim e Poética Respectiva, Francês e Inglês, Retórica e Literatura Clássica e Língua e Poética Portuguesa.

---

[15] A *instrução intermediária* correspondia ao ensino secundário clássico, que com os externatos tiveram nítido progresso.

Em outros externatos, havia cadeiras de expressão prática, tais como: Desenho Linear, Escrituração Mercantil, Topografia e Agrimensura, Química e Botânica Médicas, Farmácia e Matérias Médicas e outras.

As matérias físico-naturais eram estudadas apenas nos cursos superiores.

A lei nº 13 de 28 de março de 1835 foi o Ato que iniciou a regulamentação do ensino oficial da Província de Minas – de acordo com os informes do historiador Paulo Kruger Corrêa Moura.

As aulas de Latim e Gramática Latina e de "Latinidade" eram muito desenvolvidas. O grau de ensino do Latim era muito elevado – admite o historiador mencionado –, pois faziam-se exames difíceis, inclusive de trechos literários.

Na área elementar ou primária, já os esforços não correspondiam ao interesse dispensado, no setor da *instrução intermediária* e dos *externatos.*

Contudo, nota-se grande trabalho do Governo da Província, no período imperial, em busca de uma segura meta na estrutura de diretrizes pedagógicas.

É ainda Paulo Kruger que nos traz alguns dados relativos aos métodos do ensino da época.

Como o assunto tem especial interesse, no tocante ao presente estudo, transcrevemos alguns tópicos, insertos em *História de Minas Gerais* – vol. IV, Cap. V – de João C. de Oliveira Torres, para melhor elucidação do assunto em pauta.

2 – *Métodos de Ensino*

"Durante o período imperial, foram empregados, sucessivamente, quatro métodos de ensino primário: *o individual, o simultâneo, o mútuo e o misto.*

a) Verificada a grande dificuldade e mesmo a impossibilidade do *ensino individual,* ainda levando-se em conta a escassa população das poucas cidades, vilas e arraiais existentes na época, o Governo tratou de utilizar um método empregado nos países estrangeiros civilizados. Apesar da manifesta influência de Coimbra na instrução, no período colonial e nos primeiros anos do 1º Império, foi da França que a Província de Minas importou as primeiras diretrizes do ensino primário, na parte concernente a métodos".

b) *Método Simultâneo* – O Governo da Província de Minas – afirma o autor mencionado – nomeou dois técnicos para estudar, na França, o referido método: os Srs. Fernando Vaz de Melo e Francisco Assis Peregrino.

Em 1839, o segundo apresentou um Relatório ao Governo, no qual descreveu com minúcias aquele método.

Nesse sistema, os alunos mais adiantados contribuíram na tarefa da disciplina, assumindo a denominação de "vigilantes".

Os professores encarregavam os "primeiros da mesa" de dirigirem os exercícios escolares.

Esse método, entretanto, não se assentava em bases psicológicas, tendentes a amenizar a aprendizagem.

c) *Método Mútuo* – "Convenceram-se as autoridades e técnicos da Província das dificuldades da aplicação do Método Simultâneo para as classes numerosas, pois enquanto uma parte da classe cuidava da escrita, ou da leitura, ou do cálculo, outras partes ficavam abandonadas a cargo de monitores – meninos – afirma Paulo Kruger." (*História de Minas Gerais* – vol. IV).

Daí a necessidade da criação de um novo Método.

Veio, então, o *Método Mútuo,* que se baseava no condicionamento psicológico da imitação. Era o chamado ensino do fraco pelo forte, pelo qual o professor *não ensina diretamente* – mas o faz através de monitores.

Estes se encarregavam de ditar, dirigir exercícios, recompensar, punir, etc.

d) *Método Misto* que substituiu o *mútuo*, na evolução do ensino mineiro.

Já esse método apresenta dispositivos de ordem regulamentar, incluindo horário para aplicação de requisitos da higiene, revista do asseio dos alunos, lições da escrita, aritmética e oração.

O papel dos alunos monitores era considerável, pois estes deveriam, antes da aplicação da Aritmética, distribuir utensílios, ditar operações, que seriam, em seguida, submetidas à correção do professor.

Para a leitura, os monitores também deveriam distribuir livros. Em seguida, uma das divisões (grupos) vinha à mesa para o professor ensinar a lição, depois do que o monitor recolhia aquela divisão aos bancos e a fazia repetir a lição ensinada pelo professor. As lições de Gramática seriam incluídas na leitura.

Aos sábados, havia uma hora para a Doutrina Cristã.

As aulas eram encerradas com um hino sacro.

Esses métodos prevaleceram até a segunda República.

Somente em 1915, veio a Reforma Carlos Maximiliano, de âmbito nacional, cujo embasamento se apoiava nas experiências havidas e se estendia por outras diretrizes pedagógicas, tendo em vista a problemática do ensino – cada dia mais complexa.

Em 1889, o Barão de Camargos – então Presidente da Província de Minas –, citando o relatório do Dr. Cláudio Berhans de Lima – inspetor Geral da Instrução Pública na Província Mineira –, acentuou "não ser ainda satisfatório o estado da instrução pública em Minas".

Naquele tempo, as matrículas, segundo dados fornecidos pela Inspectoria Geral, eram as seguintes:

    alunos do sexo masculino – 28.418
    alunos do sexo feminino – 15.168
    total   – 43.586

Por essa época, já funcionavam numerosos estabelecimentos particulares nas cidades maiores e nas pequenas do interior mineiro.

Quantos nasceram, viveram e frutificaram no anonimato?

Á falta de dados estatísticos sobre a matrícula nos numerosos estabelecimentos particulares de ensino contribuiu para o desconhecimento da matéria.

Nesse quadro anônimo, fulguraram os estabelecimentos de ensino de Sacramento, dentre os quais aqueles em que Eurípedes pontificou brilhantemente.

SACRAMENTO NO QUADRO DO PIONEIRISMO DO ENSINO MINEIRO

O Colégio Miranda fora a primeira contribuição importante no pioneirismo do ensino particular em Sacramento.

Seguiram-se-lhe outros empreendimentos de grande valor, entre os quais o Liceu Sacramentano, onde o nome de Eurípedes ainda fulgura intensamente.

O LICEU SACRAMENTANO

A 31 de janeiro de 1902, fundava-se o Liceu Sacramentano, sob o calor do entusiasmo e das esperanças do povo.

Eurípedes fora o abalizado construtor da iniciativa. Teve

ele o cuidado de cercar-se de competente equipe de coadjutores, convidando o que havia de mais capacitado, na época, na cidade, para compor o quadro de sócios da nova entidade educacional.

Foram seus companheiros de magistério e de reponsabilidade administrativas os seguintes professores: Dr. João Gomes Vieira de Mello, José Martins Borges, Inácio Martins de Mello, Teófilo Vieira, Pe. Augusto da Rocha Maia – este era substituído, às vezes, pelo cônego Pedro Ludovico Santa Cruz.

O novo estabelecimento de ensino funcionou, no início, no antigo prédio do Cartório do 1º Ofício, de propriedade do Sr. Jovino Vieira Brigagão, na praça da Matriz, atual praça Getúlio Vargas.

De acordo com importante depoimento do Sr. José Rezende da Cunha – antigo aluno do Liceu –, o mencionado prédio sofrera adaptação e reformas consentâneas com as exigências pedagógicas da época, sendo esse serviço financiado pelo Sr. José Monteiro da Silva Júnior, primeiro espírita de Sacramento.

O Sr. Monteiro – espírito de rara lucidez e elevação de princípios – era natural de Areias, de onde viera em precário estado de saúde, tendo sido recolhido pela Sra. Generosa Barbosa e sua irmã, senhoras devotadas ao bem-estar da comunidade.

Desempenhava o humilde cargo de zelador da Igreja Matriz.

Era muito respeitado e querido por suas qualidades e virtudes.

Tornara-se também escriturário de uma casa comercial local de propriedade do Sr. Alfredo Afonso de Almeida.

Homem de costumes sóbrios, amealhava pequenas economias com as quais efetuou a reforma, já referida, da primeira sede do Liceu.

Como desejava contribuir de modo mais concreto com a

obra de Eurípedes, entregara a este o crédito para cinco alunos necessitados, que deveriam estudar por conta do financiamento operado.

Essas bolsas constituíram duplo benefício: possibilitavam o estudo de alguns estudantes, entre eles José Rezende da Cunha, Zenon Borges e outros, bem como facultava ao Liceu quitação gradual e cômoda, sem que o mesmo viesse a sacar o valor da dívida em moeda corrente.[16]

DIRETRIZES PEDAGÓGICAS DO LICEU

Sabe-se que Eurípedes já se orientava por avançadas diretrizes inspiradas no Plano Maior, ressaltando-se o visível tirocínio nato do jovem professor, no dia a dia escolar, de acordo com as circunstâncias.

Mestre abnegado aos vinte e dois anos, era profundamente estimado pelos discípulos e pelos familiares dos mesmos.

Transmitia também o elevado gosto pela Arte séria. Continuava a ver, na expressão dramática, um dos fatores sugestivos da moralização do meio, através dos processos psicológicos da imitação, que sempre levam o espectador à identificação com os personagens.

Em razão disso, escolhia pessoalmente as peças, que os alunos montavam, optando por trabalhos de elevado teor moral.

Educador nato, professava uma Arte e uma Ciência, neste passo.

A Ciência da Vida torna-se conhecida nas tramas sublimes da Arte – encarregando-se esta de aplicá-la.

A Ciência é a teoria, e a Arte é a prática.

---

[16] O Sr. Monteiro teve notável participação no movimento pioneiro espírita local – assunto de que trataremos em outro local desta obra.

Na execução de todo o programa exigido pelo currículo, também o "Professor é um artista, acima de tudo, que põe a Ciência em ação, movimentando princípios e leis naturais", conforme a conceituação pestalozziana.

A Arte adquire, assim, forma racional, e compreensível.

Eurípedes fora, no seu meio, um inovador da Arte científica de Educar.

Fora um prosélito, talvez sem que se desse por tal, de Platão, de Kant, de Spencer ou de Pestalozzi.

Os processos didáticos se inspiravam nas teorias desses luminares da Pedagogia.

Com Platão – o fundador da Pedagogia –, buscava o preparo físico dos educandos como um dos princípios ativos de saúde corporal, indispensável ao equilíbrio da mente.[17]

Dava ele aos discípulos o exemplo de uma vida pura e de uma atividade incansável, em busca da Perfeição, em todos os ângulos do cotidiano esforço, personificando os fundamentos de Kant, segundo os quais a "Obra da educação é apontada como o desenvolvimento do indivíduo em toda perfeição de que é suscetível".

De Spencer, Eurípedes tomara a aplicação consciente desta fórmula conceitual: "O fim da Educação é o preparo para a vida completa".

O modesto salário recebido por Eurípedes em seus serviços nas casas comerciais do pai garantia-lhe a manutenção pessoal e permitia-lhe estender a recursos assistenciais, incluindo-se os relacionados com o magistério.

---

[17] A educação das crianças e dos jovens, esboçada na "República", é semelhante à de Atenas, nos dias de Platão. Ginástica e música, consistindo a última em música e literatura cuidadosamente escolhidas – formam-lhe a substância. (*História da Educação*, Paul Monröe, Cap. III)

Sempre reservara para os colaboradores toda renda auferida em taxas e emolumentos – aliás reduzidos – no registro financeiro do Liceu.

Com motivações de Eurípedes, os alunos, por sua vez, criaram um serviço de assistência, que teve longa duração.

Tratava-se da Sociedade dos Amiguinhos dos Pobres, que se destinava a promover leilões semanais com prendas doadas, cuja renda aplicava-se aos socorros mais urgentes a necessitados, tais sejam: assistência com gêneros alimentícios de primeira necessidade, agasalhos, enterros de indigentes.

O Liceu Sacramentano crescia no conceito geral e não tardou para que a fama do trabalho honesto e consciencioso, que ali se desenvolvia, a favor da Educação, transpusesse as fronteiras de inúmeras cidades do Brasil Central, que enviaram seus filhos para estudar em Sacramento.

"Era costume da escola tradicional – diz William H. Burton – considerar que o conteúdo dos livros é o produto da aprendizagem que deve ser dominado. Estudavam-se (de memória) "lições" ou porções reduzidas desse conteúdo, para repeti-las, depois, diante do mestre"[18]. Essa acumulação de informações no Espírito é que Mc Murray ridicularizou com o nome de "educação de geladeira".

"O aluno – acrescenta Burton – aprende pela experiência, mas não aprende a experiência."

Eurípedes entendeu tão profundamente a consequência inevitável do falso conceito de aprendizagem, vigente na época, que criou, junto às atividades intelectuais, o cultivo de outras aprendizagens, sobretudo da apreciativa ou emocional, formadora de atitudes afetivas e da motriz ou ativa, referentes às atitudes e hábitos de ação.

---

[18] *Op. cit.*

De acordo com Morrison – um dos mais capacitados pedagogos modernos –, "saber o que é bom é uma coisa, e outra é amar o bem e odiar o mal". No primeiro caso, o produto da aprendizagem é obtido por processo de caráter intelectual; no segundo, por apreciação e estados afetivos.

O jovem professor do Liceu Sacramentano, mesmo antes de conhecer as luzes do Espiritismo, já se agasalhava na fonte sublime do sentimento, guiando-se por elevada compreensão inata dos problemas do Espírito, que o haveria de inspirar na jornada norteadora, sempre leal ao ministério de Amor, que Jesus lhe confiou.

Compreendeu, sobretudo, o valor da ação de conjunto e sustentou equipes de colaboradores no próprio campo de serviço, iluminando os caminhos com o facho da Fraternidade e do Amor, que o tornou prestimoso e otimista no clima sublime em que a luta e a tarefa se fizeram bênçãos de esperanças para todos. Na primeira década do século, já caracterizava seus processos de aprendizagem, estimulando, guiando, dirigindo, orientando o ensino, tal como preceituam os atuais pedagogos.

☆

O Liceu transferira-se depois de algum tempo para nova sede. Dessa feita, ocupou um prédio, situado no mesmo quarteirão da sede primitiva, na Praça da Matriz.

NOTA – Depoimentos de: Sr. José Rezende da Cunha e D. Edalides Millan de Rezende, residentes em São Carlos, SP; Amália Ferreira de Mello (do arquivo do Dr. Wilson Ferreira de Mello, residente em São Paulo, SP.)

Capítulo 7

Os primeiros núcleos do pioneirismo espírita na região

SANTA MARIA

Na fazenda Santa Maria, localizada a quatorze quilômetros de Sacramento e a quatro quilômetros de Conquista, residiam alguns familiares de Eurípedes. Entre estes, contavam-se: Mariano da Cunha – Tio Sinhô – como era chamado na intimidade familiar, João Ferreira da Cunha, irmãos de Meca, pelo lado materno, Jason Ferreira da Cunha, Emerenciana Mendonça e outros, com as respectivas famílias.

Nos fins do século passado, insólitos fenômenos começaram a abalar a paz da gente trabalhadora e ordeira de Santa Maria.

Estranhas vozes se ouviam das cumieiras das casas. Assobios e pedradas partiam de inusitados lugares.

Os animais se assustavam

Mariano da Cunha

e os lavradores entraram em pânico ante os fatos inexplicáveis para a maioria.

Mas ficaram sabendo que aqueles fatos só podiam ser artes do "demônio" e que apenas o Espiritismo sabia tratar dessas coisas.

Tio Sinhô, apesar de incrédulo e de sustentar ideias materialistas, desde criança via *almas do outro mundo*.

Quando se casou com D. Herondina Djanira da Cunha foram residir em Engenheiro Lisboa – entroncamento da Mogiana, próximo de Conquista –, onde era negociante.

Certo dia, fora procurado por um garimpeiro de nome Levi, de origem francesa, que lhe disse:

– Sinhô, aqui está um facão de muita estimação. Você guarde pra mim com muito cuidado até meu retorno.

Sinhô guardou o facão na gaveta de sua mesa, no seu escritório.

Quando Levi chegou, meses depois, pediu o facão de volta.

Sinhô procurou no local em que guardara, nada. Procurou em outros lugares, sem resultado. Voltou-se ao amigo:

– Seu Levi, já procurei em todo lugar, e infelizmente não achei. O senhor põe preço nesse facão.

O outro queimou-se, redarguindo, colérico:

– Quando lhe entreguei o facão, não lhe disse que era de muita estima? Pois ele não tem preço. Eu quero o meu facão.

Sinhô voltou ao escritório, sentou-se à mesa, meditando:

– Será possível que teria de matar ou morrer por causa de um facão?

Súbito, a mão direita se lhe movimentou, acionada por estranha força, na direção de um lápis sobre a mesa. Sem saber como, o lápis foi deixando palavras num pedaço de papel, sem que sua vontade tomasse parte no fato. Em poucos segundos, Sinhô pôde ler o que havia no papel:

"O facão está debaixo de um jacá velho, no cômodo de despejo."

Sinhô foi lá e achou o facão. Soube mais tarde que havia sido levado para ali pela avó e a empregada, num dia de arranjos...

Outros fatos semelhantes se deram com Sinhô, sem que se lhe abalasse a velha convicção materialista.

Contudo, em 1897, Sinhô transferiu-se para Paineiras como funcionário das indústrias extrativas de cal, de propriedade dos Srs. Frederico Peiró e Maximiliano Alonso – espanhóis que se radicaram no Brasil.

Frederico tornara-se espírita no ano transato. Ao perceber as faculdades mediúnicas mecânicas de Sinhô, utilizou-as em orientações para a estrutura de um forno para as suas indústrias.[19]

Pouco depois, Sinhô passara a residir em Santa Maria, grande fazenda com enormes extensões de terras de cultura, cujo proprietário era o Cap. Joaquim Gonçalves São Roque.

A fazenda estendia-se até os limites da Comarca de Uberaba, mas a sede, que contava três dezenas de casas e a Casa Grande

Frederico Peiró

---

[19] Informa-nos o Sr. Ranulfo Gonçalves da Cunha, filho de tio Sinhô, que a estrutura do mencionado forno tivera a participação dos Espíritos até sua construção. Naquela época, os fornos eram muito rudimentares.

do dono, era relativamente pequena. Constituída de um vale circundado de belos outeiros e de verdejantes serras, até hoje empolga o olhar e envolve de magnetismo radioso o visitante.[20]

Voltando aos fenômenos de Santa Maria, sabe-se que tio Sinhô buscara Frederico Peiró para socorrê-los naquela aflitiva emergência.

Em Paineiras, fora ouvido com fraterno interesse pelo amigo, que se dispusera a abalar-se até Santa Maria.

Cessaram os fenômenos após as primeiras sessões.

Santa Maria voltava à paz de antes.

Todos ficaram sabendo, porém, que as ocorrências tiveram cunho providencial e que Santa Maria era um foco de médiuns.

Cumpria-lhes agora arregaçar as mangas para o serviço do Bem. Pedradas e assobios vão ser agora de outro estilo...

☆

Assim, tiveram início as tarefas espíritas de Santa Maria, que se estenderam por toda a região, no curso de anos ininterruptos de labores santificantes.

Gradativamente, ia desenvolvendo-se, naquele pedaço de chão, um trabalho de vulto, sob a orientação do núcleo espírita de Paineiras, dirigido por Frederico Peiró e Maximiliano Alonso.[21]

Dir-se-ia que aquele minúsculo grupo trouxera os humildes compromissos de rasgar as leiras para as semeaduras da Terceira Revelação, nas plagas do Brasil Central, constituídas de inóspitos sertões e de intermináveis chapadões.

---

[20] As serras Ibituruna e Santa Maria.

[21] Paineiras, hoje Peirópolis, entroncamento da antiga Mogiana, distante de Uberaba apenas 28 km.

Até certo ponto, o núcleo de médiuns abnegados lembrava, no dia a dia que se sublimava, as luminescentes manifestações espirituais no Cenáculo de Jerusalém: homens incultos transmitem mensagens de profundo saber. Mulheres singelas entregam-se, confiantemente, ao trabalho socorrista, prestando extraordinários serviços no tratamento de inumeráveis enfermos dos mais variados tipos obsessivos.

Todavia, os comentários irreverentes fervilhavam em Sacramento acerca dos trabalhos de Santa Maria. Diziam os chistosos que o lugarejo era visitado pelo demônio. Satanás andava à solta, fazendo das suas.

Houve quem afirmasse com grande convicção – e a notícia espalhou-se com foros de escândalo – que, à hora dos trabalhos espíritas, aparecia uma porca preta, acompanhada de pintainhos negros e uma galinha de azeviche, rodeada de bacorinhos da cor da noite sem estrelas... (sic)

E a imaginação popular funcionava nas asas da ignorância infeliz.

Essa a mentalidade da época, na terra de Eurípedes.

Não obstante, os trabalhos em Santa Maria prosseguiam, oferecendo frutos.

A notícia dos serviços espirituais de Santa Maria chegara a grandes centros – como São Paulo e Rio de Janeiro – e outras cidades, e o Centro Espírita "Fé e Amor", já criado, recebia grande número de visitantes.[22]

Servidores ardorosos e sinceros, não conheciam pausa nas manifestações sublimes do Amor e da Fraternidade.

☆

---

[22] O informante destas notas, Sr. Ranulfo Gonçalves da Cunha, cita alguns desses visitantes: Joel de Oliveira, do Rio de Janeiro, RJ; João Batista Parnesiani, de São Paulo, SP; José Guedes, de Franca, SP.

Centro Espírita Fé e Amor, de Santa Maria, MG, fundado em 28 de agosto de 1900 por Mariano da Cunha.

Mais tarde, juntou-se ao grupo o musicista Simplício, que organizou uma Banda Musical com elementos locais.

Delfino Ferreira da Silva, que desempenhava o cargo de "mestre-escola", fundou, em 1910, o jornal *Alavanca*, que desenvolveu grandes atividades no setor de divulgação da Doutrina Espírita. As oficinas e a redação do jornal localizavam-se naquele humilde roça, onde um grupo de arrendadores rudes estendia-se, entregue ao cultivo dos campos não muito extensos, cortados pela Ibituruna e pela serra Santa Maria.

As águas mansas do córrego Lajeado marcaram a vida laboriosa da pequena comunidade, auxiliando o abastecimento e fertilizando o solo.

Uma atmosfera radiosa tornava saudável o generoso núcleo.

Cada criatura, entregue a seus deveres edificadores, emanava de seu mundo íntimo um clima de paz, que tocava os numerosos visitantes, que acorriam a Santa Maria em busca de saúde física e equilíbrio espiritual.

PAINEIRAS

"Frederico Peiró residia a quatro léguas da nascente do rio Uberaba, próximo à estação ferroviária de *Paineiras* – mais tarde *Peirópolis,* em homenagem aos grandes serviços que ele prestara ao local –, ao pé de uma cadeia de alterosas serras, que descrevem uma curva circular quase fechada, compostas algumas delas de enormes moles de rocha calcária, onde, graças a essa riqueza e ao gênio empreendedor de Peiró, formou-se um núcleo considerável de população laboriosa e próspera, à qual não faltava a escola, a Agência do Correio, o Telefone, a Farmácia Espírita gratuita e outros benefícios.

Aquelas rochas são ali convertidas, em alta escala, em alvo e saboroso pão, em fartura para toda aquela pequena colmeia humana. Pois não há um só indivíduo completamente pobre: têm tudo o que é indispensável à vida, mesmo aqueles que não podem trabalhar por doença ou velhice."

Recolhemos esses dados da *Gazeta de Uberaba,* de 12 de março de 1910.

Transcrevemos, da mesma excelente crônica, o extraordinário retrato do espanhol, que teve papel destacado no pioneirismo Espírita do Brasil, em nossa região.

Ei-lo:

"É um homem de estatura mediana, bem-proporcionado, rosto sensivelmente redondo e de traços regulares, cabelos e bigode loiros, olhos azuis, fisionomia simpática e aspecto de bondade.

É singelo no vestir e no dizer e jamais faz alarde de suas obras. À primeira vista, parece ser anglo-saxão; mas viu a luz primeira no esplendoroso sol da zona temperada do hemisfério setentrional, na pitoresca Ibéria, sob o céu azul da Andaluzia, no ubérrimo solo da Província de Jean, em Linares.

Há cerca de três lustros, reside nesta vasta, fértil e encantadora Minas.

Emprega a sua atividade, com inteligência, na indústria, no comércio e na agricultura, auferindo bons resultados.

Nunca, porém, será grande pela riqueza, pois professa a religião do Bem e essas duas grandezas são, no mesmo indivíduo e no estado atual das coisas, incompatíveis (sic).

É um propugnador incansável da evolução, do aperfeiçoamento humano.

Acoroçoa e auxilia, moral e materialmente, todas as causas e ideias que tendem ao bem geral.

É justamente estimado por todos aqueles que vivem ao seu redor, seguindo-lhe de maneira louvável os exemplos, a sã orientação, que ele sabe imprimir aos seus atos.

É um dos poucos homens que têm coração, que sentem os males alheios, que têm a noção das causas de que se originam e que cumprem com o sagrado dever de combater estas e de diminuir aqueles, na medida de suas possibilidades, prestando aos seus semelhantes a maior soma possível de benefícios.

Onde há sofrimentos a mitigar, necessidades a socorrer, enfermos a assistir, prejuízos a combater, aí está o humano indivíduo, cuja imagem tive por um instante ante a objetiva, pronto a prestar todo o seu valioso concurso, a praticar a sublime religião, cujo único ídolo é o Bem."

Como se vê, o homem e suas tarefas edificadoras foram focados com respeito, lealdade e abertamente. Todavia, a Doutrina Espírita, que ele professava desde 1896, apareceu na imprensa leiga da época sob um véu sutil...

Mas o essencial é salientar a personalidade, seus esforços nas tarefas doutrinárias e fraternas.

Um opúsculo, divulgado em 1915 e dedicado a Frederico Peiró pela colônia espanhola, de Uberaba, traz importante registro histórico no campo do Espiritismo, em Minas Gerais.

Acentua o valioso documentário que, até 1893, Frederico Peiró era materialista, adiantando que, nesse tempo, frequentou sessões espíritas, que se realizavam na casa do advogado Coronel Antônio Cesário da Silva e Oliveira, em Uberaba, e que lhe despertaram forte interesse pelo estudo do Espiritismo.

Salienta o veículo informativo que a moral Evangélica explicada pela Doutrina Espírita impressionara, de modo envolvente, o Espírito de Peiró, por se lhe ajustar ao modo de pensar e de sentir e à sua índole verdadeiramente humanitária.

Transferiu-se para Paineiras em 1896, onde iniciou o seu edificador postulado de Fé e Amor. Espírita convicto, dedicou-se à propaganda e à aplicação dos princípios que tanto o empolgavam.

O seu trabalho foi tão perseverante e banhado de Amor, "foram tais os exemplos de fraternidade humana dados àquele núcleo de população, que os resultados foram além de sua própria expectativa. Em pouco tempo, eram ali quase todos espíritas" – acrescenta o opúsculo.

E conclui, afirmando, que "não podendo o humanitário ideal encerrar-se nos estreitos limites daquela população feliz, irradiou-se para toda a zona e, particularmente, para Santa Maria, Sacramento e Mangabeira, tendo-se ainda refletido poderosamente no desenvolvimento do Espiritismo em Uberaba".

Sabe-se que, no campo assistencial, Peiró desdobrava-se

para o atendimento a Paineiras, Santa Maria e Sacramento, cujas farmácias ajudou a criar e a manter, a benefício das citadas povoações e de outras inúmeras localidades do Brasil, em atendimento gratuito.

Peiró fora um dos braços fortes na sustentação desses serviços socorristas até sua desencarnação, ocorrida em Sacramento a 25 de outubro de 1915.

Sua viúva, a Sra. Maria Rezende Peiró – de família tradicional sacramentana – continuou a obra do esposo, enquanto lhe permitiram as forças.[23]

NOTA – Depoimentos com reconhecimento das respectivas firmas pelo tabelião, Sr. Antônio Alves Araújo; José Rezende da Cunha e Edalides Millan de Rezende, São Carlos, SP; Ranulfo Gonçalves de Araújo, Santa Maria, MG; Sra. Leopoldina Gonçalves de Araújo, MG; Sra. Emerenciana Rezende, Sacramento, MG; arquivos de D. Amália F. de Mello.

---

[23] Funcionava, em Peirópolis, bem orientado serviço de assistência espírita, sob a direção do confrade Sr. Langerton Neves da Cunha e sob a égide espiritual de Frederico Peiró, de Eurípedes Barsanulfo e Emílio Luz.

Capítulo 8

Acende-se a lâmpada da dúvida

Depoimentos merecedores do mais alto conceito nos dão conta do zelo religioso de Eurípedes, desde a meninice, quando exercia com muito respeito as funções de "coroinha" nos rituais da Paróquia local.

Cofundador da Irmandade de São Vicente de Paulo, deteve, por alguns anos, o cargo de secretário dessa congregação.

O vigário da época era o Padre Manoel Rodrigues da Paixão – muito estimado por suas virtudes e chamado carinhosamente, por seus paroquianos, de "Nosso Padrinho Vigário".

Eurípedes afinizava-se bem com o bondoso pároco, também pelas manifestações usuais de dinamismo realizador do jovem, na extensão dos serviços religiosos.

Assíduo nos cultos e sincero nas convicções, que o ligavam à Igreja, sempre fora alvo da confiança do Senhor Vigário e de seus assistentes: Pe. Augusto Teodoro da Rocha Maia e Pe. Pedro Ludovico Santa Cruz. Estes últimos, antigos professores de Eurípedes.

Um episódio marcante veio abrir novos horizontes no entendimento espiritual de Eurípedes.

☆

Corria o ano de 1903.

Eurípedes saíra da residência paterna para uma visita ao Pe. Pedro Ludovico Santa Cruz.

Encontrara o Pe. Augusto Teodoro da Rocha Maia, que apresentou-lhe um compêndio após alguns minutos de conversa amistosa e, em tom confidencial, disse-lhe:

– Eurípedes, sei que você é católico fervoroso e amigo das boas leituras. Você vai ler este livro – mas, cuidado! – não o passe adiante. A leitura deste livro é proibida pela Igreja a seus adeptos.[24]

O sacerdote passara às mãos de Eurípedes um exemplar da Bíblia.

Um brilho de interesse santo iluminou os belos olhos do jovem.

Em poucos minutos, ei-lo de volta à casa comercial do progenitor, portando a Bíblia sob o braço direito.

Ao passar pela residência do Sr. Leão Coelho de Almeida, Eurípedes fora abordado por esse grande amigo e por José Martins Borges, muito ligados desde o Colégio Miranda por profundas afinidades, nas áreas do trabalho e do estudo.

Aludindo-se ao livro que Eurípedes sobraçava com cuidado, o Sr. Leão exclamou, jocosamente:

– Olá, Eurípedes, só lhe falta agora a batina! Não demora muito e teremos padre novo na terra!

José Martins secundou o amigo, rindo gostosamente.

– Os senhores bem sabem quanto aprecio os bons livros

---

[24] V. *Dicionário de Ciências Eclesiásticas e Catholic Encyclopedia* – art. Bíblia e G.P. Fischer, *The Reformation,* cap. 15, (ed. de 1873, págs. 530-532) – a respeito da proibição da Igreja Católica Romana em relação à circulação das Escrituras Sagradas, em versões vernáculas, entre os leigos. (*Apud o Grande Conflito,* Ellen G. White)

e como amo conhecer e analisar tudo. As boas leituras são para mim como o mel é para a abelha...

A resposta evasiva e sincera, acompanhada de um gesto cortês de despedida, deixara os amigos sem outras argumentações.

Eurípedes alcançara a loja do pai, a poucos passos dali, ansioso por iniciar a leitura, que se lhe antolhava empolgante.

Tudo o que conhecia dos Evangelhos resumia-se nos ensinamentos que os padres, bons amigos, sem dúvida, porém muito sóbrios e omissos na exposição da palavra sagrada, ministravam-lhe.

O jovem começou a leitura pelo Novo Testamento.

Nos interregnos, o pensamento, a razão, o cérebro voltavam-lhe irresistivelmente para aquele compêndio extraordinário.

Fez anotações, que lhe serviriam para futuros roteiros.

Leu, paciente e com fervor crescente, todos os capítulos e versículos dos Evangelhos. O discernimento vigoroso despertava-se, apreendendo com justeza as lições do Senhor.

Uma página, por sinal de significativa importância, não conseguiu ele entender: o discurso do Cristo, expresso em letras de ouro em Mateus e Lucas, caps. V e VI respectivamente, no cântico das Bem-aventuranças.

Apegara-se ao Sermão do Monte, como supremo óbice ao seu raciocínio.

Chocavam-se-lhe as aspirações de entendimento, ao impacto daquela barreira.

Vira tantos desconsolados permanentes da vida baixarem à tumba sem os prometidos reconfortos, exarados na promessa divina...

Não compreendia ainda como o Cristo – Sábio e Misericordioso – prometera consolações a pobrezinhos sem eira nem beira – os que foram injustiçados em todos os tempos e que, não raro, sucumbiam à ação da revolta...

Na mente do jovem, fervilhavam angustiosos pontos reticentes, quando procurou o Pe. Augusto Teodoro da Rocha Maia para um esclarecimento mais direto do assunto.

Colocou o pároco a par de suas elucubrações metafísicas.

– Meu filho – explicou o bondoso amigo Pe. Maia –, o Cristo jamais foi tão claro como no Sermão do Monte. Não há necessidade de interpretações. Tudo claríssimo como o sol da manhã...

– De acordo, Padre, ao que se refere à extraordinária beleza das expressões do Senhor. Mas o que não entendo é até onde vai o pensamento do Mestre, no tocante às promessas que não se realizam...

– Não diga assim, meu filho. Sempre há um motivo oculto – um mistério – no ensino cristão, que não podemos nem devemos penetrar. Compreende, Eurípedes?

Evidentemente, tais considerações não satisfizeram ao Espírito analista do jovem.

Contudo, baixara a cabeça, em face da impossibilidade de prosseguir no desdobramento do absorvente tema.

Despedira-se cordialmente do bom amigo e conselheiro.

Mas trazia cravados, no Espírito, os primeiros acúleos da dúvida...

☆

Por alguns meses, mantivera-se o moço preso à leitura dos Evangelhos.

Gradativamente, assinalava com profundeza a distância entre o dogmatismo católico tão complexo na sua estrutura, essencialmente assentada na tela mística da letra, e o sublime código de ensinamentos morais, com embasamento nas máximas tão singelas quão sábias e nas parábolas de luminosa tessitura educativa do Mestre.

Permanecia, contudo, o discurso da Montanha como obstáculo maior aos sublimes empenhos do jovem para a compreensão da palavra divina...

Instalara-se-lhe no Espírito a chave que lhe abriria as portas da Verdade sob o painel da análise comparativa.

Achava-se sob o domínio da dúvida.

NOTA – Os informes do presente capítulo foram fornecidos pelas seguintes pessoas, em depoimentos com firmas reconhecidas: Edalides M. Rezende, Elith Irani Vilela, Amália F. Mello, Ranulfo G. Cunha e Maria Leopoldina Araújo.

Capítulo 9

O toque de despertar

Mariano da Cunha fazia viagens periódicas a Sacramento.

Hospedava-se na casa da irmã, fato que se constituía em motivo de grandes alegrias para Eurípedes.

Muito amigo de "tio Sinhô", o moço pedia à mãe que lhe arrumasse a cama em seu quarto, embora preferisse, habitualmente, ter o seu aposento separado.

Nessas ocasiões, Eurípedes mantinha porfiadas polêmicas a respeito da nova Doutrina, que estava dominando as consciências em Santa Maria. Aspirava anular aquelas ideias do hóspede querido. O que diziam das sessões de Santa Maria era muito borrascoso. Não entendia como pessoas tão honestas e equilibradas, apesar de incultas, como tio Sinhô, madrinha Sana e outros tios, empenhavam-se tanto na difusão daquela Doutrina do demônio...

As discussões repetiam-se, no conflito fraterno, entre tio e sobrinho, às vezes noite adentro.

Eurípedes, senhor de invejável cultura adquirida na leitura de todos os dias, apresentava argumentos brilhantes, sublimados sempre por sua delicadeza inata.

Do outro lado, o tio – homem rude do campo, elementarmente instruído na Doutrina dos Espíritos – por sinal nascente na região –, muitas vezes, mantivera-se em silêncio, à falta de argumentação segura.

Justificavam-se, assim, as *vitórias* de Eurípedes nesses duelos desiguais, em que entrechocavam-se diferentes pontos de vista religiosos.

No começo de 1903, tio Sinhô visitara a família de Meca numa tarde morna sacramentana.

Como sempre, Eurípedes recebera-o com sinceras demonstrações de júbilo.

À noite, como de costume, o moço iniciara a conversa:

– Como é, tio Sinhô, as sessões continuam?

– Nada mudou. Antes o trabalho cresce, porque a dor aumenta cada dia.

A resposta singela do bom campeiro penetrara o coração sincero do moço.

O tio parecia dominado por estranho poder de persuasão. Dir-se-ia a antecipação de um triunfo, há muito sonhado.

Às primeiras investidas do sobrinho, mostrou-se sóbrio. Para que falar? Ainda se Eurípedes fosse ouvi-lo e aos outros médiuns em Santa Maria... Ali, sob a ação benfazeja de Espíritos Protetores, seriam elucidados tantos assuntos que, normalmente, seria quase impossível fazê-lo.

Mas viera armado sob a inspiração do Alto.

Naquela noite, Eurípedes esforçava-se – mais que de costume – por envolver o tio nas malhas de brilhante argumentação.

Quando o moço terminou a peroração, tio Sinhô retirou do bolso da casaca um livro, colocou-lhe nas mãos e tornou com simplicidade característica:

– O que não posso explicar a você, este livro vai fazer, em parte, por mim.

Eurípedes tomou o volume e abriu-o na primeira página. Era a tocante dedicatória do autor – o filósofo francês Léon Denis – para entidades benfeitoras que o haviam inspirado, no esquema e na estrutura do livro.

– Isto é muito bonito e profundo – disse Eurípedes, espelhando, no olhar brando, indisfarçável interesse.

Tio Sinhô acomodara-se, algo cansado.

No outro lado, o sobrinho começara a leitura, já à luz frouxa de um lampião a querosene.

O tio acordara, algumas vezes, e surpreendera o sobrinho ainda a ler.

Ao dealbar do dia imediato, o moço brindou o coração do bom Mariano da Cunha com alegre exclamação:

– Muito obrigado, meu tio! Isto é um monumento!

Eurípedes lera toda a obra naquela noite memorável e confessava-se plenamente empolgado com a lógica expressivamente convincente do autor. Trezentas e trinta e quatro páginas repletas de interesse.

O livro trazia o título: *Depois da Morte*. Era a primeira obra do grande filósofo, traduzida recentemente para o idioma português, e que merecera da crítica francesa as mais elogiosas referências.[25]

Horas depois, Eurípedes procurou a mãezinha e avisou-a

---

[25] "A primeira grande obra de Léon Denis, aquela que iria ter tão duradoura repercussão, apareceu no fim do ano de 1890, sob o título: *Depois da Morte,* tendo por subtítulo: *Exposição da Filosofia dos Espíritos,* das suas bases científicas e experimentais e das suas consequências morais." (*Vida e Obra de Léon Denis,* Gaston Luce, Edicel, São Paulo)

de que passaria a manhã no alto da cidadezinha – seu retiro predileto para as leituras queridas.

A manhã apresentava-se clara, uma brisa amena brincava nas árvores frutíferas dos quintais.

Eurípedes atravessou, com passo estugado e firme, parte da Avenida Municipal até a estreita pontezinha de madeira sobre o Borá, ponto limítrofe entre os dois bairros centrais da cidade.

Daí, apanhou a Rua do Rosário, cortou o pasto de propriedade do Sr. Antônio Fidelis Borges (Tonico Buta) e atingiu finalmente o *Bela Vista,* um dos outeiros aprazíveis da cidade. Algumas árvores seculares enriqueciam a paisagem, ao lado de uma fonte generosa. A poucos passos, erguia-se um muro de pedras – reminiscência triste do braço escravo.

Sob a fronde amiga de uma *árvore de óleo,* Eurípedes entregou-se à leitura do livro, que o impressionara profundamente na noite anterior.

O céu azul, o painel natural a estender-se em volta, tudo era um convite à compreensão mais profunda do pensamento do autor.

Ah, como venerava o Criador do Mundo e dos Seres!

Deus – eis o tema emocional de Eurípedes, em todos os tempos. Pronunciava-Lhe o nome com sagrado tremor nos lábios e divina marca de lágrimas nos olhos suaves.

Ao contato com a Natureza, o perfume do entendimento penetrava-lhe as fibras mais íntimas.

Relia as páginas portentosas. Reacendia-se-lhe o entusiasmo, que transformara a noite anterior na mais bela noite de vigília que lhe fora dado experimentar até então.

Expandia-se a luz adormecida na lâmpada do coração. E,

aos poucos, tomava-lhe conta dos sentidos, do ser íntimo. Foi um momento divino de integração espiritual com o Pai.

Compreendeu, então, que a humanidade sempre recebeu o amparo divino. Em todas as épocas, no curso das civilizações, a *Palavra Orientadora* jamais deixou órfã a criatura terrena. Desde os Vedas, na Índia; Pitágoras, diante do espaço e dos mundos e a expansão da vida universal; os Druidas, na Gália, promovendo o sublime trabalho da espiritualização das criaturas; Sócrates e Platão popularizando os princípios de Pitágoras; o Cristianismo marcado por revelações sublimes.

Eurípedes acompanhou o descerrar do misterioso pórtico, que apenas um reduzido número de iniciados alcançaram.

O hermetismo orientalista abriu finalmente as comportas milenares.

O Espiritismo – represa de luz – franqueia os diques, abre as comportas, a fim de que o entendimento humano se inteire, dessedentando-se para sempre nas catadupas generosas.

É o Consolador Prometido a espargir belezas eternas, sem simbolismos, nem alegorias, nem mistérios sutis. Abertamente.

Cai, enfim, o véu dos templos e dos santuários.

As horas correm.

Lá embaixo, a cidade já se levantou, preguiçosa.

O jovem continuou a leitura página a página. As lições caíram-lhe no Espírito ávido com naturalidade. Sem os atropelos da dúvida.

A segunda parte do livro arrancou-lhe incontidas lágrimas de emoção.

Jamais sentira em autor algum a alta significação do Amor e da Sabedoria de Deus.

"Jamais vi alguém cantar as glórias da Criação com tamanha profundidade e beleza."

Estas palavras de Eurípedes numerosas vezes repetidas expressam-lhe o grande respeito votado à obra de Léon Denis.

Na Literatura Religiosa, que folheava frequentemente, nunca, até então, encontrara um cérebro que exprimisse a magnificência da Obra Divina com o brilho e a profundidade desse autor.

Com a força suave e bela da Poesia, o filósofo estrutura novo e racional sentido para os atributos de Deus.

Quando desceu o morro verdejante, Eurípedes revivia os primeiros arrebatamentos que a literatura espírita lhe proporcionava e que se repetiriam, no futuro, pelas mãos fraternas de "tio Sinhô".

NOTA – Depoimentos de: José Rezende da Cunha e Edalides M. Rezende, São Carlos, SP; Viúva Jovino Gonçalves de Araújo, Santa Maria, MG; Ranulfo G. Cunha, Santa Maria, MG; e Amália Ferreira de Mello (arquivo pessoal), desencarnada em Sacramento, MG.

Capítulo 10

A conversão ao Espiritismo. Novos rumos

MENTALIDADE NOVA

Eurípedes sentia, cada vez mais forte, a recrudescência da sede de novos conhecimentos em torno do Espiritismo.

Na primeira década do século, a divulgação espírita era ainda bastante precária. Além do *Reformador,* lançado pela Federação Espírita Brasileira, em 1883, alguns poucos jornais doutrinários circulavam no país, dentre os quais dois ou três chegavam a Santa Maria, por visitantes.

Reformador e outros periódicos vinham a Santa Maria por visitantes fraternos, oriundos especialmente de São Paulo e Rio de Janeiro.[26]

Desse modo, tio Sinhô fazia chegar a Eurípedes o reduzido material de propaganda da Doutrina Espírita, então existente.

Na companhia de José Martins Borges, o moço lia e comentava importantes editoriais, artigos e crônicas, em que jornalistas abalizados deixavam a palavra nova, abrindo novos caminhos ao entendimento espiritual das criaturas.

---

[26] Em Franca (SP), já circulava o *Fé, Amor e Perdão* – tendo como diretor o jornalista Manoel Malheiro.

Profundamente abalado em suas convicções católicas e leal à sinceridade de seu Espírito, restringiu sua presença na Igreja a poucos ofícios.

Já não era o mesmo assíduo frequentador dos cultos religiosos.

O fato começava a despertar apreensões no seio da família do moço e do clero...

MADRINHA SANA

Eurípedes ia, às quintas-feiras, a Conquista para efetuar a escrituração da casa comercial de seu pai, naquela localidade.

Foto de Eurípedes Barsanulfo, retirada e ampliada de um grupo, sem nenhum retoque, com diferenças marcantes da fotografia mais divulgada do missionário sacramentano, que o apresenta, infelizmente, com traços fisionômicos adulterados. *(Gentileza da Revista Internacional de Espiritismo)*

Lá encontrava, com frequência, a sua querida madrinha Sana, que se abalava de Santa Maria para pequenas compras ou mesmo para se avistar com o afilhado.

Nos diálogos fraternos entre ambos, sempre houve espaço para uma indagação:

– Então, Madrinha, como vão as almas do outro mundo?

D. Emerenciana Mendonça fora a fiel intérprete, que reportava junto a Eurípedes, com enternecedora singeleza roceira, o movimento espírita de Santa Maria.

Desde os assobios e pedradas, que muito preocupavam a Eurípedes, até as extraordinárias sessões, em que médiuns semianalfabetos discorriam com sabedoria e eloquência sobre o Evangelho.

– Você precisa assistir às nossas reuniões, meu filho. Os Espíritos estão falando pelo Jason e pelo Aristides, explicando o Evangelho, fazendo todos chorarem como nos tempos de Jesus.

O convite carinhoso de Madrinha Sana, naquelas alturas dos acontecimentos, era muito oportuno.

O moço prometeu aparecer qualquer dia em Santa Maria para ver de perto como funcionavam problemas tão transcendentes.

Na realidade, Eurípedes reservava dúvidas a respeito da comunicabilidade dos Espíritos.

Após despedir-se da bondosa madrinha Sana, a quem se ligava por estreitos laços de confiança e ternura, o moço ficou entregue a íntimas cogitações.

De que forma homens incultos – sinceros e bons, sem dúvida – como o Aristides podiam influenciar as massas com arroubos de sabedoria?

EM SANTA MARIA

Na sexta-feira da Paixão do ano de 1904, Eurípedes convidou seu amigo José Martins Borges para irem ambos assistir a uma sessão espírita, em Santa Maria.

Para não causar preocupações aos pais, saíra na véspera, como de costume, para desincumbir-se de suas tarefas de escriturário na loja do Sr. Mogico, em Conquista, avisando à mãe que só voltaria no dia seguinte, à noite.

As reuniões se desenvolviam em horário da tarde. Os dois amigos chegaram à povoação, provavelmente, antes das 14 horas.

A povoação estava situada num ligeiro declive de terreno,

cercada de outeiros e serras, que embelezavam sobremaneira o panorama natural.

Três dezenas de casas espalhavam-se, algumas relativamente distanciadas das outras. Mas seus moradores achavam-se ligados por grande afinidade no trabalho, que ali realizavam com persistência admirável.

O proprietário da fazenda, católico praticante, portador de avançada compreensão, havia doado aos espíritas um alqueire de terras para a edificação do Centro Espírita.

Somente algum tempo após os acontecimentos ora relatados, foi que a sede do Centro ficara pronta.

Eurípedes e o companheiro chegaram a Santa Maria com o objetivo de observar tudo ao vivo.

Deixaram os animais presos à porta da residência modesta de José Mariano da Cunha, onde se realizavam provisoriamente as reuniões.

Entraram no recinto, respeitosos. Os trabalhos já haviam iniciado.

O secretário lia, no Evangelho, um trecho que se relacionava à Paixão do Cristo.

A pequena sala achava-se totalmente tomada. Duas alas de tamboretes e bancos rústicos e baixos alongavam-se em toda a sua extensão.

Ali se achavam os médiuns de incorporação e curadores e ainda irmãos idôneos, que formavam a linha de sustentação vibratória.

Os médiuns de recepção e os curadores intercalavam-se na *linha*.

Todos os lugares ocupados. Atrás da *linha*, onde se encontrava o médium Aristides Gonçalves Fernandes, situavam-se dois lugares desocupados, providencialmente, à espera dos dois visitantes.

Ambos tomaram assento. Eurípedes acompanhou a leitura com atencioso respeito e interesse.

Em seguida, tomou parte na oração do presidente, com a mesma posição íntima.

Tudo lhe era novo e surpreendente. Nunca se sentira tão vibrátil, em outras ocasiões, nos ofícios religiosos de que tomara parte.

Todavia, admirava-se de ver homens incultos assumirem a grande responsabilidade da difusão dos Evangelhos do Senhor.

Ali se achava o Aristides, por exemplo, indivíduo tão seu conhecido, carregando um coração de ouro, mas com um cérebro vazio.

Um pensamento vibrava-lhe na mente... resolve fazer o seu pedido e fá-lo mentalmente, com unção:

– Tudo compreendi na Bíblia. Mas o meu entendimento está fechado para as Bem-aventuranças. Se é verdade que os Espíritos se comunicam com os vivos, rogo a João Evangelista elucide-me pelo médium Aristides.

Alguns minutos após, Eurípedes ouvia a mais "extraordinária dissertação filosófico doutrinária, que jamais conhecera em toda a sua vida, sobre o luminescente discurso de Jesus", por intermédio do intérprete solicitado.[27]

Impossível atribuir a Aristides, semianalfabeto, aquela linguagem sublime, onde o magnetismo de poderosa eloquência empolgava até às lágrimas os circunstantes.

Eurípedes, na sua sensibilidade acurada, tomava-se, sem

---

[27] Afirmação do próprio Eurípedes, em diversas ocasiões.

entender, do "élan" envolvente de vibrações magnéticas, que se desprendiam da natureza espiritual da entidade comunicante.

A alocução clara e persuasiva elucidava problemas do Espírito no quadro das causas e efeitos; da vida além-túmulo, salientando as possibilidades do trabalho, nos roteiros do aprendizado maior, da multiplicidade das existências no imenso painel do progresso espiritual, tudo deixara Eurípedes altamente impressionado.

Compreendia, então, que o Sermão do Monte resume a doutrina do Cristo.

Mas somente a lógica do Espiritismo para conduzir o entendimento humano a essa conclusão lógica e racional.

Ao final da luminosa exposição, a Entidade assinalou sua identidade com o selo vibrante de fraterna saudação:

Paz! João, o Evangelista[28]

O moço compreendia, finalmente, o mais perfeito código de consolações que ao mundo fora dado receber.

Esbarrava-se com a tangente de ouro pela qual caíram-lhe todas as dúvidas: a comunicabilidade dos Espíritos é um fato que não se pode opor objeções.

☆

---

[28] É bastante compreensível a provável manifestação de tão elevada Entidade por vários motivos, entre os quais destacamos: a) O caráter insofismavelmente missionário de que se revestiu a trajetória terrena de Eurípedes.

b) Nos tempos evangélicos, Eurípedes fora educado por Inácio, pupilo de João, que se tornara grande propagador da Boa Nova, na Antióquia. Adolescente ainda, Eurípedes substituíra o Benfeitor na pregação, na Palestina, onde manteve contatos com João, e onde fora martirizado. (Revelações inéditas de Emmanuel a Francisco Cândido Xavier.)

c) Autorizando a divulgação da revelação em apreço, o médium Francisco Cândido Xavier evidenciou que, em 1954 – época em que a citada revelação se efetivara em sua primeira visita a Sacramento – ele desconhecia o fato de haver sido João o primeiro Espírito a se comunicar com Eurípedes.

A sala humilde transformava-se, de repente, em repositório tangível de magnetismo, que a tudo envolvia e felicitava.

O momento era de sublime significação. Espíritos de elevada hierarquia, oriundos de regiões espirituais superiores – dentro de poderoso teledinamismo, que estamos muito longe de entender – tocaram de sabedoria a boca do simples campônio.

O fato não fora obra do acaso, como não fora obra do acaso a explosão mediúnica do Colégio apostólico de Jesus, no Pentecostes.

Todavia, a perplexidade do jovem proveio do fato de que a Doutrina Espírita é a *lógica dos fatos* – e não de simples código filosófico, conforme percebia claramente ali.

O primeiro contato com a experimentação fora um festim divino. Seu espírito penetrante já da profunda visão psíquica – que haveria de iluminar-lhe o ideal – sentiu que a inspiração jorrava de planos mais altos sobre a humanidade. Viu os laços, que não se quebram com a morte, entre os vivos e os desaparecidos na tumba.

Mais tarde compreenderia, com a mais alta emoção, a tarefa da donzela de Domrémy.

Não havia diferença entre a singela flor, que desconhecia as grandezas humanas – e, no ambiente campesino, também ignorava as maldades do mundo – e esses homens dados aos misteres da lavoura. Totalmente inscientes das Ciências da Terra.

Com Denis, Eurípedes percebeu, naquela primeira reunião de intercâmbio com o plano espiritual, que "misteriosos fios ligam todas as almas e, mesmo neste mundo, as mais sensíveis vibram ao ritmo da vida universal".[29]

---

[29] Léon Denis, *Joana d'Arc, Médium*, 4ª ed., FEB, Rio de Janeiro, p. 14.

Ele mesmo se sentia envolvido em atmosfera desconhecida, que lhe tocava todo o ser de emoção sublime.[30]

DISSIPAM-SE DÚVIDAS, MAS PERSISTEM OS ÚLTIMOS LAÇOS

Apesar de estar conscientemente seguro das verdades que a Doutrina Espírita lhe projetara no Espírito, Eurípedes não havia deixado a Igreja, embora a deserção gradativa se fizesse mais sentida no consenso geral. Houve críticas acerbas. Os companheiros de crença não se conformavam com a restrição inexplicável com relação à assiduidade do moço aos cultos religiosos.

Embora ignorassem os reais motivos da situação, os

---

[30] À Luz da reencarnação, cada promessa crística tem um sentido de lógica insofismável.

A mensagem sublime, que tanto impressionou Eurípedes, complementa as informações de Denis no seu *Depois da Morte,* no tocante ao relevante tema das Bem-aventuranças: "O Sermão do Monte condensa e resume o ensino de Jesus".

Mas, nas expressões da Entidade comunicante de Santa Maria, o poder da lógica é superior ao do próprio filósofo francês, que despertou Eurípedes para novos roteiros.

O jovem teria aprendido pela voz de um homem rude e simples que de repente se fazia sábio sob a ação de uma inteligência superior, que se lhe apossara das faculdades mediúnicas, como lhe afirmara o tio Sinhô.

Então, os aflitos de hoje serão os detentores de conquistas inalienáveis do futuro? Lavram o campo para as semeaduras da felicidade, que virá no giro das vidas sucessivas?

É o que acontece aos que choram, no presente? Esses expiam o abuso dos prazeres do passado, enquanto preparam o caminho para a grande maratona do aperfeiçoamento.

Nesse ponto, Denis fala como um exegeta apressado, preocupado talvez com outros temas importantes, igualmente, para o enfeixe de sua grande obra informativa.

Padres da Paróquia de Sacramento e o Bispo da Diocese de Uberaba demonstraram sua preocupação a respeito.

Eurípedes revelara-se sempre um exemplo de eficiência e de devotamento nos serviços da Paróquia.

Urgiam medidas para deter a fuga incompreensível...

Enquanto a grei romana assediava o moço com advertências e solicitações, Eurípedes recebia um convite de tio Sinhô para assistir a uma sessão ordinária no Centro Fé e Amor.

Eurípedes estimava a oportunidade de voltar ao núcleo de espíritas, onde fora tocado do mais fundo de seu Espírito, dias atrás.

Quem poderia aquilatar a amplidão das lutas íntimas daquela personalidade singular, ante o impositivo de quebrar os derradeiros laços com a Igreja?

NOVAMENTE EM SANTA MARIA

Eurípedes retornou, dias após, ao grupo fraterno de Santa Maria. Pela segunda vez, assistiu a uma sessão espírita.

Quando os médiuns constituíram a corrente vibratória para o tratamento de enfermos presentes, Eurípedes permaneceu de pé, atrás da fila de passistas.

Observava as atividades com unção quase mística.

Tio Sinhô funcionava como médium de recepção. Totalmente inconsciente, nos transes sonambúlicos, o médium transmitiu, inicialmente, a palavra serena e orientadora de Adolfo Bezerra de Menezes. A entidade comunicante convidou Eurípedes a tomar parte da *linha*, afirmando suas faculdades curadoras.

O moço obedeceu, confiante.

Participando da corrente vibratória, sem saber como agir,

orou fervorosamente, no silêncio mais profundo da alma, a favor dos enfermos presentes.

Seguindo-se a Bezerra de Menezes, falou o Benfeitor Vicente de Paulo.

O grande apóstolo da Caridade, após saudação ungida de Amor, dirigiu-se a Eurípedes, lembrando que o moço era presidente de uma congregação religiosa que lhe trazia o nome – Vicente de Paulo.

Com mansa serenidade característica, o Pai dos órfãos passou às elucidações sobre as finalidades fundamentais de uma instituição que se assenta em bases cristãs. E advertiu que a casa a que Eurípedes servia com zelo e desprendimento, havia anos, não comportava o Espírito do Cristo, na dilatação dos serviços.

Horizontes muito vastos se abririam ante seu coração ávido de serviços edificadores.

Ao término da mensagem elucidativa, Vicente de Paulo confiou ao moço uma revelação de alto sentido emocional para Eurípedes: era o seu guieiro espiritual, desde o berço...

E o Benfeitor acentuou:

"Abandone, sem pesar e sem mágoa, o seu cargo na congregação. Convido-o a criar outra instituição, cuja base será Cristo e cujo diretor espiritual serei eu e você, o comandante material. Afaste-se de vez da Igreja.

Quando você ouvir o espoucar dos fogos, o repicar dos sinos ou o som das músicas sacras, não se sinta magoado, nem saudoso, porque o Senhor nos oferece um campo mais amplo de serviço e nos conclama à ação dinamizadora do Amor.

Meu filho, as portas de Sacramento vão fechar-se para você. Os amigos afastar-se-ão. A própria família revoltar-se-á. Mas não se importe. Proclame sempre a Verdade, porque, a partir desta hora, as responsabilidades de seu Espírito se ampliaram ilimitadamente."

E concluiu o luminoso guia: "Você atravessará a rua da amargura, com os amigos a ridicularizarem uma atitude que não podem compreender".

Eurípedes voltou à cidade. O coração banhava-se-lhe de claridades novas e de sublimes resoluções.

DESATAM-SE OS LAÇOS

O primeiro ato de coragem, no retorno à cidade, fora cortar os laços que o prendiam à Irmandade São Vicente de Paulo.

Os membros da Congregação vicentina receberam, estarrecidos, a decisão de Eurípedes.

Ninguém acreditava. Tudo podia ser a resultante de mal-entendidos prováveis, tão comuns no seio das Congregações...

Rogaram ao moço uma explicação para sua surpreendente conduta.

Eurípedes atendeu-os.

Narrou com simplicidade os acontecimentos que lhe marcaram novos rumos à vida.

Uma bomba inesperada não produziria os efeitos de pânico e revolta que aquela profissão de fé inamovível lançara.

Os antigos companheiros exclamavam, fora de si:

– Você está louco! O Espiritismo é fábrica de loucos! Você está louco!

Eurípedes replicava, sereno:

– Bendita loucura, que tem o discernimento necessário para distinguir o erro da Verdade. Para trocar o engodo pela realidade do Espírito.

Reuniram-se, na ocasião, elementos hierárquicos do Clero da Região, inclusive o Bispo de Uberaba, já citado, que estimava muito Eurípedes pela dedicação do moço à Igreja.

Todos os esforços caíram por terra. Nada abalava as novas convicções de Eurípedes.

A Igreja estava cabisbaixa, aflita. Perdia, irremediavelmente, um de seus mais fiéis e sinceros prosélitos.

O Padre Augusto Teodoro da Rocha Maia, sentindo-se culpado por haver, involuntariamente, contribuído para a edificação de novas ideias na mente do moço – através do empréstimo da Bíblia – deixou-se envolver por entidades trevosas, que o levaram à "camisa de força", totalmente possesso.

Do plano invisível, adversários da Luz, agrupados em falanges, trabalhavam para colocar empecilhos no caminho de Eurípedes.

A possessão do Padre Maia fora a primeira manifestação, visando a tocar a sensibilidade do moço para uma possível renúncia aos novos ideais doutrinários por ele esposados.

Quem sabe o fato viesse até a despertar os ânimos populares contra Eurípedes?...

De qualquer forma, o acontecimento traumatizou a muitos – dadas as qualidades que ornavam o caráter do Padre Maia.

Eurípedes sentiu o fato e orou pelo excelente amigo. Mas permaneceu firme nos propósitos novos.

OS PRIMEIROS ESPINHOS

Enquanto a família consaguínea de Eurípedes se fechava, envolvida nas malhas terríveis da incompreensão, que se expressavam por descabida revolta[31], os amigos – que totalizavam a população local – avançavam em demonstrações hostis, murmurando à sua passagem em qualquer ponto da cidade: O Professor está louco! O Professor está louco!

O setor educacional sofrera rude golpe.

Os companheiros de magistério, no Liceu Sacramentano, abandonaram seus cargos.

O mobiliário escolar fora retirado, e o prédio, onde funcionava o Liceu, requerido por seus proprietários.

Era a debacle dos sonhos do moço em torno dos trabalhos, no campo de Educação, que ele amava acima de tudo.

Aquele clima de inquietação geral produzira efeitos negativos na sensibilidade mediúnica de Eurípedes, cujas faculdades afloravam em extraordinários potenciais.

A elevada postura espiritual de Eurípedes, todavia, permitia-lhe voos a regiões celestes, que o distanciavam dos lugares comuns do cotidiano.

Desejoso de aprender com o Cristo a divina lição do Amor, o jovem Missionário mantinha a constante da prece, buscando, no silêncio do recolhimento, o manancial de forças, que lhe garantia o sublime magnetismo.

Ainda nos albores de sua missão, em meio aos elementos vibracionais mais heterogêneos – verdadeiras setas envenenadas, que as mentes menos esclarecidas lhe desfechavam – Eurípedes recolheu sublime revelação, que seria a mais importante se não se houvesse repetido, no curso de sua Missão, em outras ocasiões.

---

[31] A sra. Edalides M. Rezende, irmã de Eurípedes, relata no seu importante depoimento, textualmente, ao ser indagada sobre a reação da família, em face da conversão do mano: "A reação foi de revolta em toda a família; sofremos demais com a nossa incompreensão, imperfeição religiosa".

Eis como o Espírito de Hilário Silva nos relata o impressionante episódio, através da psicografia de Francisco Cândido Xavier, no livro A *Vida Escreve*, Ed. FEB, Rio de Janeiro, RJ, 2ª edição, 1963, Segunda Parte, Cap. 27: Visão de Eurípedes.

Começara Eurípedes Barsanulfo, o apóstolo da mediunidade, em Sacramento, no Estado de Minas Gerais, a observar-se fora do corpo físico, em admirável desdobramento, quando, certa feita, à noite, viu a si próprio em prodigiosa volitação. Embora inquieto, como que arrastado pela vontade de alguém num torvelinho de amor, subia, subia...

Subia sempre.

Queria parar, e descer, reavendo o veículo carnal, mas não conseguia. Braços intangíveis tutelavam-lhe a sublime excursão. Respirava outro ambiente. Envergava forma leve, respirando num oceano de ar mais leve ainda... Viajou, viajou à maneira de pássaro teleguiado, até que se reconheceu em campina verdejante. Reparava na formosa paisagem, quando, não longe, avistou um homem que meditava, envolvido por doce luz.

Como que magnetizado pelo desconhecido, aproximou-se...

Houve, porém, um momento em que estacou, trêmulo.

Algo lhe dizia no íntimo para que não avançasse mais...

E num deslumbramento de júbilo, reconheceu-se na presença do Cristo.

Baixou a cabeça, esmagado pela honra imprevista, e ficou em silêncio, sentindo-se como intruso, incapaz de voltar ou seguir adiante.

Recordou-se das lições do Cristianismo, dos templos do mundo, das homenagens prestadas ao Senhor, na literatura e nas artes, e da mensagem d'Ele a ecoar entre os homens, no curso de quase vinte séculos...

Ofuscado pela grandeza do momento, começou a chorar...

Grossas lágrimas banhavam-lhe o rosto, quando adquiriu coragem e ergueu os olhos, humilde.

Viu, porém, que Jesus também chorava...

Traspassado de súbito sofrimento, por ver-lhe o pranto, desejou fazer algo que pudesse reconfortar o Amigo Sublime... Afagar-lhe as mãos ou estirar-se à maneira de um cão leal aos seus pés...

Mas estava como que chumbado ao solo estranho...

Recordou, no entanto, os tormentos do Cristo, a se perpetuarem nas criaturas que até hoje, na Terra, atiram-lhe incompreensão e sarcasmo...

Nessa linha de pensamento, não se conteve. Abriu a boca e perguntou, suplicante:

– Senhor, por que choras?

O interpelado não respondeu.

Mas desejando certificar-se de que era ouvido, Eurípedes reiterou:

– Choras pelos descrentes do mundo?

Enlevado, o missionário de Sacramento notou que o Cristo lhe correspondia agora ao olhar. E, após um instante de atenção, respondeu em voz dulcíssima:

– Não, meu filho, não sofro pelos descrentes, aos quais devemos amor. Choro por todos os que conhecem o Evangelho, mas não o praticam...

Eurípedes não saberia descrever o que se passou então.

Como se caísse em profunda sombra, ante a dor que a resposta lhe trouxera, desceu, desceu...

E acordou no corpo da carne.

Era madrugada.

Levantou-se e não mais dormiu.

E desde aquele dia, sem comunicar a ninguém a divina revelação que lhe vibrava na consciência, entregou-se aos necessitados e aos doentes, sem repouso sequer de um dia, servindo até à morte.

NOS CAMPOS DE PAZ

Sentindo-se desapontado em toda parte, buscava os campos próximos da cidade com O *Evangelho Segundo o Espiritismo* à mão. E lia, muitas vezes, as lições do Senhor em voz alta, como se quisesse fixar detidamente em si mesmo as luzes do Cristianismo Redivivo, sentindo-se favorecido pelo silêncio da Natureza, tão somente cortado de quando em quando pelo trino das aves e pela voz acalentadora dos rebanhos.

Os cerrados e campos dos Palhares eram muito procurados por Eurípedes nessas ocasiões.

Os moradores dos sítios locais viram-no várias vezes por lá.

D. Maria Fernandes de Matos, residente em Sacramento, em importante entrevista que nos concedeu, acentuou que ele não tinha nenhum aspecto que suscitasse estranheza. Mais parecia uma pessoa desejosa de isolar-se do mundo.

Por outro lado, a mãezinha sofria o assédio da falange espiritual infeliz, que procurava, por todos os meios e formas, destruir a obra da Verdade, nascente em Sacramento.

A assertiva corrente de que possível fase obsessiva teria atingido o grande Missionário é dimensionalmente fora de propósito.

O médium Francisco C. Xavier acha racional esse ponto de vista, afirmando não aceitar, em tempo algum, o fato da propalada obsessão de Eurípedes. Assinala, corroborando na afirmação, que também ele, o médium, leu o Evangelho em voz alta, sozinho, durante os dois primeiros anos de serviços doutrinários, em Pedro Leopoldo, MG.[32]

Os companheiros de Santa Maria, orientados pelo Alto, conduziram Eurípedes e Meca para uma temporada de refazimento, em ambiente adequado, que propiciaria a ambos a sustentação necessária aos grandes e importantes trabalhos que Eurípedes deveria desempenhar no campo da Doutrina Espírita.

NOTA – Depoimentos que fundamentaram o presente capítulo foram de: Sra. Maria Fernandes de Matos, Sacramento, MG; Edalides Millan de Rezende, São Carlos, SP; José Mendonça, Sacramento, MG; Ranulfo G. Cunha, Santa Maria, MG; e Amália Ferreira de Mello (arquivo do Dr. Wilson Ferreira de Mello, São Paulo, SP).

---

[32] Nota esclarecedora do médium Xavier em entrevista concedida à Autora.

Capítulo II

O Grupo Espírita Esperança e Caridade

OS PRIMÓRDIOS

Por essa época, a família já residia na casa da Rua Municipal, que se tornara o permanente domicílio do casal Meca-Mogico.

Os novos serviços de Eurípedes atraíam numerosas pessoas em busca do socorro amigo, que as mãos do jovem proporcionavam a todos, gratuitamente.

Como era de prever-se, Eurípedes preocupava-se com o alvoroço que a clientela trazia ao lar paterno, notadamente à mãe enferma.

Após amadurecer o plano de sua transferência para outra casa, Eurípedes procurou os pais e confiou-lhes respeitosamente as razões da iniciativa.

Como os progenitores o sabiam altamente moralizado, compreenderam os objetivos do filho. O senhor Mogico facilitou-lhe a concretização dos projetos, comprando a área em que se localizava o prédio escolhido para a nova residência de Eurípedes, e transferiu-lhe esse terreno por reduzido valor.

A casa, localizada na Rua Principal e exatamente no local onde mais tarde se ergueram o Colégio Allan Kardec e o Lar de

Eurípedes, era muito arejada, com vastos cômodos, bem distribuídos – três quartos, duas salas e cozinha – recebia diariamente os cuidados de Edalides, que, desde solteira, vinha arranjar tudo, com muito gosto e carinho.

Por sua vez, o Dr. João Gomes Vieira de Mello, antigo proprietário e ocupante da casa, proporcionou a esta os requisitos de conforto simples que a época comportava.

Desse modo, Eurípedes instalou-se, abrindo suas acolhedoras portas à multidão de aflitos, que a fama de suas curas pela terapêutica homeopática atraía.

Edalides revelou-nos, em entrevista, que Eurípedes trouxera carinhosamente para seu lar dois velhos sem abrigo: o Prof. Inácio Martins de Mello e a septuagenária Eva, procedente de Santa Maria.

Como se pode depreender, Eurípedes iniciou muito jovem a sua missão junto aos sofredores, e os Sábios Desígnios Divinos o amparavam no campo material, indicando-lhe os caminhos do futuro que se lhe delineavam nos horizontes singulares de Servo de Jesus.

☆

Na residência de Eurípedes, realizaram-se os primeiros trabalhos mediúnicos, após sua conversão.

Os companheiros dessa fase inicial eram um casal de velhos humildes: o taipeiro José Miguel e sua mulher Maria Joana.

Logo depois, juntaram-se outros irmãos ao grupo.

Essas sessões tinham por escopo o desenvolvimento das faculdades mediúnicas de Eurípedes. Nelas se efetivou o adestramento psicográfico do moço, sendo que, no começo, essa faculdade apresentava-se com características de intuição consciente para, depois, assumir disposições mecânicas.

Nessa época, Eurípedes fora eleito orador oficial do Centro Espírita Fé e Amor, de Santa Maria, ensejando esse fato o intercâmbio mais estreito entre os dois núcleos.

Tio Sinhô e seus companheiros tornaram-se assíduos coadjuvantes dos trabalhos espirituais de Sacramento, prestando importante coeficiente de serviços, notadamente, na primeira década do século.

MECA PROCURA O FILHO

A família de Eurípedes, apesar de ainda não aceitar as decisões do moço, após um ano de conversão dele ao Espiritismo, já se refizera do primeiro choque.

Entretanto, a mãezinha, um dia, correu em busca do filho, na residência deste, entrando logo ao que viera:

– Eurípedes, seu pai manda pedir-lhe que queime esses livros espíritas. Porque ele não quer filho doido em casa...

– Meu pai conhece o Espiritismo?

Meca não entendeu a serena intervenção do filho e prosseguiu:

– Dou-lhe o recado de seu pai, simplesmente. Só sabemos que o Espiritismo é arte do demônio. Você precisa abandonar essas coisas, meu filho...

Havia muita ternura na quase queixa do coração materno.

Naquele momento de singular troca de vibrações afetivas, o filho acercou-se de Meca, enlaçando-a, todo carinhoso.

E derramou-lhe no coração querido a ânfora de consolações racionais que a Doutrina dos Espíritos oferece.

Ela ouviu o filho com enlevo e admiração. Penetrou-lhe a firme coragem, que o levara a modificar convicções e hábitos.

O doce coração de Meca ia recolhendo as lições doutrinárias tão importantes. Sem surpresas. Com naturalidade. Como o filho, seu Espírito, muito avançado em experiências pretéritas, achava-se preparado para receber as verdades novas.

Apenas aguardava, sem o saber, o momento psicológico de acolher a semente, cujas energias latentes haveriam de germinar poderosamente.

E aquela mulher corajosa, horas depois, chegou-se ao marido, confiando-lhe ao coração, tocada de sublime determinação, a grande notícia:

– Mogico, eu sou espírita!

E ante a estupefação do fiel companheiro de tantos anos, Meca concluiu: Eurípedes manda dizer a você que estude o Espiritismo e vá conversar com ele com inteiro conhecimento de causa.

Anos depois, toda a família se converteu à Terceira Revelação, sob a benéfica influência de Eurípedes. E Meca tornou-se a mais devotada colaboradora do filho nos serviços de assistência, colocando em funcionamento suas faculdades curadoras.

FUNDAÇÃO DO GRUPO ESPÍRITA ESPERANÇA E CARIDADE

Na residência de Eurípedes, fundou-se o Grupo Espírita Esperança e Caridade, a 27 de Janeiro de 1905, sob a orientação de Eurípedes.

A convite de seu fundador, achavam-se presentes, entre outros, os médiuns Aristides Gonçalves Fernandes e Jason Ferreira da Cunha – através de cujos canais psicofônicos manifestaram-se Adolfo Bezerra de Menezes e Bittencourt Sampaio. Este último sugeriu a denominação "Esperança e Caridade" à nova entidade.

No termo de abertura do livro de Atas das Reuniões, aparece uma mensagem de Vicente de Paulo psicografada por Eurípedes, na qual o Guia reafirma sua condição de colaborador humilde na direção dos serviços espirituais de cura e prática mediúnica.

No próprio Livro de Atas do Grupo Espírita, Eurípedes psicografava mensagens de Benfeitores Espirituais, dentre eles, Bittencourt Sampaio e Adolfo Bezerra de Menezes.

O documento é firmado por numerosas pessoas, encabeçado por Eurípedes Barsanulfo.

As eleições se realizaram, aparecendo, entre outros membros executivos da Diretoria, Eurípedes como Presidente e Watersides Willon como Secretário.

Trecho final do termo de abertura do livro de Atas do Grupo Espírita Esperança e Caridade. O documento é firmado por numerosas pessoas, primeiramente por Eurípedes, que psicografou, durante a reunião, mensagem de Vicente de Paulo.

É de notar-se a presença dos irmãos e dos pais de Eurípedes, já então, conversos ao Espiritismo, assinalando expressivamente o salutar magnetismo, que a pessoa e o trabalho de Eurípedes provocavam no âmbito familiar.

Final da mensagem de Vicente de Paulo, psicografada por Eurípedes no Grupo Espírita Esperança e Caridade.

INICIAÇÃO NO EVANGELHO VIVO

Eurípedes trouxe de experiências luminosas do Passado importante processo iniciático, que atingia os alunos e os próprios adeptos da Doutrina, em condições de movimentar suas faculdades mediúnicas.

O médium passista, por exemplo, somente entrava em atividades transmissoras de elementos curativos após um estágio de meses na assistência a enfermos, quando devia demonstrar inequívoca capacidade de devotamento e interesse pela dor do próximo, a cuja cabeceira velava, em noites de inquietadoras aflições.

Assim, Eurípedes buscava despertar a sensibilidade do neófito para as grandiosidades do Amor, sem o que tarefa alguma se enquadrará na faixa luminescente em que se situam os Mensageiros de Jesus, encarregados de distribuir as bênçãos das oportunidades nos caminhos dos resgates e da renovação espiritual das criaturas.

Quando Eurípedes saía a ver seus amados enfermos, no labor santo da assistência diária, fazia-se acompanhar de alunos de ambos os sexos, que o auxiliavam na grande tarefa.

O Grupo Espírita e também o Colégio apresentavam-se como fulgurantes oficinas do Bem, em cuja forja plasmaram-se operários da Luz e da Verdade, com corações fazendo brilhar o facho dessa privilegiada iniciação no Evangelho Vivo do Amor.[33]

---

[33] Dentre os discípulos que se iniciaram nessa oficina bendita de Luz, destacaram-se pelo importante trabalho, que desenvolveram sob a inspiração de Eurípedes: Dr. Tomaz Novelino, residente em Franca, SP – um dos devotados cofundadores do Educandário Pestalozzi – obra que situa como a mais importante no seu gênero, no campo espírita, na América Latina; Jerônimo Cândido Gomide, radicado em Palmelo, GO, e um dos pioneiros servidores da causa do Espiritismo em Palmelo, cidade-espírita, que ele ajudou a criar nos sertões goianos.

Conta-nos o Sr. José Rezende da Cunha, em seu importante depoimento, o seguinte episódio:

"Eu fui *sorteado* para tomar conta do Pedro Moço de Souza, um obsidiado terrível, que veio de Goiás.

Tudo bem até madrugada, quando fui vencido pelo sono, e Pedro fugiu.

Quando acordei pela manhã e dei pelo ocorrido, fiquei preocupado, evidentemente.

De repente, o Pedro chega e me diz:

– Voltei, mutum, porque é você."

☆

Esse episódio até certo ponto humorístico mostra-nos a base que regia a instituição de Eurípedes, no tocante ao desenvolvimento dos serviços.

Sorteava-se um companheiro para vigilante da noite, junto aos obsidiados.

O trabalho era cheio de percalços e acarretava responsabilidade e devotamento.

OS TRABALHOS NO GRUPO ESPÍRITA

No depoimento do Dr. Tomaz Novelino, destacamos os seguintes dados:

"Os trabalhos espíritas se realizavam duas vezes por semana e à noite.

Após a leitura de um trecho de uma obra da Doutrina, Eurípedes saía de sua mesinha e vinha ocupar o seu lugar na corrente de concentração e dos médiuns, que formavam círculo, no centro do Salão. De pé, o mestre dirigia profunda e sentida prece, iniciada sempre pelo Pai Nosso e rematada por oração improvisada de adoração e evocação. Terminada a oração, sentava-se de mãos dadas, formando a corrente; do lado esquerdo, repousando sobre uma mesa, muitas garrafas de água a serem fluidificadas.

Cabeça tombada para trás, corpo em abandono, e que logo se aprumava, olhos para cima, deixando apenas a esclerótica à vista, declarado estar em transe mediúnico e que logo era completo. Espíritos de escol se apresentavam, através de sua mediunidade sonambúlica.

Era de ver-se o gigante Lutero, Espírito que se apresentava com frequência, em longas dissertações, que retumbavam por toda Sacramento.

Manifestavam-se quatro ou cinco Espíritos seguidos, rematando sempre com a ternura de Vicente de Paulo ou Bezerra de Menezes.

Dos Espíritos que se manifestavam por Eurípedes, podemos destacar os seguintes: Sócrates, Platão, Pitágoras – da antiga Grécia; Juvenal – filósofo romano; Maria, Mãe de Jesus, Maria Madalena, João Batista, João Evangelista, Pedro, Tiago, Mateus, Marcos, Lucas, Paulo – o Apóstolo do Evangelho; Orígenes, Jerônimo, Agostinho – da origem do Cristianismo; Giordano Bruno, João Huss, Joana D'Arc – Mártires da Inquisição; Victor Hugo, Lamartine, Lamenais, Fénelon, Michelet, La Fontaine, Lacordaire, Bossuet – da Velha França; Lincoln e Benjamin Franklin – dos Estados Unidos; Tiradentes, Pedro de Alcântara, José Bonifácio de Andrade e Silva, Joaquim Nabuco, José do Patrocínio, Saldanha da Gama – do Brasil."[34]

---

[34] "Nesses momentos, muitas vezes, consideramos como tendo sido provável a elevação de Eurípedes, em sua estrutura puramente espiritual, às Faixas Superiores da Vida Maior, nas quais se verificaria o encontro de nosso inesquecível Missionário com os grandes vultos da Humanidade, que lhe

Cessadas as comunicações, despertado o médium por seu irmão Watersides, dispensavam-se passes curadores aos enfermos e obsidiados."

OS PRIMEIROS TEMPOS

Nos dois anos iniciais, numerosos colaboradores definiram posição junto a Eurípedes. As tarefas ampliavam-se em todas as áreas de serviço.

A razão imediata do desdobramento das atividades era a fama das curas, que já se estendia por outros Estados da Federação.

Da monumental correspondência, da qual a Sala de Eurípedes conserva pequena parte, podem-se verificar pedidos inumeráveis, situados na mencionada faixa de tempo.

Mariano da Cunha foi, sem dúvida, o maior e mais devotado coadjuvador de Eurípedes nas tarefas mediúnicas dos primeiros tempos.

Os companheiros de Santa Maria também colaboravam sempre com o grande médium, nos trabalhos do Grupo Espírita.

No setor de passes, distinguia-se luminosamente o potencial magnético de D. Meca.

Era tão grande essa fonte generosa de forças latentes, que Eurípedes chegou a declarar algumas vezes que "sua mãe era possuidora de um magnetismo curador superior ao dele e que ela poderia operar maravilhas, se o quisesse".

Efetivamente, Meca trabalhou até seus últimos dias no alívio a enfermos.

Uma família de Araxá, cujos dados pessoais lamentavel-

---

supervisionaram a Obra". (Nota de Francisco Cândido Xavier, em entrevista concedida à Autora.)

mente não registramos, chegara à casa do casal Edalides-José Rezende da Cunha, onde a enferma se encontrava sob a carinhosa assistência dos familiares e amigos.

A mencionada família trazia flores para a "sepultura"de D. Meca, pois uma das mulheres havia recebido importante cura através do Espírito da mãe de Eurípedes.

E narrou o ocorrido, assinalando que D. Meca lhe aparecera em sonho, transmitira-lhe passes e lhe dissera "que podia chamá-la quando precisasse".

Efetivamente, o iluminado Espírito achava-se mais desligado do corpo do que propriamente enlaçado às vestes carnais. E já realizava os grandes serviços de assistência, que ela tanto amava.

Pessoalmente, somos testemunhas de vários casos importantes, dentre os quais, citamos:

Em 1943, lecionávamos no curso primário do Colégio Allan Kardec e sempre sentimos o carinho de D. Meca, já anciã, por nossos trabalhos na casa de Eurípedes.

Diariamente, passávamos por sua casa, à hora de ir para a escola. Certo dia, estava acometida de gripe muito forte, febril e dores por todo o corpo. Quando atravessei a sala de jantar, ela apareceu à porta de seu quarto e me disse: "Venha cá, minha filha. Eurípedes pediu-me que lhe transmitisse um passe".

Entrei e recebi o passe de D. Meca.

A gripe desapareceu imediatamente, com todo o seu cortejo desagradável de sintomas. Leve e feliz, segui meu caminho, profundamente reconhecida à velhinha querida e ao excelso Patrono.

Na mesma década de 40, presenciamos pela primeira vez, o fenômeno de efeitos físicos, operado durante a fluidificação das águas.

Eu mesma havia colocado a água filtrada na garrafa branca e levado para D. Meca fluidificar, especialmente para o meu querido irmão de adoção José Rezende Filho, que se achava gravemente enfermo.

Quando recebi o recipiente das mãos de D. Meca, tudo parecia normal.

Mas, à medida que eu caminhava para casa, com o natural movimento, a água se tornava esbranquiçada.

O resultado foi que o jovem enfermo, que até ali mantinha antigos pontos de ceticismo acerca de fé religiosa, sentiu-se profundamente tocado e passou a nutrir ardente fé pela "água de Vovó Meca".

Era o despertamento de seu Espírito para as Verdades Eternas.

Nos derradeiros dias terrenos de D. Meca, tivemos ocasião de anotar outros acontecimentos de singular importância.

O DONATISTA

Lá pelos anos de 1912 a 1913, manifestava-se, nas sessões dirigidas por Eurípedes, um espírito de excepcional cultura filosófica, que se denominava – O Donatista.

Evidentemente, procedia do Grupo dos Donatos, bispos da Igreja Romana, que se desmembraram de sua grei religiosa, fundando uma seita nova.

Como se sabe, o cisma perturbou sobremaneira a Igreja, na África, durante todo o século IV.

Os dissidentes foram condenados por vários concílios e perseguidos por Diocleciano. Voltaram eles novamente ao seio da Igreja, vencidos e sem convicções.[35]

---

[35] Ver *Enciclopédia e Dicionário Internacional W.M. Jackson*, Vol. IV e Paul Monröe, *História da Educação*.

Essa talvez a razão pela qual O Donatista se mostrasse empedernido nas suas ideias ateístas.

Revelara-se sistematicamente contrário à existência de Deus, ferrenho adversário do Cristo e impertinente amigo do mal.

Dois a três anos duraram aquelas polêmicas memoráveis, entre Eurípedes e o Donatista, em que temas filosóficos entravam em foco. De um lado, o Espírito com sua lógica ateísta. De outro, Eurípedes, sob o escudo de serena humildade, redarguia com argumentações racionais que o Amor pontilhava de reverberações luminescentes.

O médium de que o Donatista se servia, Mariano da Cunha, com insciência dos assuntos em foco, era uma credencial para a valorização daqueles debates.

As polêmicas se desenvolviam num clima de mútuo respeito. O Espírito comunicante, desde as primeiras manifestações, demonstrou sinceridade e profundo respeito por Eurípedes. Jamais deixara de atender aos objetivos condicionados a seus pontos de vista, mas essa defesa se caracterizava por singular distinção.

Apegado ao Mal, distribuía perturbação, onde quer que se encontrasse. Promovia discórdias entre cônjuges; desmantelava relações cordiais; imprimia o espírito de malícia, num trabalho de persistência e sabedoria, acabando com muitos Centros Espíritas.

Essas eram as confissões do Donatista nos conciliábulos com Eurípedes.

A palavra de Eurípedes erguia-se sempre com a unção costumeira, buscando orientar o interlocutor nos princípios salvadores do Bem. Esse esforço encontrava resistência orgulhosa do oponente.

Todavia, as sementes nunca deixaram de ser lançadas pelo coração generoso de Eurípedes, inspirado no exemplo de Jesus. E um dia começaram a germinar, resultando no grande momento da conversão do ilustre adversário.

Após dois anos, quase três, de argumentações de parte a parte – eis que o Donatista se apresentou, como habitualmente, na reunião pública. Trazia as mesmas intenções de resistência.

Duas horas de troca amigável de ideias se passaram.

Eurípedes, em meio à polêmica, convidou o Espírito à oração.

– Não! Não creio nessas fraquezas! – foi a resposta incisiva.

– Meu amigo, temos necessidade de comungar com o Pai, através da prece... o Criador jamais deixa um pedido sem resposta...

– Não creio em Deus!

– Oraremos nós, os vossos irmãos, intercedendo à Divina Misericórdia em vosso benefício.

Eurípedes iniciou uma súplica ao Alto. As palavras expressavam-lhe os sentimentos mais íntimos. Eram expressões tão sublimes que dificilmente serão reconstituídas. Os assistentes sentiam-se transportados a regiões mais altas, numa participação decisiva do instante decisivo.

O Donatista silenciou. Começava a orar baixinho, seguindo as palavras de Eurípedes.

Lágrimas impetuosas jorravam dos olhos do médium Mariano da Cunha.

Um momento de grandeza indescritível.

– Mestre, fui vencido! Estou vencido pelo poder do Amor, que jorra de sua alma!

As palavras emocionadas do Donatista comoveram até às lágrimas a assistência.

E o Donatista prosseguiu:

– Tenho penetrado em Centros Espíritas, em toda parte. Tenho discutido com muitos presidentes cultos, e nunca fui vencido. Esfacelei muitos desses Centros. Aqui penetrei, animado do mesmo intuito. Lutei para derrubar este e derrotá-lo, Mestre, mas fui anulado por sua bondade, por sua sabedoria, por seu Amor!

Eurípedes aproveitou o grande momento psicológico e induziu o irmão à prática do Bem, dali por diante. O Donatista redarguiu:

– Mestre, por agora não posso, porque ainda sou mau. Preciso meditar sobre tudo isso, mas antes que eu possa ser bom, quando o senhor precisar de mim, pode chamar-me. Desejo ser-lhe útil e demonstrar palidamente minha gratidão por seu interesse pelo meu esclarecimento espiritual. Ser-lhe-ei sempre reconhecido. Fui vencido e sou seu amigo.

Retirou-se do médium. Passou-se longo período sem que o Donatista desse sinal de sua presença.

Na ocasião do processo imputado a Eurípedes, em 1917, o converso tornou a seu médium Mariano da Cunha.

Mostrava-se abatido, extremamente revoltado contra a injustiça e os vilipêndios desencadeados sobre Eurípedes.

– Não me conformo, Mestre! Embora houvesse eu prometido jamais voltar ao mal, aqui me encontro disposto a qualquer desatino para impedir a concretização da insânia dos homens! Impedirei que o senhor seja conduzido à prisão. Derramarei sangue se preciso for...

– Não, meu amigo querido, você não pode fazer isso por muitos motivos, que o seu coração há de compreender e aceitar.

Por agora, é necessário que volte à meditação e inicie a caminhada do Bem. Quero o seu apoio para o esforço do Bem, não do Mal. É preciso lembrar que sua visão espiritual está aclarada, voltar às sombras significa involução, e o Espírito não pode retrogradar.

– Nada posso prometer nesse sentido, pois não me conformarei com a injustiça que lhe movem. Reunirei minhas hostes, distribuirei ordens a fim de que meus subalternos desencadeiem uma revolução!

Novamente, Eurípedes falou ao converso muito amado, com aquele Amor que tanto penetrara o entendimento do Donatista.

– Não sei, Mestre. Vou aguardar os acontecimentos. Ai dos perseguidores do Amor – pois personificais na Terra o Amor e a Humildade. Haverá, então, derramamento de sangue, pois conheço suficientemente o coração humano para nele penetrar, sem dificuldades, com insuflação da revolta.

Eurípedes suplicou ao amigo que não permanecesse nos propósitos contrários à Caridade, se é que desejava, realmente, colaborar para a vitória do Bem.

O Donatista despediu-se chorando. Nunca mais voltaria.

MEDIUNATO

Está fora de dúvidas que Eurípedes desenvolveu um dos mais luminosos mandatos mediúnicos que o mundo já conheceu.

No desenrolar de sua portentosa tarefa apostolar, topamos com variadas formas de mediunidade classificadas por Allan Kardec, sempre oportunamente dinamizadas no serviço do Bem.

De tal forma, Eurípedes amava a pureza de seu trabalho como intérprete dos Espíritos, que faz importante pronunciamento, documento escrito de defesa, por ocasião do famigerado processo criminal em que fora indiciado, em 1917, assim se expressando[36]:

"Servir-se-á o Médium sincero do Espiritismo para auferir outros proventos, além do prazer intenso e íntimo de restituir à família o seu chefe, aos filhos, a mãe, aos seus amigos seu amigo?

Poderá exigir-lhe paga, gratificação ou recompensa dos beneficiados pelos Espíritos benévolos, outra que não o exemplo sublime da arte de exercer a caridade tão abnegadamente feita pelas inteligências que exercem o Amor? Ambicionará o Médium Cristão Espírita o império das Consciências? Pelo ephemero prazer da expansabilidade do egoismo, do orgulho, da vaidade terrenos? Olvidou-se-lhe do "quem se exalta se humilha e quem se humilha se exalta?" Varreu-se-lhe da memória o culto do justo, do verdadeiro, do belo, que faz aceitável o "Se alguém quizer seguir-me, a si mesmo renuncie, tome sua cruz e acompanhe-me?"

Que aproveitaria ao homem ganhar o mundo inteiro e perder-se a si próprio?

Utilizar-se-á o Médium do Espiritismo, que lhe infunde veneração, respeito, amor à humanidade; servir-se-á dele como meio de iludir a boa fé, prejudicar, lezar, afligir o homem? Perdeu de vista o "Amai-vos uns aos outros"? Tornou-se-lhe letra morta o "Não façais a outrem o que não quereis que se vos façam"? Abysmou-se-lhe para sempre o "Fazei a outrem aquilo que quereis se vos façam?"

---

[36] Respeitamos aqui a ortografia usada por Eurípedes. Esse documento faz parte do acervo da *Sala de Eurípedes,* em Sacramento, MG. Foi ditado a seu aluno Antônio Pinto Valada, tempos após a abertura do Processo.

Se nelle não reside jamais o intento de affligir, de lezar, de prejudicar, mas sim o de confortar, amparar, iluminar, beneficiar, por que não lhe ser conferido o que a lei garante: "Não serão passíveis de penas, actos realizados sem nenhuma intenção criminosa"? (Cod. Penal, Tit. III, Art. 24).[37]

Lícito não seria allegar que, a intenção não sendo criminosa, o acto poderia ser resultante da negligência, imprudência ou imperícia do agente, pois é manifesta a muitos homens que não se prendem a preconceitos, a rotinas, a escolas,– a perícia, a capacidade e a superioridade moral e intellectual das inteligências invisíveis, que se utilizam dos médiuns para seus feitos brilhantes entre os povos. Em face do relatado, será verídico ser nocivo à pública saúde – o ser beneficiada por *imposição de mãos,* passes, por águas impregnadas de um fluido, cuja existência já se está tornando proverbial e que gosa de propriedades ainda agora inapreciáveis?"

E, mais adiante, proclamando as excelências do dever bem cumprido, Barsanulfo verbera, com seu habitual rigor, ante as coisas divinas:

"É farçante, mas não médium – intérprete dos Espíritos que ao encontro da Humanidade veem para benefício moral, intelectual ou physico – aquele que de si mesmo agindo, operando, imputa, dá seus feitos como promanados da fonte de água viva pelo Cristo denominada: O Espírito Consolador.

Pairo, porventura, nessas regiões? Cabe-me o qualificativo – miro-me em tão repelente espelho?

Acolheu-me a farça? Possuiu-me o cynismo, a malvadez?

---

[37] Este artigo citado refere-se ao Código Penal de 1890, vigente na época: "As ações ou omissões contrárias à lei penal que não forem cometidas com intenção criminosa, ou não resultarem de negligência, imprudência ou imperícia, não serão passíveis de pena".

Se sim, deploro-me, envergonho-me de mim, coro, aborreço--me e me repudio.

Se tal é legítimo, denuncio-me no cômputo dos piores conspurcadores de ideias, de causas santas e nobilitantes, sublimes, e entre todas santa, pura, pulquérrima, sublime: O ESPIRITISMO!

Se assim se passou e ainda ocorre, houve-se bem quem se houve portanto, de apitar a polícia para o meu encarceramento, para minha segregação do convívio social, – que preferível não fora se o fosse de face do mundo! Merece-me, portanto, calorosos, vibrantes aplausos! Dever todavia, do acusado pelo indivíduo singular ou coletivo, volver o olhar introspectivo, rememorar ações, em que incidem objurgatórias, denunciações, incriminações, evocar a consciência moral e interrogá-la: Faculdade moralizadora do homem, que lhe sorri na virtude e que recriminas, verberas vergastas nos delictuosos feitos, hei delinquido, hei feito o delicto, que se me imputa?"

É o próprio Eurípedes que, quarenta e dois anos mais tarde, através da mediunidade gloriosa de Francisco Cândido Xavier, define seu verdadeiro sentido do mediunismo sublime. Eis, na íntegra, esse documento de grande valia:

> *Quem hoje ironiza a mediunidade, em nome de Cristo, esquece-se, naturalmente, de que Jesus foi quem mais a honrou neste mundo, erguendo-a ao mais alto nível de aprimoramento e revelação, para alicerçar a sua eterna doutrina entre os homens.*
>
> *É assim que começa o apostolado divino, santificando-lhe os valores na clariaudiência e na clarividência entre Maria e Isabel, José e Zacarias, Ana e Simeão, no estabelecimento da Boa Nova.*
>
> *E segue adiante, enaltecendo-a na inspiração jun-*

to aos doutores do Templo; exaltando-a nos fenômenos de efeitos físicos, ao transformar a água em vinho, nas bodas de Caná; honorificando-a, nas atividades da cura, em transmitindo passes de socorro aos cegos e paralíticos, desalentados e aflitos, reconstituindo-lhes a saúde; ilustrando-a na levitação, quando caminha sobre as águas; dignificando-as nas tarefas de desobsessão, ao instruir e consolar os desencarnados sofredores por intermédio dos alienados mentais que lhe surgem à frente; glorificando-a na materialização, em se transfigurando ao lado de Espíritos radiantes, no cimo do Tabor, e elevando-a sempre no magnetismo sublime, seja aliviando os enfermos com a simples presença, revitalizando corpos cadaverizados, multiplicando-se pães e peixes para a turba faminta ou apaziguando as forças da natureza.

E, confirmando o intercâmbio entre os vivos da Terra e os vivos da Eternidade, reaparece, Ele mesmo, ante os discípulos espantados, traçando planos de redenção que culminam no dia de Pentecostes – o momento inesquecível –, quando os seus mensageiros convertem os Apóstolos em médiuns falantes na praça pública para esclarecimentos do povo necessitado de luz.

Como é fácil de observar, a Mediunidade, como recurso espiritual de sintonia, não é a Doutrina Espírita – que expressa atualmente o Cristianismo Redivivo –, mas, sempre enobrecida pela fé e pela honestidade, pela educação e pela virtude, é o veículo respeitável da convicção na sobrevivência.

Assim, pois, não nos agastemos contra aqueles que a perseguem através do achincalhe – tristes negadores da realidade cristã, ainda mesmo quando se escondem sob os veneráveis distintivos da autoridade humana –, porquan-

to os talentos medianímicos estiveram, incessantemente, nas mãos de Jesus, o nosso Divino Mestre, que deve ser considerado, por todos nós, como sendo o Excelso Médium de Deus.

(Mensagem recebida, psicofonicamente, em reunião da noite de 8/04/59, no Centro Espírita "Casa do Cinza", em Uberaba, MG, sob o título "Mediunidade e Jesus".)

☆

Recordemos sempre que a Missão de Eurípedes, baseada no extraordinário potencial de faculdades específicas no campo mediúnico, foi acrisolada por traços profundos do Amor Divino.

Evocando, por isso, a triste tarefa dos detratores da Mediunidade, Eurípedes evidencia sabiamente – em outra mensagem psicofônica, através de Francisco C. Xavier – as características do trabalho das sombras:

A pretexto de deslustrar a Doutrina Espírita, existem hoje vários amigos do sarcasmo, dispostos a ridicularizar-nos os princípios, utilizando comezinhos fenômenos de hipnotismo comum.

Exibindo chocarrice de intenção procuram desacreditar as ocorrências medianímicas, ignorando, deliberadamente, que todos os acontecimentos religiosos nelas se encontram seguramente fundamentados e insuflam a hipnose em sensitivos vulgares, através da qual efetuam representações ostentosas, que impressionam espectadores desprevenidos ou ignorantes, pelo sabor de escândalo e comicidade em que se improvisam.

Surgem, assim, pessoas que, no sono provocado, sofrem o império da sugestão e, em atitudes burlescas, imitam artistas célebres, experimentam alucinações visuais e auditivas, repetem movimentos automáticos, copiam vozes e gestos dos animais ou satisfazem determinações pueris, quando não sejam criaturas previamente instruídas para o lançamento desse ou daquele jogo de impressões, com vistas à fascinação popular.

Recordemos – vêde bem – que essa é a técnica das inteligências sombrias, que se transformam em obsessores e vampiros da Terra, convertendo a mediunidade potencial em triste instrumento da perturbação e da treva. Prevalecem-se de forças mentais aviltadas para conturbar e anestesiar as consciências humanas, favorecendo a irresponsabilidade e alentando a viciação, endossando a delinquência e retardando o progresso.

Saibamos, entretanto, opor o bem ao mal, a brandura à violência, o amor ao ódio, o silêncio à balbúrdia, com o perdão incondicional aos ataques de qualquer natureza, rogando a bênção de Deus, nosso Pai de Infinita Bondade, para todos os cultivadores da injúria, que não vacilam em desrespeitar a fé alheia, atirando-lhe calhaus de ironia. Porque a Doutrina Espírita, longe de ser motivo para galhofa, é a Doutrina de Nosso Senhor Jesus Cristo, que esteve também, com a aprovação dos principais de seu tempo, entre perseguidores risonhos, nos braços frios da cruz.

(Mensagem recebida no Centro Espírita
"Casa do Cinza", em 01/04/1959, Uberaba, MG,
sob o título: Hipnotismo e Espiritismo.)

Na fala vibrante, Eurípedes universaliza e eterniza a defesa de todos os Missionários que, como ele, tornaram sublime a prática do verdadeiro mediunato à face da Terra.

Capítulo 12

O Colégio Allan Kardec

AS LUTAS CONTINUAM

Os companheiros de magistério, no Liceu Sacramentano, abandonaram Eurípedes após sua conversão ao Espiritismo.

O mobiliário escolar fora retirado, e o prédio requerido por seus proprietários.

O jovem estava abatido, mas não desanimado. O testemunho reclamara-lhe determinação e pujança na fé nova. Por isso, continuava firme nas tarefas espíritas.

Todos o estimavam como professor e respeitavam-no como cidadão precocemente amadurecido em valiosas experiências, a favor da comunidade a que servia com desinteresse e devotamento.

Ele passara anos felizes no Liceu, no desempenho consciente de sua querida carreira de professor. Os alunos, por sua vez, não se conformavam à ideia de perder o mestre e amigo.

Professor e discípulos confundiram suas lágrimas à hora da despedida. A situação era desesperadora até para a área educacional da cidade, que não contava com outro estabelecimento de ensino.

O Colégio Allan Kardec e sede do Grupo Espírita Esperança e Caridade – ambos fundados por Eurípedes.

Eurípedes foi procurado por numerosos pais, que lhe rogaram a continuidade das aulas.

Após um planejamento rápido, ficara assentado o aluguel de uma sala no antigo Colégio da Profa. Ana Borges, fechado desde 1885.

Ali, com mobiliário improvisado e sem conforto, Eurípedes prosseguiu no seu esforço magnífico, em prol da Educação.

Na frontal da porta modesta, lia-se: LICEU SACRAMENTANO. O currículo era o mesmo, mas com a debandada dos colegas, Eurípedes desdobrava-se para ministrar as aulas de todas as matérias programadas.

E acrescentara, corajosamente, o ensino da Doutrina Espírita ao currículo, o que suscitara o descontentamento dos pais católicos.

A maioria levou a Eurípedes a ameaça de retirar os filhos do Liceu, caso mantivesse o Professor a decisão de lecionar Espiritismo.

– "Que retirem os filhos, mas a finalidade salvadora do aprendizado espírita será mantida."

A resposta firme de Eurípedes não deixava margem a outras argumentações.

Desse modo, grande número de alunos viram suas matrículas no Liceu canceladas por seus pais.

Aquele dardo atingira Eurípedes de maneira angustiante. Nessa ocasião, realizava verdadeiro prodígio de bom ânimo, na luta pela sobrevivência do Liceu.

Um dia, porém, ele se entristecera profundamente. Achava-se abandonado quase, no vazio da sala de aulas. Pusera-se a chorar, no silêncio de ardorosa prece.

Sentiu insinuante vontade de escrever, enquanto todo o ser se lhe banhava em magnetismo suave, muito suave, de fluidez radiosa desconhecida.

Um nome de elevado destaque das esferas superiores impusera-se-lhe aos canais intuitivos. Ele reagiu. Não podia ser, não merecia receber o beneplácito direto da Entidade anunciada.

Deixou o papel, julgando-se vítima de um embuste.

Eis que uma força superior tomou-lhe o braço e, mecanicamente, transmitiu pequena mensagem, mais ou menos nestes termos:

"Não feche as portas da escola. Apague da tabuleta a denominação Liceu Sacramentano – que é um resquício do orgulho humano. Em substituição, coloque o nome – Colégio Allan Kardec. Ensine o Evangelho de meu filho às quartas-feiras e institua um curso de Astronomia. Acobertarei o Colégio Allan Kardec sob o manto do meu Amor."

A linguagem sublime da Santíssima derramou-se em todo o conteúdo da mensagem, onde apõe Ela o selo de Sua identidade, através das vibrações do Seu Amor.

No final, firmou o documento precioso: – *Maria, Serva do Senhor.*

Eurípedes seguiu à risca as instruções espirituais de Maria Santíssima.

NASCE O COLÉGIO ALLAN KARDEC

Dos primeiros espinhos, surgira esplendorosa flor, que Eurípedes cultivou com o carinho maior de sua alma – o Colégio Allan Kardec.

O fato se dera, exatamente, a 31 de Janeiro de 1.907, sob a égide da sublime Mãe de Jesus.

Teve início para Sacramento a maior campanha educacional conhecida até então.

Antigos alunos do Liceu Sacramentano reintegraram-se ao novo educandário e mais de duas centenas de outros estudantes foram encaminhados ao Colégio Allan Kardec. Tal cifra era muito avantajada para a época, guardadas naturalmente as proporções de relatividade, tendo em vista a densidade demográfica local, bastante reduzida.

No início, o Colégio Allan Kardec funcionava na própria residência de Eurípedes. A casa já era pequena para comportar todos os alunos.

Eurípedes providenciou a derrubada de algumas paredes, formando um salão mais amplo.

Restaram três cômodos: a cozinha, uma saleta e o salão.

Nessa época, Eurípedes recebia obsediados para tratamento, dando-lhes ali carinhosa e benéfica assistência e hospitalidade.

Os alunos eram designados para a vigilância a esses enfermos. Alternavam-se os discípulos no exercício de enfermeiros improvisados. De tal forma se habituaram àquela tarefa, que o fato ocorria-lhes à conta de rotineiro e natural.

Os obsediados furiosos eram fechados na cozinha, improvisada em cela. Postavam-se à porta um ou mais rapazes em sentinela.

Os doentes melhorados viviam entre os alunos do Colégio, quer no recreio ou nos horários de aula na sala.

Por essa época, Bezerra de Menezes, numa mensagem, solicitou a Eurípedes que voltasse para o lar paterno a fim de que ambos pudessem iniciar a tarefa da farmácia, no que foi prontamente atendido.

CURSOS

Segundo depoimentos de numerosos alunos da época, funcionavam três cursos no Colégio Allan Kardec, tendo em Eurípedes e nos auxiliares, que gradativamente formavam-se nos próprios bancos do educandário, orientadores eficientes e categorizados.

Os cursos eram: elementar, médio e superior.

Dentre os colaboradores de Eurípedes, citam-se: Watersides Willon, Homilton Wilson, Wenceslau Rodrigues Cilan, Zenon Borges, Orcalino de Oliveira, Maria Gonçalves, que regiam Classes nos cursos elementar e médio.

Professores e alunos do Colégio Allan Kardec (sede antiga), em 1913. Os mestres, assentados da esq. para dir., são: Orcalino de Oliveira, Eurípedes Barsanulfo, Maria Gonçalves e Watersides Willon.

Eurípedes tomara a si a incumbência da classe superior, lecionando as matérias do currículo com rara visão didático-pedagógica.

Antigos alunos conservaram, carinhosamente, importantes apostilas fornecidas por Eurípedes sobre questões de Língua Portuguesa, Astronomia e Fundamentos da Doutrina Espírita.

Esse esforço do Mestre, estruturado no seu profundo Amor ao magistério, formara equipes de alunos brilhantes que, em diversas ocasiões, testemunharam a segurança dos conhecimentos adquiridos, notadamente na imprensa leiga e na tribuna espírita.

Por ocasião do famigerado processo criminal, em que Eurípedes fora indicado por exercício ilegal da Medicina, seus alunos sustentaram brilhante matéria de defesa nos jornais de Uberaba, Franca, Ribeirão Preto e outras cidades.[38]

☆

Os alunos de Eurípedes demonstraram a brilhante formação recebida, especialmente na maneira fluente e elegante com que se expressaram em cartas e outros tipos de comunicação.

Lições teóricas e práticas de Astronomia eram ministradas aos discípulos em geral, em aulas coletivas.

Em 1911, Eurípedes adquiriu, da Casa Freitas, do Rio de Janeiro, um binóculo de campo, de grande alcance, que estava ligado ao nome do grande astrônomo francês Camille Flammarion. Com esse aparelho, realizava observações no campo celeste, junto a seus discípulos, em inesquecíveis aulas de Astronomia. Podiam divisar mais distintamente as constelações e planetas vistos a olho nu e identificavam-se pelo nome as estrelas dessas constelações.

Reconstituíram-se os históricos remotos desses astros, o que tornava o estudo sumamente empolgante.

Tais recursos ao vivo se estendiam ao aprendizado de Botânica e Zoologia.

Eurípedes era sumamente analítico e exigia, nos seus contatos com os alunos, sempre o *porquê* de tudo. Nunca, porém, deixava uma dúvida no cérebro dos educandos. Toda situação-problema era esmiuçada, examinada nos mínimos detalhes. Como exemplo, transcrevemos a seguir um dos itens da Língua Portuguesa, inserta numa apostila de sua autoria, preparada especialmente para os alunos, que a antiga aluna do Colégio Allan

---

[38] Ver Inácio Ferreira, *Subsídio para a História de Eurípedes Barsanulfo,* Editado pelo Autor, Uberaba, MG, 1962.

Kardec, Sra. Hipólita Alves Neme ofereceu à *Sala de Eurípedes*, em Sacramento:

PROPOSIÇÃO IMPERATIVA é a que exerce as funções do imperativo, isto é, exorta, ordena, invoca, postula, convida.

Exortação é dar uma ordem, convencendo. Exemplo: Dá-me um pedaço de pão, porque estou com fome.

Ordenar é exprimir uma ordem. Exemplo: Oliviel, vá pegar a patativa.

Invocar é chamar. Exemplo: Vem, criança, vem comigo.

Postular é pedir com insistência. Exemplo: Levantem-se, meninos, levantem-se, não é respeitoso sentar, quando outros de pé estão.

Convidar é pedir o comparecimento, motivando o interesse do convidado. Exemplo: Vem ao estudo, porque o estudo engrandece.

☆

Eurípedes era muito exigente na orientação dos alunos, embora ficasse comprovada, na sua psicologia da aprendizagem, a avançada estruturação do planejamento consciente e adequado, tendo em vista o alcance de melhores níveis de aproveitamento – o que, evidentemente, vinha amenizar a tarefa de assimilação dos alunos.

Pelo exame que realizamos, no Capítulo 6 desta obra, no tocante a métodos de ensino da Província Mineira, é fácil verificar-se, por simples análise comparativa, o autodidatismo processado no sistema educacional de Eurípedes.

A nova linha pedagógica, que, aliás, já se tornava patente, sob muitos aspectos, em países europeus, como Suíça e França, através da Escola Ativa de Pestalozzi, proporcionava a Sacramento, pela visão extraordinária de Eurípedes, o enriquecimento do contingente didático-pedagógico.

O binômio Professor-aluno e vice-versa, incluindo o complexo conjunto de valores, que forma a problemática do Ser, constitui um dos fatores essenciais do assunto em pauta.

Numa fase em que a palmatória era voz mais que ativa no ambiente escolar, dominando as mais difíceis situações, mas afastando mais e mais o aluno do professor, Eurípedes inaugurou a era do entendimento e do diálogo.

O aluno passou a ser respeitado nos valores naturais de que era portador em potencial, pois o mestre conhecia-lhe as faculdades racionais, as percepções, ideias, hábitos e reações condicionadas. Isto vinha estreitar o relacionamento entre o Professor e seus discípulos, criando entre eles os laços de mútua confiança.

LÁGRIMAS E ALEGRIA

Enquanto as diretrizes oficiais mantinham horários específicos para alunos do sexo masculino e feminino, Eurípedes criou, em Sacramento, o sistema de classes mistas.

O fato trouxera controvérsias no seio da comunidade. De um lado, alguns pais de visão mais arejada nada viam de mal no fato de suas filhas estudassem ao lado de rapazes.

Contudo, a outra parte mantinha o ponto de vista acanhado, salientando os perigos de tal convívio.

O Sr. Cosme Martins de Oliveira, homem de extraordinária fibra, ao tomar conhecimento dos comentários, que corriam na cidade à meia boca, assumiu uma atitude corajosa.

Fora ao encontro de Eurípedes e disse-lhe que não estava de acordo com o que andavam propalando por aí e acentuou, decidido:

— Minhas filhas continuam a estudar no seu colégio. Só há um senão: acho sua sala pequena para o grande número de alunos que você tem.

E antes que Eurípedes interviesse, o Sr. Cosme – com aqueles modos decididos que o caracterizavam, concluiu com uma ideia salvadora:

— Deixe por minha conta. Vou dar um jeito nisso...

Naquele mesmo dia, saíra a providenciar a reforma do prédio onde funcionava o Colégio Allan Kardec e que, como já ficou notificado, era a residência de Eurípedes.

O Sr. Cosme mandou demolir três cômodos restantes e ampliou o salão de aulas.

No empreendimento, ele tivera a colaboração de outros companheiros, salientando-se Angelino Pereira de Almeida e Frederico Peiró.

A inauguração do novo salão dera-se a 17 de agosto de 1910. O fato ensejara festivas comemorações, de que participaram os alunos, em memoráveis peças de teatro.

Eurípedes ficara altamente sensibilizado com o novo testemunho de solidariedade dos amigos. No seu importante discurso, deixou bem traduzida a sublime emoção, que lhe dominava a alma. Ao final de suas palavras, num abraço comovido, passou às mãos do valoroso companheiro Cosme Martins de Oliveira um ramalhete de flores naturais.[39]

No ano subsequente, as matrículas ampliaram-se de modo surpreendente.

---

[39] A família do Sr. Cosme M. Oliveira conservou esse ramo de flores como relíquia, num quadro, durante várias décadas. Atualmente, encontra-se no acervo histórico da *Sala de Eurípedes,* gentilmente doado pelo Sr. Osvaldiner M. de Oliveira, filho do Sr. Cosme.

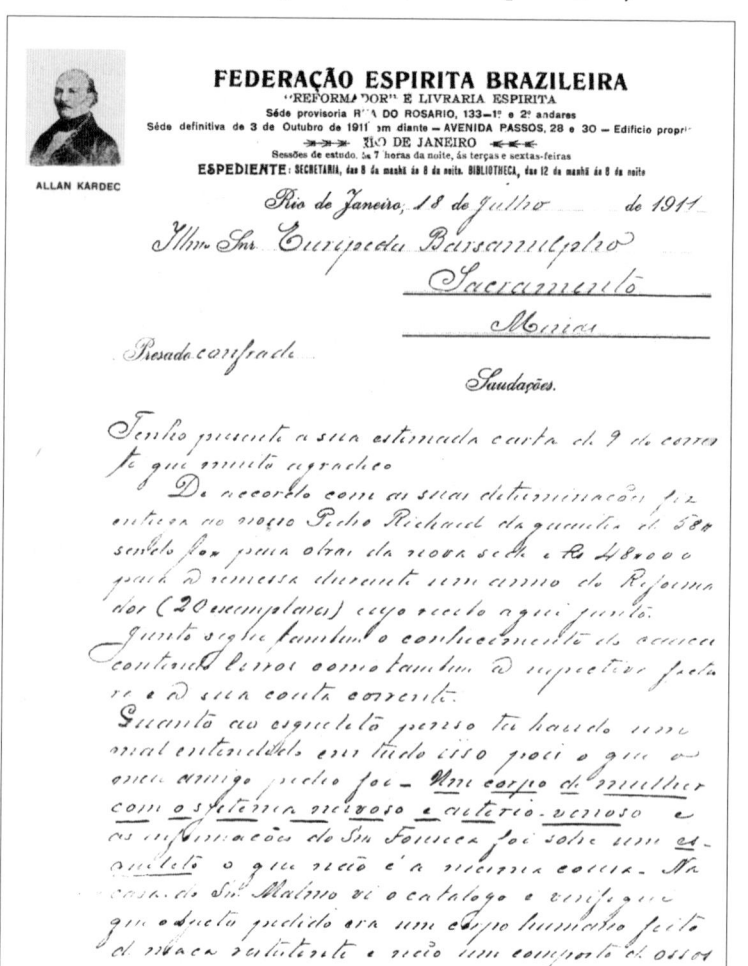

"Rio de Janeiro, 18 de julho de 1911. Ilmo. Sr. Eurípedes Barsanulpho – Sacramento – Minas. Prezado confrade. Saudações. Tenho presente a sua estimada carta de 9 do corrente, que muito agradeço. De acordo com as suas determinações, fiz entrega ao nosso Pedro Richard da quantia de 58.000 mil réis, sendo 10.000 para obras da nova sede e 48.000 para a remessa durante 1 ano do *Reformador* (20 exemplares), cujo recibo aqui junto. Junto segue também o conhecimento do caixão contendo livros como também a respectiva fatura e a sua conta corrente. Quanto ao esqueleto, penso ter havido um mal-entendido em tudo isso, pois o que o meu amigo pediu foi – *Um corpo de mulher com o sistema nervoso e arteriovenoso,* e as informações do Sr. Fonseca foi sobre um *esqueleto,* o que não é a mesma coisa. Na casa do Sr. Malmo, vi o catálogo e verifiquei que o objeto pedido era um corpo humano feito de massa, e não um composto de ossos. Como sabe, nada entendo do assunto, o que fiz foi transmitir as informações que obtive de pessoa que julgo competente. Dos livros remetidos, vão com 20% os volumes de Langleber, por terem um pequeno defeito. Sem mais, sou com estima e consideração, Confrade e amigo, (a) Nilo Fortes." Observa-se que Eurípedes comprava material didático para o Colégio no Rio de Janeiro, através do confrade Nilo Fortes, Presidente da FEB. A despesa com a assinatura da revista *Reformador,* aqui referida, pode ser confrontada com o fac-símile do balancete da Farmácia Espírita publicado em outro local.

☆

Nesse ano, outro fato muito significativo coroava de alegrias o lar feliz da família Mogico – o casamento de Edalides com o jovem José Rezende da Cunha, sobrinho de Meca.

José Rezende, desde menino, residia no seio da família e era muito estimado por seu temperamento retilíneo e suas qualidades de coração.

O namoro entre Edalides e José Rezende teve início quando o jovem era balconista da firma Alfredo Afonso & Cia. E contava dezesseis anos.

O enlace matrimonial se dera a 1º de maio de 1911.

Edalides, jovem bonita e dotada de dinamismo extraordinário – ela achava tempo para tudo sem se cansar –, afinizava-se com Eurípedes, talvez numa antevisão de futuras tarefas socorristas, na comunidade sacramentana.

Era ela quem, todos os dias, vinha arrumar a casa do irmão, pois sabia que ele gostava de tudo limpo e nos devidos lugares.

Os móveis finos, que Eurípedes arrematara na segunda viagem que realizara ao Rio de Janeiro, mereciam de Edalides cuidados especiais, o que não passava despercebido ao irmão, que, cotidianamente, dirigia-lhe palavras de reconhecimento sincero e carinhoso.

A vasta área adquirida ao pai havia pertencido ao Clube Culto ao Progresso e contava bom número de árvores frutíferas, tais como: mangueiras (hoje seculares), ameixeiras, jabuticabeiras e laranjeiras.

Eurípedes construiu pequeno jardim com bom gosto notável, onde se apreciavam flores de variadas espécies, na parte lateral direita da casa.

A arte predominava na disposição dos canteiros, todos de forma circular.

Havia rosas, violetas, cravos, margaridas. No centro, um tanque meio rústico, a cuja volta floresciam amores-perfeitos.

Eurípedes tinha, pois, à sua disposição, atraente laboratório, cujos elementos naturais forneciam consideráveis recursos para suas aulas ao vivo.

☆

O Clube Culto ao Progresso tinha sua antiga sede na casa que, posteriormente, servira de residência a Eurípedes.

A observação ao vivo das plantas era um dos pontos altos do processo didático de Eurípedes. Os alunos estudavam com entusiasmo os elementos constitutivos do vegetal e do seu respectivo funcionamento orgânico.

Relatam discípulos de Eurípedes que recebiam dele, com grande frequência, inesquecíveis lições de moral, na extensão das aulas de Botânica.

Certa vez, observava bela rosa, durante uma aula, no jardim de sua casa. Admirando a flor, que se alteava do caule, assinalou-lhe o acetinado das pétalas, a uniformidade perfeita das folhas e o perfume que dela se evolava.

– Vejam – assinalou Eurípedes – a rosa é bela e aromática, todavia, vive entre espinhos. Do mesmo modo – concluiu o mestre, em tom de advertência –, são algumas rosas humanas, que se cobrem de cetins e rendas e expandem graça e beleza, mas ai de quem deseja colhê-las... sai sempre ferido.

A dissecação de animais, objetivando o estudo dos diversos sistemas funcionais, também fazia parte do avançado método de ensino aplicado por Eurípedes, cuja eficiência ficara plenamente demonstrada, através de polêmicas verbais mantidas por seus alunos com indivíduos graduados, que efetuaram cursos superiores nos grandes centros do país.

Esses "conflitos" fraternos davam-se nas vias públicas, em encontros casuais, e atraíam dezenas de curiosos.

Os problemas, que ocasionavam as discussões, eram, posteriormente, levados ao conhecimento de autoridades no assunto. Os discípulos ganhavam todas as *paradas*, saindo triunfantes nas soluções que apresentavam como certas. Porque aprenderam com o mestre a defender com firmeza aquilo que assimilaram com segurança.

Certa feita, reuniram-se todos os alunos do Colégio Allan Kardec em frente ao estabelecimento, na rua. Essa providência era obra de Eurípedes a fim de que pudessem observar o eclipse total do sol, anunciado para aquele dia e hora.

Os discípulos achavam-se preparados para a observação do fenômeno, na companhia do mestre, devidamente equipados com pedaços de vidro branco, obscurecidos previamente com fumaça.

Na rua, transeuntes apressados, estampando visíveis preocupações na fisionomia alterada.

O terror se apossava daquela gente simples. A falta de elementos científicos na formação popular tornava o fenômeno objeto de superstição.

Passou um grupo de homens e mulheres, e dentre estas salientou-se pobre mulher de cor, que exclamava aflita, juntando suas lágrimas às das companheiras:

– É castigo de Deus! O mundo vai acabar!

Eis que a estas expressões, estruge estrondosa vaia, partida dos alunos do curso primário do Colégio.

– Uh! Uh! Uh! Deus não castiga ninguém! O que Ele nos vai dar hoje é um fenômeno maravilhoso, que é mais uma manifestação do Seu Poder e de Sua Sabedoria...

O grupo afastara-se e comentava-se ainda entre os alunos

de Eurípedes acerca da dolorosa infelicidade, que campeia em todas as áreas sociais, decorrente da ignorância.

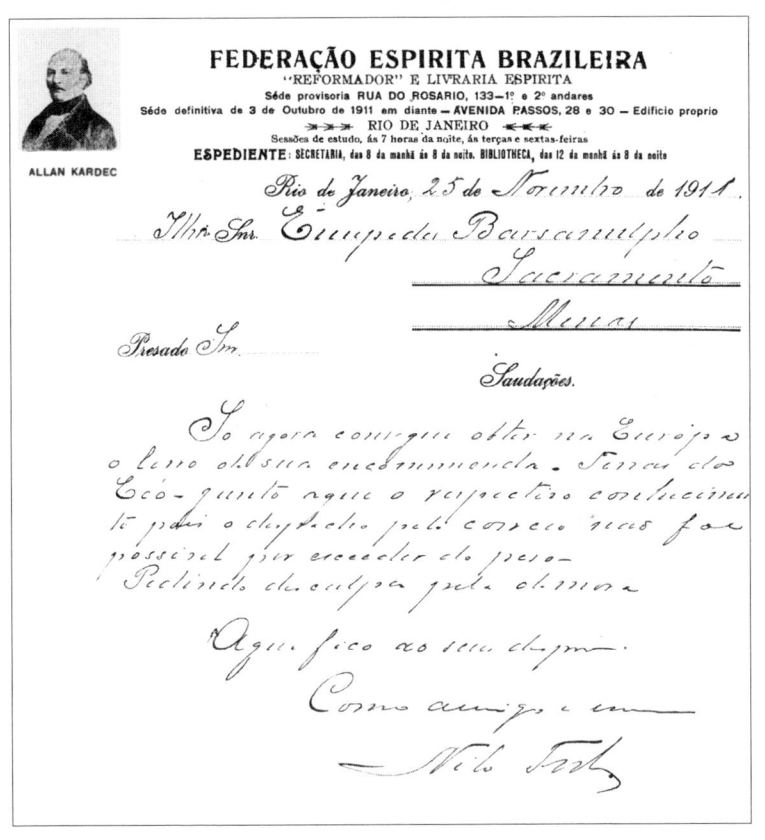

> **FEDERAÇÃO ESPIRITA BRAZILEIRA**
> "REFORMADOR" E LIVRARIA ESPIRITA
>
> *Rio de Janeiro, 25 de Novembro de 1911.*
>
> *Ilmo. Snr. Eurípedes Barsanulpho*
> *Sacramento*
> *Minas*
>
> *Prezado Snr.*
>
> *Saudações.*
>
> *[carta manuscrita]*
>
> *Como amigo e irmão,*
> *Nilo Fortes*

"Rio de Janeiro, 25 de novembro de 1911. Ilmo. Sr. Eurípedes Barsanulpho – Sacramento – Minas. Prezado Sr. Saudações. Só agora consegui obter na Europa o livro de sua encomenda – Terras do Céu – junto aqui o respectivo conhecimento, pois o despacho pelo correio não foi possível por exceder do peso. Pedindo desculpas pela demora, aqui fico ao seu dispor, como amigo e irmão, (a) Nilo Fortes."

Eurípedes rejubilava-se intimamente, afirmando mais tarde, ao comentar o fato:

– Permiti a vaia espontânea porque ela constituiu, paradoxalmente, uma demonstração de caridade. Era necessário que a lição partisse dos alunos do Colégio Allan Kardec.

AS AULAS DE EVANGELHO

As quartas-feiras eram consagradas inteiramente ao estudo de *O Evangelho Segundo o Espiritismo* e *O Livro dos Espíritos*, de Allan Kardec.

Assistiam a essas aulas os alunos do Colégio e numerosos visitantes.

O início das aulas dava-se às doze e meia horas, prolongando-se até quinze horas aquelas lições excepcionais para todos.

Eurípedes chegava ao Colégio, ordinariamente, uma hora antes do início das aulas, a fim de receber as diversas turmas de alunos e visitantes.

☆

Estávamos no Colégio Allan Kardec, numa quarta-feira.

Eurípedes encontrava-se no pátio superior há quase cinquenta minutos, antes do início das aulas de Evangelho. Achava-se rodeado de alunos, que lhe desfechavam um chuveiro de perguntas. Alguns deles, muito vivos, aproveitavam para arranjar subsídios para o torneio daquela tarde.

Como habitualmente, o mestre trajava-se com simplicidade, mas dentro de uma linha impecável de bom gosto e distinção. Sua camisa e colarinho brilhavam, a casaca de casimira preta muito bem-posta e as calças do mesmo tecido seguiam a linha da época. Trazia botinas de pelica, que ressaltavam o brilho do cuidado.

O porte mediano de Eurípedes era elegante e o conjunto fisionômico revelava o homem belo, cujos traços delicados atraiam as atenções, embora todos se quedassem ante o seu olhar meditativo e profundo – comumente refletindo as belezas do Céu.

Os dois ponteiros do relógio de bolso de Eurípedes, marca Omega, atingiram o número doze do mostrador. Ele se encaminhou para o espaçoso salão de aulas, acompanhado dos alunos. Tomaram assento professor e alunos, dentro de expressivo silêncio.

Às doze e meia horas em ponto, o mestre fez soar o tímpano, colocado sobre a sua mesa de trabalho. Os alunos se levantaram, juntamente com os visitantes, que ali já se encontravam.

A voz sonora e vibrante de Eurípedes ergueu-se na reprodução do *Pai Nosso*, de Jesus; na sua opinião, a prece que traz, em cada palavra, um potencial magnético capaz de transformar o mundo, porque proveio dos lábios sublimes do Cristo, derramando nos corações a bênção do convite para as alturas.

O nome de Deus é, então, motivo de exaltação comovida de Eurípedes.

Sua voz assumiu ressonâncias indescritíveis. Toda a cidade ouviu a palavra do moço, em todos os recantos, até os mais distantes, numa época em que não se conhecia esse milagre da ciência, que é a eletrônica.[40]

---

[40] Fenômeno semelhante ocorria durante as prédicas de Santo Antonio: "Em Pádua, Antônio falava a auditórios superiores a trinta mil pessoas. Bispos, padres, freiras, nobres e plebeus, de toda parte, corriam para ouvi-lo. Fechavam-se as tendas de comércio. E Antônio era escutado por todos, no meio de silêncio quase incrível, diante de tanta gente reunida. É que os Espíritos irradiavam a voz do médium, tanto assim que uma senhora, estando proibida pelo esposo – incrédulo – de assistir a uma dessas pregações e achando-se a chorar, debruçada à janela da casa, ouviu, entre assustada e cheia de júbilo pela revelação de forças estranhas, todas as palavras que Antônio proferia

A exortação tinha sempre a duração de meia hora, espaço de tempo em que os circunstantes eram tocados por vibrações superiores. A seguir, a matéria focalizada na aula anterior sofria os processos de verificação, através do porfiado torneio evangélico. Baseados nas lições anteriores, os alunos formulavam questões, organizando perguntas objetivas.

Cada aluno tinha três minutos para emitir o questionário.

Não raro, um aluno do curso elementar – um menino – convidava um rapaz do curso médio ou do superior. Momentos de expectativa coroavam o sucedimento. Quase sempre o garoto sobrepujava o *marmanjo*, nos conceitos e na forma das questões. Coisas que somente o Espiritismo pode explicar.

O torneio evangélico suscitava reações edificadoras, não apenas no seio dos alunos, mas também entre os visitantes.

O relógio do mestre estava sobre a mesa. Duas horas. Soava de novo o tímpano, anunciando o recreio. Meninos e meninas alcançavam seus respectivos pátios, acompanhados por Eurípedes e pelos visitantes, estes em número considerável.

Em poucos minutos, Eurípedes achava-se rodeado, sem poder mover-se do lugar. Poderosa irradiação de paz desprendia-se de sua palavra e de sua pessoa.

Todos queriam ficar ao seu lado, gozando-lhe a presença, abeberando-lhe os ensinamentos. Todos: crianças, jovens, adultos, porfiavam o privilégio de permanecer junto a Eurípedes.

Aos poucos, chegavam portadores de solicitações aflitivas, tanto no campo do receituário como da orientação espiritual.

---

no púlpito, erguido a quase meia légua de distância." (Almerindo Martins de Castro, Antônio de Pádua – *Sua Vida de Milagres e Prodígios*, Ed. FEB, Rio de Janeiro, RJ, 4ª. Ed., 1965, p.33.).

Ali mesmo, Eurípedes atendia a todos, dentro do horário estabelecido para término do recreio – que era obedecido com rigor.

Findo esse prazo – os alunos retornavam a seus lugares já com O Evangelho Segundo o Espiritismo à mão.

Um deles, indicado por Eurípedes, iniciava a leitura, no que era acompanhado, em silêncio, pelos restantes. Cada um mantinha a atenção fixa no estudo porque sabia que se a desviasse da leitura seria convidado a prossegui-la.

Esse interregno inesperado constituía sempre uma pausa interessante. Visitantes e colegas estimavam ver os apuros do desatento, todo atrapalhado a procurar o trecho, no ponto em que o predecessor interrompera a leitura.

Eurípedes interrompia o aluno sempre que um comentário devesse ilustrar o tópico em estudo.

Desse modo, o ponto focalizado recebia o primoroso tratamento de memoráveis elucidações do mestre.

Os alunos faziam anotações, com o próximo torneio à vista. Às vezes, interrompiam o professor para solicitar explicações acerca de determinado assunto, no que eram atendidos com aquele Amor que Eurípedes dispensava às coisas do Evangelho e a todos.

Ao término da leitura, a palavra do mestre se alteava na pregação do Bem. Sua voz penetrava os corações e se insinuava por importantes processos de fonação espiritual – através de canais potentes criados por recursos de efeitos físicos abrangendo toda a cidade.

Dir-se-ia que numerosos alto-falantes transmitiam, com cristalina pureza, os conceitos sábios de Eurípedes.

As ruas apinhavam-se de pessoas não espíritas, também

atraídas pelo fascínio daquela palavra, ungida do poderoso magnetismo do Amor.

O momento mais emocionante da aula inesquecível vinha com o seu final.

Às quatorze horas e meia, soava de novo o tímpano, acionado por Eurípedes.

Todos se punham de pé. Era o instante da prece de encerramento. Os alunos, em absoluto silêncio, mantinham-se na postura propícia à receptividade das vibrações espirituais.

Eurípedes, de pé, pronunciava comovedora oração de agradecimento. E era no decorrer desta que, em geral, ele penetrava a faixa dos Mensageiros do Senhor, em transe sonambúlico. Eis que, às vezes, sua voz possante assumia o timbre infantil:
– é Celina, a pequena e luminescente intérprete de Maria, quem vem trazer a palavra de estímulos santos da própria Mãe de Jesus, cujo carinho pelo Colégio Allan Kardec jamais esmoreceu.

De outras vezes, compareceram ao festim espiritual outros luminares de Esferas Superiores, tais como Jeanne D'Arc, Paulo de Tarso, Pedro, Felipe, outros discípulos do Cristo, que se aproveitavam do grande momento para endereçar à criatura terrena sua mensagem de luz.[41]

O tema que abordavam prendia-se ao assunto estudado.

Assim, terminava memorável aula de moral evangélica no Colégio Allan Kardec.

Quem quer que a ela tenha assistido, é certo que dela guardará eterna lembrança.[42]

☆

---

[41] Percebe-se, sem sombras de dúvidas, que Eurípedes elevava-se aos altiplanos da Luz nesses momentos de êxtase.

[42] Essas aulas despertavam tanto interesse que os alunos do curso superior não perdiam as sessões mediúnicas, no sentido de enriquecerem suas pesquisas com os conceitos dos Espíritos Benfeitores.

Desse modo, decorriam as aulas das quartas-feiras, no Colégio.

Nos primeiros tempos, era focalizado um capítulo de *O Evangelho Segundo o Espiritismo* por aula.

Uma vez conhecido o conteúdo da obra, através do estudo consciente que já mencionamos, Eurípedes modificava o método.

Dessa forma, nos três últimos anos, estudava com os alunos apenas o 1º capítulo de *O Evangelho Segundo o Espiritismo*.

Nesse espaço de tempo, relativamente dilatado, Eurípedes fazia magnífico estudo sobre a evolução da ideia religiosa, através das civilizações.

Todos os sistemas religiosos conhecidos mereceram brilhante apreciação, com riqueza de ilustrações e cores locais. A cultura avançada nas áreas da etnologia permitia-lhe portentosas considerações em torno das tribos primitivas e de seu "habitat", bem como os ritos fetichistas, que manifestam o princípio religioso em latência.

Processavam-se assim brilhantes incursões pelos diferentes *horizontes* da evolução religiosa dos povos, no curso dos séculos, seguindo-se importante sequência de cunho altamente pedagógico – desde o *horizonte tribal,* com seu mediunismo primitivo, até o horizonte espiritual, com a mediunidade positiva, abrangendo o cenário do século XVI.[43]

Eurípedes – disciplinado e rigoroso na aplicação dos seus processos de autêntico apoio criativo, seguia ordem cronológica, apesar dos constantes apelos dos alunos, que ansiavam por *chegar a vez do Espiritismo.*

"Lá chegaremos. Precisamos de um espaço de tempo mui-

---

[43] Estudo idêntico foi realizado por J. Herculano Pires em *O Espírito e o Tempo,* Ed. Pensamento, São Paulo.

tíssimo dilatado para os estudos dos princípios fundamentais do Espiritismo. Contudo, é preciso lembrar que os seus horizontes são ilimitados e teremos de contar com a eternidade de nossas almas para esse estudo..."

O CURRÍCULO DO COLÉGIO ALLAN KARDEC

O método aplicado por Eurípedes nos três cursos do Colégio, que dirigiu desde a fundação em 1907 até sua desencarnação, em 1918, obedecia ao sistema adotado pelo Prof. Miranda, no que tange à intensividade dos cursos. A promoção de um aluno podia fazer-se mesmo no primeiro semestre, segundo o aproveitamento registrado pelo mesmo.

Era muito comum encontrarem-se alunos com vários anos de escolaridade atrás de outros, que se esforçaram e avançaram, conquistando as promoções almejadas em breve espaço de tempo.

Iniciava-se o Curso Elementar com a aprendizagem da leitura e das quatro operações fundamentais da aritmética.

Quando o aluno já sabia ler – muitos deles aprendiam em poucas semanas –, passava ao estudo das seguintes matérias: Aritmética Prática e Teórica, Morfologia da Língua Portuguesa, História do Brasil e Geografia do Brasil.

A conclusão do programa estabelecido ensejava ao aluno – em qualquer época do ano – a frequência ao Curso Médio, que contava as seguintes disciplinas: Aritmética e Geometria, História do Brasil e Universal, Geografia Geral, Noções de Vida Prática, Ciências Naturais e Gramática Portuguesa (morfologia e sintaxe).

Critério idêntico de promoção efetuava-se com o Médio.

Eurípedes era o professor do Curso Superior, cujo cur-

> **COLLEGIO ALLAN-KARDEC**
> Boletim Mensal
>
> | Nome | Disciplina | Aproveitamento | Faltas |
> |---|---|---|---|
> | Manoel Borges | Boa | Geographia e portug. – bom
História e arithm. – "
Noções de V. Pratica – Regular
Calligraphia – " | 1 |
>
> Sacramento, 30 de Abril de 1919
> Pelo director, - W. Rodrigues Alay

Observa-se o critério de aproveitamento do aluno, através de conceituação, somente aplicado na escola atual.

rículo incluía as matérias que se seguem: Português (Sintaxe e Literatura), Francês, Geometria, Cosmografia e Química (sem os recursos do laboratório).

Eurípedes lecionava Astronomia para todo o Colégio, bem como Evangelização.

ESPELHO VIVO DAS LIÇÕES DE VIDA

Os numerosos depoimentos de alunos do Colégio, em todos os cursos, fornecem uma informação comum, identificando a extraordinária capacidade de devotamento, que fizera de Eurípedes o Mestre profundamente venerado por todos que o cercavam.

Para as crianças tinha sempre um sorriso, um gesto bom de carinho ou uma palavra de alegria contagiante.

Para os jovens era o conselheiro comedido de todas as horas – às vezes, alegre, outras tantas vezes, grave e sério – mas sempre com aquele toque de jovialidade, que marca o fiel da balança do equilíbrio, na orientação da Juventude.

Concentrava-se nele a vida do Colégio.

Ele representava o próprio modelo da elevada Pedagogia, que criou.

ESTETA DA EXPRESSÃO

Garret, nos *Grandes Experimentos da Psicologia,* afirma que "a personalidade é um estilo ou uma forma de comportamento", e acentua: "o que faz de um indivíduo uma personalidade distinta é a organização de seus comportamentos, hábitos, atitudes, e não a existência de certos traços específicos".

Podemos concluir a conceituação de Garret com o princípio difundido por Woodworth, quando define a personalidade como a "qualidade total do comportamento do indivíduo, indicado por seus hábitos de pensamento e de expressão, suas atitudes e interesses, maneiras de agir e filosofia pessoal".

Eurípedes enquadra-se como esteta autêntico, no acrisolamento mental, que influencia poderosamente suas atitudes e interesses, suas ações no dia a dia cheio de luz, levando-o à filosofia do esforço, na rota da Perfeição.

No Colégio, no lar, na rua, em toda parte, exprimia-se com elegância.

As expressões saíam-lhe corretas e fluentes.

Quando falava ou quando escrevia fazia questão de não cometer erros comezinhos de regência ou de concordância. Evitava os galicismos e outros tipos de estrangeirismos. Propunha-se a amputar o *Que,* sempre que este se constitua em *muletas* desnecessárias. O possessivo de terceira pessoa era outro empeço, que o mestre cortava todas as vezes que surgia como elemento de dubiedade.

Eminentemente cuidadoso na expressão – falada ou escrita –, Eurípedes tornara-se um padrão de estética no seio da Língua mais bordada de sutilezas e crivada de dificuldades do globo, e que ele soubera valorizar com profundo sentido de Beleza.

O INTERESSE PELA SAÚDE

Eurípedes via, na Ginástica, um excelente veículo de saúde. Possuía, na sua estante, vários compêndios de matéria especializada sobre Educação Física, mas o autor de sua preferência era Sahim Brahmm, de cuja obra extraía as séries de exercícios, que ele transmitia aos alunos.

As aulas eram diárias e se davam no início do recreio. Juntavam-se as turmas masculina e feminina, no pátio superior, sob as árvores verdejantes, de que se desprendiam elementos propiciadores do equilíbrio vital.

Os alunos compreendiam o valor da Educação Física à força de ouvir, diuturnamente, as excelências dessa prática, quando Eurípedes frisava também pontos de higiene, indispensável à saúde do corpo.

Diversos grupos alinhavam-se, disciplinadamente, em ordem crescente e aguardavam, em silêncio, as ordens do professor para os exercícios iniciais.

Eurípedes fazia a recomendação habitual:

– Preparemo-nos para receber destas árvores amigas mais um banho de oxigênio para nossos pulmões.

A seguir, ministrava a primeira série de exercícios respiratórios com movimentos harmoniosos dos membros superiores.

Das séries seguintes, faziam parte a flexibilidade dos membros inferiores e movimento do tórax – todos com base na inspiração.[44]

---

[44] Eurípedes prescrevia a prática de ginástica respiratória a enfermos com deficiências do aparelho respiratório. A alguns – como o Sr. Oscar Leal,

O OFICIAL DO HORÁRIO

Todos os dias comparecia ao ambiente escolar um personagem diferente. Ele acompanhava Eurípedes desde a residência deste até o Colégio.

Era *Jipe,* o cãozinho preto de Eurípedes, por todos tratado como um dos membros da grande família estudantil.

Antigo aluno do Colégio – Homilton Wilson – conta-nos, em bem lançada crônica, que *Jipe* distinguia, com precisão absoluta, a hora exata da abertura das aulas, a do recreio e a do encerramento das atividades escolares.

O recreio daquele dia tivera um cunho diferente e, talvez por esse motivo, ficara gravado na memória dos alunos. A do recreio, especialmente, era para o cãozinho a mais festiva, pois era o momento em que se via mimoseado com carinho e guloseimas.

Jipe assinalava os horários mencionados assim: Se a sineta de Eurípedes não soava conjuntamente com as pancadas do relógio de parede, o cão protestava, com sonoros latidos, ora olhando para o mestre, ora para o relógio. Os estudantes vibravam de alegria com o providencial testemunho de solidariedade partido do querido *fiscal do horário* – apelido com que lhe tributaram gratidão e carinho pela fidelidade cotidiana.

Todavia, às quartas-feiras, quando Eurípedes se alongava em alguma informação doutrinária e ultrapassava a hora do recreio, *Jipe* permanecia quietinho, debaixo da cadeira do dono...[45]

---

por exemplo – ele afirmara, taxativo, após a cura desse irmão: "O seu remédio agora, até o fim de seus dias, é a ginástica respiratória".

[45] *O Estado de Minas,* de Belo Horizonte, na sua edição de 24 de setembro de 1975, coligiu fatos impressionantes, em que se comprovam que pássaros, gatos e cães denotam faculdades paranormais.

Através de suas características de comunicação, *"os animais falam e*

ASSISTÊNCIA E EMERGÊNCIA

Muitas vezes, Eurípedes viu-se compelido ao socorro de alunos em casos de pequenas fraturas com ocorrências nas horas de folguedos, no recreio.

Certa feita, um garoto de onze anos, Manoel Borges, sofreu uma queda e fraturou a perna.

No próprio recinto do colégio, Eurípedes procedeu aos necessários socorros ao pequeno acidentado. Após o trabalho de redução da fratura por meio de talas improvisadas, o professor ordenou a dois alunos maiores que compusessem uma "cadeirinha" com os braços. Ali colocou o Manoel. Em seguida,

---

adivinham o que vai acontecer com os homens". Com essa manchete, o jornal narra o episódio dos pombos de Rheims, que abandonaram a cidade duas horas antes do terrível bombardeio alemão em 10 de agosto de 1944.

Acentua o *Diário de Minas* – na sua excelente pesquisa, que, recentemente, os cientistas soviéticos da Universidade de Samarcanda, na Ásia Central, afirmaram que muitas das chamadas premonições de terremotos feitas por animais devem ser atribuídas ao fato de se filtrarem, através da terra, antes de ocorrerem os cataclismos, emanações de gás freon, que o homem, ao contrário dos animais, não é capaz de perceber.

Mas, caso seja assim, de que modo os Cricetos de Milão sabem antecipadamente da ocorrência de um terremoto que sobrevirá na Sicília ou ao largo do Mar Egeu?

Opondo-se às considerações russas, o periódico mencionado alinha mais de uma dezena de fatos comprobatórios da tese em estudo.

A Doutrina Espírita se ocupa desse problema, a começar por uma das obras básicas da Codificação, *O Livro dos Espíritos* (Parte Segunda, Cap. XI.)

Gabriel Delanne oferece-nos interessantes ilustrações de experiências do mais alto interesse, levadas a efeito na Alemanha, em cavalos e cães, para demonstrar a inteligência dos animais (*A Reencarnação*, Cap. IV, Ed. FEB, Rio de Janeiro, RJ.).

Delanne enfoca, particularizadamente, os cães Zou e Lola e os cavalos calculadores d'Elberfeld.

Eurípedes pôs todo o colégio em forma e lá se foram, acompanhando o ferido à sua residência, alunos e professor.

Salienta-se no fato o caráter de solidariedade humana muito próprio dos processos educativos de Eurípedes.

Eurípedes adotara também o hábito de comparecer às cerimônias fúnebres na companhia dos alunos e demais professores do colégio, quando para tal fim era convidado.

Junto ao corpo, Eurípedes procedia à leitura de trechos das obras fundamentais da Doutrina, ao que se seguia importante explanação sobre os problemas do Espírito. Nessas ocasiões, Eurípedes era ouvido por considerável multidão, que se acercava do local.

Por fim, ouvia-se-lhe a voz macia e vibrante, em memorável prece, que transportava as almas a círculos mais perfeitos, envolvendo a todos num clima de emoção.

Conta-se que, num desses enterros, Eurípedes acompanhava as turmas do colégio, disciplinadamente organizadas em filas de dois, em ordem crescente. O sol das quatorze horas exibia a exuberância de seu potencial.

Ao lado, caminhava o mestre, ladeado por uma garotinha de quatro anos – sua sobrinha Esperidina – e por D. Amália Ferreira de Melo (informante da cena em pauta).

De repente, a pequenina, observando as sombras que se projetavam na frente das pessoas, em virtude da incidência dos raios solares, exclamou:

– Olhe, padrinho! Estamos na luz e caminhamos para a sombra!

– Realmente – disse Eurípedes à secretária –, estamos de posse do sol da vida e marchamos para as sombras da sepultura... Nossa Esperidina acaba de emitir um pensamento de profunda filosofia. As crianças, às vezes, têm a lucidez de experiências passadas.

CONTRÁRIO A PRÊMIOS

Eurípedes incentivava sempre, por diferentes modos, os alunos, objetivando o maior nível de aproveitamento no seu Colégio.

Era contrário, porém, à instituição do prêmio. Considerava a concorrência perigoso fator de íntimos descontentamentos e, não raro, de assinaladas injustiças.

Acima de tudo, era-lhe grato presenciar a aplicação dos alunos, sem outro móvel que não o amor aos livros, inspirado no ideal santo da iluminação espiritual.

Mas elementos estranhos ao núcleo de auxiliares diretos do estabelecimento, entusiasmados com as provas de fim de ano, ofertavam prêmios a alunos que mais se destacavam nas provas.

Certa feita, o Sr. Aristocles Oscar da Mata e Silva ofereceu valiosos prêmios a duas alunas, que indicou nominalmente.

Uma das contempladas era a jovem Edalides Millan, irmã de Eurípedes e a outra, Basilissa de Oliveira Borges, esta, primeira aluna do colégio.

O doador fazia questão de que um belo relógio de ouro fosse entregue à Edalides e um rico estojo de costuras à Basilissa.

Edalides recusou-se a aceitar o valioso prêmio, reconhecendo a injustiça da escolha. Ela sabia que outros colegas mais aplicados mereciam o primeiro prêmio, notadamente a jovem Basilissa.

Diante do gesto bonito de Edalides, o Sr. Aristocles, inconformado, apresentou o alvitre do sorteio. Mas insistiu para que a moça figurasse no mesmo, juntamente com os nomes de outros alunos mais destacados.

Feito o sorteio, a sorte favoreceu Edalides, que não viu outra alternativa senão a de receber o relógio, com um misto de alegria e constrangimento.

À Basilissa tocou o estojo de costuras.

O interessante do episódio foi que, mais tarde, Edalides tornou-se costureira, e Basilissa abraçou a carreira do magistério...

Como esse bom amigo, muitos outros apareceram para "atrapalhar" o programa de Eurípedes.

Contudo, o Mestre sentia-se reconhecido a essas demonstrações de apreço ao seu querido colégio.

ESTUDANDO OS ASTROS

A Astronomia mereceu de Eurípedes destacado interesse. Organizou notas explicativas, extraídas da *Astronomia Popular* de Camille Flammarion. Seu espírito analista conduzia a níveis superiores de assimilação por parte dos alunos.

Como exemplo, oferecemos algumas dessas notas insertas no caderno da aluna Efigênia Pinto Valada:

"A LUZ – A irradiação dos corpos foi descoberta por William Crookes, cientista inglês, que se notabilizou por suas pesquisas dos fenômenos espíritas.[46]

---

[46] Crookes publicou, aos 20 anos, importantes dados sobre a *luz polarizada*. Foi um dos primeiros cientistas a estudar, na Inglaterra, com o auxílio do espectroscópio, a propriedade dos espectros solar e terrestre. Inventou o *fotômetro de polarização* e o *microscópio espectral*. É autor de um tratado de análise química - hoje clássico.

Efetuou pesquisas numerosas em Astronomia e fotografia celeste.

Poucos assuntos há na ciência tão pouco conhecidos como a luz: Qual é a sua natureza? Como os corpos luminosos se irradiam? De que veículo se servem para chegar aos nossos olhos?

Os antigos supunham que os raios saíam dos nossos olhos para apanhar objetos distantes.

Isaac Newton admitiu que os objetos emitiam partículas luminosas, que transpunham os espaços para nos ferirem as retinas. Iounge e Fresnel mostraram depois que os corpos luminosos não emitem partículas materiais, antes fazem vibrar o fluido que os cerca, o que levou a imaginar como é indispensável a propagação da luz num certo fluido, excessivamente leve, denominado *éter*, disseminado pelo espaço.

As ondas aéreas, em vibração, caminham com a velocidade de 300.000 quilômetros por segundo. As ondas vibratórias dos corpos não se misturam, mas cortam umas às outras.

BÓLIDES – Bólide é um corpo luminoso que, atravessando rapidamente o espaço e tendo dimensões visíveis, possui a forma de um globo ígneo.

Deixa após si um rastro luminoso. O globo luminoso do

Ocupou-se também de medicina e higiene, com uma série de estudos de alto valor específico. No campo da Ciência, Crookes ocupa destacado lugar, notadamente, por suas grandes descobertas, dentre elas: o Tallium, cuja descoberta foi conduzida pelos seus trabalhos sobre análise espectral.

Crookes – já consagrado no mundo científico – lançou-se corajosamente às observações dos fenômenos espíritas, através do *Quartely Journal of Science*.

Após importante profissão de fé científica – que estabeleceu como base de suas pesquisas espíritas – Crookes legou à Humanidade os importantes Relatórios de numerosos e variados Fenômenos Espíritas por ele observados, durante os anos de 1870 - 73. Salienta-se, dentre os quais, as famosas materializações de Kate King, que se realizaram sob todo o rigor da pesquisa, no curso de dois anos.

bólide divide-se, às vezes, em fragmentos, em número maior ou menor.

O bólide aparece tanto de dia como à noite. Desde a Antiguidade, o vulgo atribui aos bólides uma origem extraterrestre. Vários naturalistas chamaram-no de "pedra-de-raio"ou "trovão", porque julgavam ser pedras lançadas pelos raios.

Os sábios só acreditaram na existência das pedras caídas do céu quando Biot deu à Academia de Ciências o seu relatório, em que narrava a queda do bólide *Largel*, a 26 de abril de 1803.

Vários metais entram na composição dos bólides, tais como: ferro, magnésio, silício, níquel, cobalto, potássio, sódio, cálcio, fósforo, azoto, cloro, carbono bem como hidrogênio e oxigênio".

O método de Eurípedes, como se vê, era eminentemente popular, ao alcance de todos.

Para os alunos mais adiantados já proporcionava certos problemas matemáticos, indispensáveis ao esclarecimento de determinados temas.

Estudando o Sol, por exemplo, forneceu as leis de Kepler, apresentando as fórmulas respectivas:

"As leis de Kepler são três: 1ª – os planetas giram ao redor do Sol, descrevendo elipses, nas quais o astro ocupa um dos focos.

2ª – As áreas e superfícies que descrevem os raios vectores das órbitas são proporcionais ao tempo gasto por elas. As superfícies compreendidas em tempos iguais são iguais entre si.

3ª – O quadrado dos tempos e das revoluções em volta do Sol estão entre si como o cubo de suas distâncias.

O Sol faz parte da constelação da Pomba. Segundo o

Senhor Camille Flammarion, o Sol tem o diâmetro 109 vezes maior que o da Terra.

A luz e o calor aumentam e diminuem na razão quadrada de sua distância."

O Curso de Astronomia, como os demais, levava os alunos, através da sensibilidade elevada do mestre, à compreensão da Obra Divina, penetrando-lhe a profunda Beleza.

Dessa faceta de Eurípedes fala um de seus discípulos nestes termos:

"Espírito de tal modo delicado e superior, embebia-se extasiado ao contemplar uma flor, uma folha, admirando-lhes a perfeição, em que via a obra de maravilha de um único autor, que é Deus."[47]

AS "VIAGENS" DO PROFESSOR

Os famosos desdobramentos de Eurípedes, semelhantes aos de Antônio de Pádua, propiciavam aos sofredores a assistência do grande médium, nos processos de bilocação visível e tangível, frequentíssimos na sua missão excepcional.

Os alunos estavam tão familiarizados com essas "viagens" de Eurípedes, que já reconheciam as características com que se apresentavam.

Eis como o Dr. Tomaz Novelino, um de seus alunos, descreve um desses importantes desdobramentos:

"Desprendia-se facilmente, transportando-se, em Espírito, à distância. Quantas vezes, em aulas, ele pendia a cabeça, caía em sono e permanecia assim por alguns minutos. Era por ocasião da primeira grande guerra e, com horror, descrevia os combates de que tinha sido testemunha.

---

[47] Do depoimento do Dr. Tomaz Novelino.

Desprendia-se outras vezes, visitando doentes à distância, presença muitas vezes sentida e notada por alguns de seus enfermos.

Sentia a ação dos pensamentos de muitos de seus amigos e enfermos, que o chamavam de longe, em certas arremetidas insistentes e importunas."

Em depoimentos de vários alunos, encontramos a informação que se segue:

Os alunos conheciam o momento em que se processavam os desdobramentos do mestre e, quando algum distraído não percebia a situação, era, incontinênti, alertado por outro colega:

– S'Eurípedes já se foi embora...

Todos se conservavam em respeitoso silêncio, o que, evidentemente, contribuía para o êxito do trabalho de Eurípedes.

Dentro de poucos minutos, regressava Eurípedes de sua excursão espiritual, relatando episódios que se prendiam à assistência a enfermos. Muitas vezes, relacionava portadores apressados, que se dirigiam à cidade em busca de auxílios para algum doente em estado desesperador. Inúmeros foram os casos em que Eurípedes afirmara ao homem da estrada: "Volte, meu irmão. O enfermo acaba de desencarnar."

Esses fatos se confirmaram, posteriormente.

Conta-nos a Sra. Joana Bernardes, aluna do Colégio Allan Kardec, ao tempo de Eurípedes, que, certa vez, a senhora sua mãe achava-se muito mal com um foco dentário, que lhe trazia horríveis dores incessantes.

Acentua a informante que a família já havia procurado recursos específicos para o caso, sem obter o menor alívio para a doente. Foi quando esta disse à Joana:

– Vai correndo ao Colégio, minha filha, e peça um remédio a S'Eurípedes.

A menina, que então contava dez anos, saiu em desabalada carreira até o Colégio, em cuja porta principal estacara.

Eurípedes, de sua mesa, percebeu a menina e fez sinal para que se aproximasse.

Joana, ainda ofegante da corrida, contou-lhe ao que viera.

Enquanto a menina dava o recado materno, Eurípedes apoiava a mão direita no ombro direito dela. Em seguida, no tom carinhoso peculiar, disse à Joana: "Volte, minha filha. Você é quem vai curar sua mãezinha com um passe".

Embora surpresa, Joana não discutiu, voltando a correr para casa.

Junto à família expectante, a menina narrou o ocorrido.

O pai – espírita convicto e sincero – concordou, afirmando: "S'Eurípedes não se engana. Se ele acha que você pode dar o passe em sua mãe, está certo".

A menina aproximou-se do leito da mãe, estendeu as mãos sobre o seu rosto dolorido, enquanto o pai e a avó, presentes, oravam com ela.

Como Eurípedes previra, a dor desapareceu e o foco dentário foi removido, pois não houve reincidência da dor.

☆

FISCALIZAÇÃO PERMANENTE ATESTA O ELEVADO NÍVEL DO ENSINO NO COLÉGIO ALLAN KARDEC

De um alentado prospecto, que amigos de Eurípedes radicados em Uberaba, MG, divulgaram, por ocasião do processo judicial em que fora indiciado, damos na íntegra os tópicos, que se seguem:

"Quanto ao Colégio Allan Kardec, falem em seu favor os públicos e aturados exames a que anualmente submetem os alunos, a farta cópia dos mais honrosos documentos que arquiva; entre outros termos de visitas, os mais encomiásticos, dos Srs. Inspetores Regionais Dr. Militino Pinto de Carvalho, Alberto da Costa Mattos, Atanásio Saltão, Alceu de Souza Novais, Dr. Ernesto de Melo Brandão, dos quais transcrevemos apenas o último por falta de espaço.

Falem a seu favor as repartições públicas, os escritórios comerciais, industriais e ferroviários, onde os seus alunos, desempenhando altos cargos, são tidos em elevada consideração.

Falem também o foro, o jornalismo, a agricultura, as artes, o magistério de Sacramento e de várias localidades, quem são os alunos kardecistas, cujo número se não computa senão por centenas."

(Centro Espírita de Uberaba, 1917.)

Termo de Visita

Visitei hoje o Colégio Allan Kardec, dirigido pelo competente e dedicado Professor, Sr. Eurípedes Barsanulpho, encontrando presentes às lições do dia 94 alunos dos 113 atualmente matriculados.

Acompanhei os trabalhos escolares e pude verificar que o método de ensino adotado é racional e que os alunos vão assimilando bem todas as matérias lecionadas neste Colégio, que se impõe no conceito público desta cidade, não só pela sua boa disciplina, mas também pela dedicação desinteressada do seu diretor e de seus dignos auxiliares, aos quais deixo consignados os meus aplausos pelos bons resultados que vão colhendo, e meus agradecimentos pelo modo gentil com que me receberam no seu estabelecimento de ensino.

Sacramento, 29 de Abril de 1913.
O Inspetor Regional
Ernesto de Mello Brandão

O BOM TEATRO NO COLÉGIO ALLAN KARDEC

Eurípedes incentivou, no seu Colégio, o bom teatro, através da promoção periódica de festivais artísticos, que ficaram na lembrança dos alunos participantes e do público da época.

É muito comum, em Sacramento, a afirmativa de pessoas que tiveram o privilégio de assistir a esses espetáculos inesquecíveis de que "teatro só no tempo de S'Eurípedes, no Colégio Allan Kardec".

As diferenças de traços psicológicos presentes nos grupos de indivíduos devem ter conduzido Eurípedes ao estudo do comportamento de seus alunos, levando-o a lançar mão de fatores decorrentes, como o teatro, para objeto, embora circunstancial, de orientação educativa e suscetível de criar os germes de futuras vocações correlatadas.

Pode-se assegurar que, da ribalta clássica do Colégio Allan Kardec, onde pontificaram numerosos jovens, surgiram profissionais brilhantes do jornalismo, do magistério, bem como tribunos de qualidades substanciais.[48]

Pois não é no pequenino grão que a Sabedoria Divina situa as energias latentes, onde dormita a árvore majestosa?

Os jovens estudantes levaram, para o aconchego do novo ninho, as doces recordações dos triunfos do passado.

Na reforma de 1910, o Sr. Cosme Martins de Oliveira construiu um salão duas vezes maior que o primitivo e uma ligeira elevação do terreno foi aproveitada para assentar-se as bases de um palco. Aí se realizavam as festividades de fim de ano.

---

[48] Citam-se, dentre outros, no jornalismo: César Castanheira, Ricardo Stocco, Homilton Wilson, Watersides Willon, Zenon Borges, Dr. Tomaz Novelino, Odilon J. Ferreira, que também se destacaram brilhantemente no magistério; Prof. Antenor Germano, Jerônimo C. Gomide e sua esposa Francisca Gomide, estes últimos pioneiros do Espiritismo em Palmelo, GO. Alguns desses tornaram-se valorosos lidadores da tribuna espírita.

Os alunos confeccionavam belos cenários, constituídos de bastidores e pano de fundo.

No período letivo, eram retiradas as peças que compunham esses cenários, bem como o madeiramento do improvisado tablado.

AS FLORES DE AIDA

Aida Ferreira era uma pequena espevitada, cheia de graça morena. Em 1914, frequentava o curso elementar do Colégio Allan Kardec e adorava o Diretor, para quem trazia flores todos os dias.[49]

Aida residia numa casa modesta, num beco sem nome, onde ela e sua mãe cultivavam lírios brancos, especialmente para Eurípedes.

Aida contava, então, doze anos e já participava dos festivais do Colégio, os quais abrilhantava com sua belíssima voz.

Quando Eurípedes desencarnou, os lírios floresciam, e Aida levou-lhe uma coroa dessas flores, banhada nas lágrimas de sua saudade.

Anos depois, em 1926, Aida casou-se com o Sr. Benedito Fenelon Machado e passou a residir no Rio de Janeiro, onde constituiu família.

Nunca mais voltara a Sacramento, mas alimentava sempre a esperança de fazê-lo um dia para rever as pessoas queridas, pisar o chão da terra natal e, sobretudo, para beijar as lembranças do seu Colégio e de S'Eurípedes.

Ela dizia sempre a seus filhos Fenelon e Eurípedes: "Quando voltar a Sacramento, será para morrer"...

---

[49] Aida era filha de José Carlos da Piedade e Francisca Ferreira. Do casamento de Aida, nasceram quatro filhos: Antônio, Fenelon, Eurípedes e Saulo.

Em agosto de 1973, viu surgir, enfim, a oportunidade tão sonhada. Já os anos lhe pesavam, mas aquela jovialidade envolvente fazia parte de seu comportamento, em toda parte.

Em sua viagem, estacionou em Uberaba para se avistar com Francisco Cândido Xavier. Na Comunhão Espírita Cristã, aguardou, paciente, quase no fim da fila enorme, a sua vez de falar com o grande médium.

De repente, Francisco Cândido Xavier fez-lhe um aceno para que se aproximasse, rompendo a fila.

Emocionada e feliz, Aida recebeu do médium palavras de incentivo, coroadas por esta afirmativa: "Minha filha, você é um dos Espíritos da falange de Eurípedes, por isso tem uma grande responsabilidade".

Já à porta minutos após, Francisco Cândido Xavier ainda lhe acenou o gesto da despedida, com aquele carinho que lhe era peculiar, repetindo: "Adeus, Aida! Adeus, Aida!..."

O encontro com Elith Irani Vilela, sua colega que se radicou em Uberaba e onde colaborava como assistente dos trabalhos da Comunhão Espírita, foi particularmente enternecedor, todo pontilhado de lembranças do Colégio, que se tornaram eternas, e do torrão abençoado, que as vira nascer.

Às doze horas do dia imediato, Aida rumou para Sacramento. A cidade lhe parecia outra, as pessoas diferentes. Mas as saudades, as lembranças de Aida, não mudaram.

Qual colegial em excursão, correu ao Lar de Eurípedes, que ela não conhecia, com a alma em festa. Na *Sala de Eurípedes*, reencontrou traços vivos do passado imorredouro – nas fotografias; nos livros que o mestre tantas vezes folheara; na correspondência volumosa, que lhe atesta o valor da missão; na cama branca metálica com molejos, testemunha das reduzidas horas de repouso; na mesa, onde, por quase duas décadas, funcionou como mestre e pregador das Verdades novas; nas mesas da farmácia; nos objetos de uso pessoal...

Apressadamente, quis ver tudo que se prendia às lembranças que ela acarinhava no mais íntimo do ser.

Foi ao quintal, antigo "pátio das meninas" do colégio. Emitiu uma exclamação admirativa para as flores, que se encontravam nos canteiros esparsos.

Súbito, estacou-se junto a uma planta de folhas alongadas, que se destacavam pelo verde brilhante, ostentando já botões, que derramavam perfume suave.

Eram uns exemplares de lírios, cuja florescência extemporânea parecia uma homenagem silenciosa às lágrimas de Aida.

Ela confessou, emocionada:

"Depois que saí de Sacramento, nunca mais vi lírios... Como são lindos!"

Depois, enxugando uma lágrima teimosa, pediu que lhe reservássemos alguns bulbos da planta para o seu cultivo, no Rio.

O tempo foi escasso para as muitas visitas que ela esperava realizar.

Por isso, correu ao Colégio a poucos passos do Lar de Eurípedes, onde demorou as suas recordações da meninice distante, naquela sala grande, na qual a presença do Mestre é um facho a iluminar todos e tudo.

Despediu-se e prometeu voltar às dezesseis horas para oferecer-nos o depoimento sobre Eurípedes. Queria fazê-lo pessoalmente, porque tinha muita coisa a relatar.

Estávamos viajando e Aida foi recebida no Lar de Eurípedes por nossa irmã, Jandira Novelino.

Eram dezoito horas do dia 12 de agosto, voltávamos da

Fazenda Caxambu, situada a alguns quilômetros da cidade, quando nossa irmã comunicou-nos que aqui estivera uma aluna de Eurípedes, a qual voltaria para se avistar conosco às dezesseis horas. A demora preocupou-nos, dentro de estranho pressentimento.

Eis que o telefone tilintou e a Sra. Edmé Ferreira, residente nesta cidade e prima de Aida, informou-nos do triste acontecimento: Aida desencarnara num desastre automobilístico, na estrada da Gruta dos Palhares.

Fomos vê-la e orar ao pé de seu corpo inerte e levar-lhe os lírios entreabertos de sua saudade, que agora é também nossa.

Uma certeza consoladora veio-nos ao coração: Aida em breve estará feliz como uma menina em férias, no desempenho de tarefas abençoadas, como membro da luminosa equipe espiritual de Eurípedes.

☆

Observação: Para Sócrates e Platão, o traço que unia o interesse individual e o bem-estar social e constituía a finalidade da Educação era o *Conhecimento*. Para Aristóteles, a verdade está na visão direta da razão. E a confirmação dessa verdade na consciência do homem, sustentando que a *felicidade* é o resultado das atividades do homem no bem.

A formulação do ideal grego de uma educação liberal encontra-se em *A República*, de Platão, e servia para a orientação pedagógica dos povos civilizados durante séculos. O problema do "bem ser" e do "bem fazer" de Aristóteles evidencia-se no sentido da Educação proposto pelo grande sábio ateniense.

Jesus, o mestre por excelência, não destruiu esse trabalho de seus prepostos, antes consolidou, nas consciências, o alto sentido do aprendizado do Amor, oferecendo novas concepções da grandeza e da excelsitude da Vida.

Como se pode facilmente aquilatar pelo soberbo desempenho de Eurípedes, no campo educacional, ficou demonstrada a sua profunda experiência do passado.

Aliando o conhecimento aos princípios Aristotélicos e buscando, notadamente, as bases essenciais da estruturação educativa no Evangelho do Senhor, ele promoveu autêntica ação pedagógica renovadora, servindo-se da vital força propulsora do exemplo, na extensão sublime do ensinamento inesquecível do Educador Divino: "Portanto, ide e pregai"...[50]

OS EXAMES FINAIS NO COLÉGIO

Os exames finais do Colégio caracterizavam-se por exaustivas *provas orais*, para as quais o aluno devia estar preparado para um terrível bombardeio, partindo não apenas da Banca Examinadora, mas do próprio Eurípedes.

"Dava Eurípedes um grande valor aos exames finais do Colégio. O Colégio se engalanava, os alunos exibiam trajes novos e os exames se faziam com assistência de pessoas do local e de fora, que afluíam de muitas cidades vizinhas e outras.

A nota predominante era a do mestre maior, com sua sobrecasaca de gola de seda, camisa e punhos engomados e gravata branca.

Rematavam-se os exames com festividades literomusicais e teatro."[51]

Os exames iniciavam-se no Curso Elementar e abrangiam toda a matéria estudada durante o ano.

---

[50] Jesus (Mateus, 28:19).

[51] Do depoimento do Dr. Tomaz Novelino, ex-aluno de Eurípedes Barsanulfo.

Nos primeiros dias, os trabalhos começavam às dez horas e prolongavam-se até as dezesseis horas. Com o correr dos dias, ampliavam-se, gradativamente, os horários, até que nos últimos dias, avançavam pela noite adentro.

As provas tinham a duração de um mês, sendo iniciadas em novembro.

A partir do segundo dia, efetuavam-se as provas das matérias em todos os cursos, simultaneamente. Assim, quando se realizavam os exames de Aritmética no curso Elementar, estendiam-se aos demais cursos.

As notas eram valorizadas sob rigoroso critério, levando-se em consideração o aproveitamento registrado durante o ano.

Desse modo, o aluno que efetuasse um exame brilhante, mas que não se distinguira durante o ano, não alcançaria a média correspondente ao exame feito.

Nessas ocasiões, a Secretaria do Colégio expedia convites às autoridades locais, aos pais dos alunos, até para a Presidência da República e do Estado e Secretaria de Educação, com o objetivo de assistirem às provas finais do estabelecimento.

Os convidados da cidade acorriam ao recinto do Colégio, cientes de que presenciariam inesquecível espetáculo de ordem intelectual, no qual ficava plenamente demonstrada a capacidade de apreensão de cada aluno, bem como se patenteava o esforço dos professores e, notadamente, sobrepunha-se o ideal de Eurípedes.

Os exames finais representavam o próprio quadro demonstrativo do aproveitamento dos alunos.

A assistência era convidada a participar dos trabalhos da banca examinadora. Não raro, apareciam examinadores dentre os assistentes, colocando à prova os conhecimentos dos alunos.

Nessas ocasiões, eram frequentes os conflitos cordiais entre examinandos e examinadores. Estes nem sempre saíam vencedores da contenda verbalística...

Esse fato vem confirmar a excelência do processo psicológico adotado por Eurípedes na orientação de seus alunos, que se baseia neste conceito: "Proclamemos a verdade, quando dela estamos certos, em quaisquer circunstâncias".

Assim se formavam as personalidades dos alunos de Eurípedes. Firmeza e coragem em todos os momentos. Jamais o triunfo do engodo sobre a lógica dos fatos. Nunca a vitória da incerteza sobre a racionalidade objetiva de determinadas questões.

Esse processo demonstra a qualidade do relacionamento entre alunos e professor, em que se sobressai a liberdade justa e bem orientada, dentro de hábitos puros, que se apoiam no amor aos estudos e ao próximo.

NOTA - O presente capítulo está valorizado por depoimentos assinados pelas seguintes pessoas: Edalides Millan de Rezende, São Carlos, SP; Elith Irani Vilela, Uberaba, MG; Dr. Tomaz Novelino, Franca, SP; Jerônimo Cândido Gomide, Palmelo, GO; Dr. Alfredo Fernandes, Ribeirão Preto, SP; Ana Pinto de Almeida, Araxá, MG; Walter Vieira, Ituiutaba, MG; Júlia Bárbara, São Paulo, SP; e Antenor Duarte Vilela, Barretos, SP.

Capítulo 13

A Farmácia Espírita Esperança e Caridade

Não se sabe ao certo a data do início das atividades da Farmácia alopática, por falta de dados concretos. Contudo, admite-se que Eurípedes tenha inaugurado o funcionamento da mesma no próprio ano de sua conversão à Doutrina Espírita.

Desde os primórdios desse movimento – que, pouco a pouco, assumia proporções gigantescas – Eurípedes voltara para a casa paterna, onde sempre recebeu o carinhoso apoio da mãe e do Sr. Mogico, bem como das irmãs Edirith e Eurídice (Sinhazinha), suas devotadas auxiliares na manipulação dos medicamentos.

O velho pai de Eurípedes revelou-se, sem dúvida, o grande esteio material, no qual o filho se apoiava, no desdobramento da Missão em que Jesus o situara entre as criaturas.

O Sr. Mogico mandara construir um "puxado" junto ao quarto de Eurípedes, onde se instalou a farmácia alopática. Esses compartimentos ficavam à direita de ampla sala de jantar, que limitava os demais aposentos, no lado oposto.

O quarto de Eurípedes dava acesso também à loja comercial do pai, em cujo balcão o moço apanhava os vidros que incalculável número de pessoas ali depositava, diariamente.

Alguns depoimentos de testemunhas oculares relatam o

surpreendente fato de Eurípedes nunca se enganar em relação aos donos dos vidros.

Ninguém recebia vidro trocado, no momento da distribuição geral.

DISCIPLINA EM SERVIÇO

As tarefas realizavam-se no período das quinze às dezessete horas, para os enfermos locais, sob um clima de elevada disciplina, desde o horário estabelecido para o receituário e respectiva manipulação dos medicamentos, desdobrando-se nas tarefas de rotulagem e distribuição, que se fazia para todos, no horário habitual.

Rótulos usados na Farmácia Espírita Esperança e Caridade.

Nesse grande trabalho assistencial, Eurípedes contou com entusiástica colaboração de seus discípulos, que se revezavam em vários setores, incluindo-se: embalagem, despacho e arquivo.

A participação amorosa de D. Meca se fazia sentir no campo dos curativos.

Contam alguns atestados que "ferida que D. Meca punha a mão sarava logo".

Muito valiosa também a contribuição de D. Edirith a favor dos enfermos, na Farmácia, por haver se estendido a vários anos após a desencarnação de Eurípedes.

Salienta o Dr. Tomaz Novelino, em seu depoimento, que muitas vezes vira D. Edirith de pés inchados, pelo esforço incansável dispendido na farmácia, ao tempo de Eurípedes.

Sinhazinha, muito diligente e amiga dos sofredores, trabalhou na Farmácia até seu casamento com o Sr. Ataliba Cunha, que se realizou em 8 de março de 1915.[52]

O dia a dia de Eurípedes assinalou-se marcantemente por uma constante: o trabalho convergente para diferentes pontos importantes, relacionados com a Educação, com os Serviços assistenciais do Grupo Espírita, com as tarefas da Farmácia e as obrigações no escritório da casa comercial do pai, de onde ele auferia os proventos para as suas despesas pessoais e, sobretudo, para os anônimos auxílios diários a irmãos, solicitantes ou não.

Mas o seu dia tinha início pela madrugada, quando efetuava o receituário de fora, cuja manipulação deveria dar-se pela manhã.

Eurípedes manifestava enorme preocupação com o atendimento do receituário e respondia à ternura materna, solícita sempre – nas vigílias do coração – companheira tangível das noites ocupadas em atividades extras:

– A doença não espera por nosso comodismo.

Numerosos testemunhos dão-nos conta do fato muito frequente de Eurípedes surpreender os portadores de pedidos urgentes alta noite ou pela madrugada, com o remédio já pronto, acompanhado da fraterna e indefectível recomendação:

– Vai depressa, meu amigo, doença não espera...

---

[52] D. Sinhazinha continuou, anos mais tarde, o postulado da Fé e Amor na bela Chácara a que já nos referimos, onde constituíra numerosa família. Enquanto encarnada, foi o Anjo da Bondade dos filhos e do marido, bem como dos pobrezinhos da cidade.

Neste telegrama de D. Mariquinhas (D. Maria Rezende Peiró), esposa de Frederico Peiró, vemos a receita do Espírito do Dr. Adolfo Bezerra de Menezes, que assinava habitualmente, na época, "A. Menezes".

O portador corria, agradecido, levando o medicamento e a certeza de que Eurípedes estivera em contato com os Mensageiros da Bondade, antes de sua chegada...

Efetivamente, o Espírito Bezerra de Menezes fora o companheiro dedicadíssimo, o colaborador da Missão esplendorosa, por meio da qual ambos granjearam uma folha de serviços na Seara de Jesus, cujo valor dimensional não podemos aquilatar.

O doce e querido "Médico dos Pobres" manifestava-se a Eurípedes por diferentes mecanismos, de acordo com as circunstâncias, no transcurso do abençoado programa de assistência aos sofredores.

Quando os centros nervosos do médium se ressentiam

pelo desgaste de energias e os processos da intuição se tornavam difíceis, Bezerra utilizava a faculdade mecânica de Eurípedes.

Quando o aparelho mecânico apresentava os primeiros sinais de fadiga – e o serviço não devia sofrer paralisação – o bondoso Bezerra de Menezes servia-se da audição de Eurípedes, ditando-lhe receitas e mais receitas.

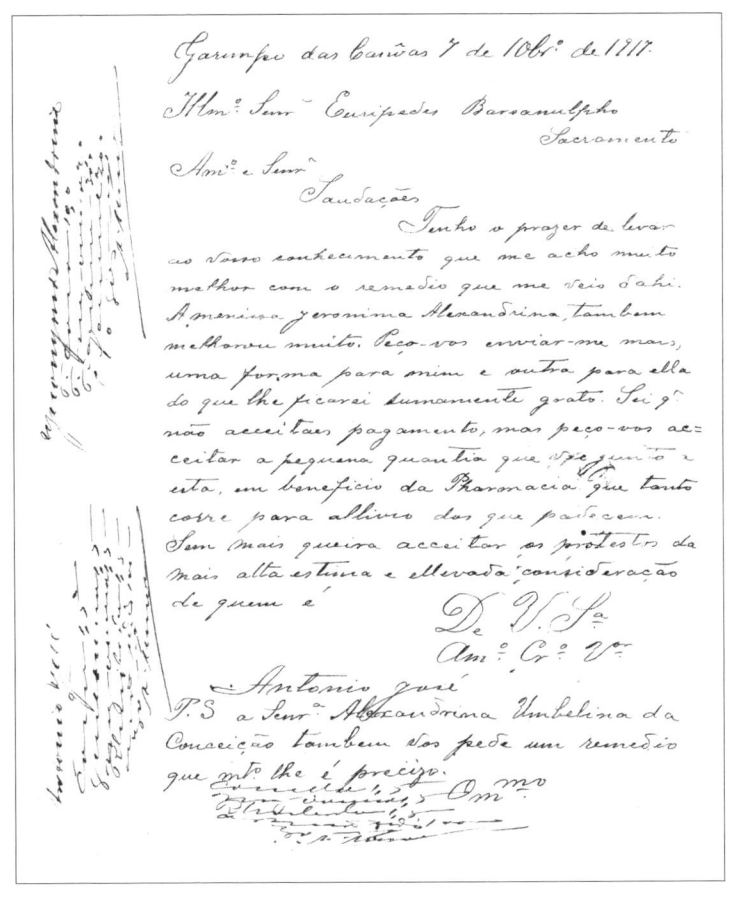

Nas próprias cartas recebidas, habitualmente, o Espírito do Dr. Bezerra de Menezes prescrevia, pelas mãos de Eurípedes, receitas que seriam aviadas gratuitamente pela Farmácia Espírita. A seguir, os medicamentos eram remetidos pelo Correio.

Finalmente, quando o volume do receituário exigia maiores parcelas de rapidez, o magnífico Benfeitor desdobrava, diante dos olhos espirituais do médium, uma tela branca, na qual apareciam as receitas solicitadas.

Como intérprete fiel de Bezerra, Eurípedes atuava também como cirurgião e parteiro. Centenas de intervenções se efetivaram com pleno êxito.

Nenhum caso se perdera, por mais grave se afigurasse.

Não raro, Eurípedes recuava ante um caso mais delicado, no qual divisava um possível fracasso. Bezerra, então, asseverava-lhe que tudo correria bem. Confirmavam-se as palavras do Benfeitor, sempre.

Os trabalhos de Eurípedes caracterizavam-se por indefectível princípio de organização e ordem.

Havia horário para tudo e um lugar determinado para cada objeto no laboratório alopático.

De outro lado, cada auxiliar se compenetrava das próprias tarefas, na hora exata, desdobrando-se num lufa-lufa sem repouso.

Descontando-se as horas que destinava aos banhos diários de imersão – um pela manhã e outro à tarde – e às frugalíssimas refeições, bem como as reduzidas noites de repouso – havia noites em que não se deitava, em virtude do atendimento a enfermos – poder-se-ia efetuar um quadro demonstrativo, com dados aproximativos, para as atividades comuns de Eurípedes:

Atividades diárias

Das 4h às 7h – Receituário de fora.

Das 8h às 10h – Manipulação e despacho dos medicamentos.

Das 10h30 às 15h – Atividades educacionais no Colégio.

Das 15h30 às 17h30 – Receituário local e manipulação.

Das 19h às 21h – Tarefas no Grupo Espírita "Esperança e Caridade", junto a enfermos e obsidiados.

Às quintas-feiras, nas folgas do Colégio Allan Kardec, escrituração da casa comercial de Conquista.

Nas horas de pausa à noite: escrituração da casa comercial de Sacramento.

O LABORATÓRIO

O laboratório funcionava junto à farmácia. Todo o material era guardado cuidadosamente, havendo um lugar determinado para cada objeto.

Do depoimento do Sr. José Rezende da Cunha consta a informação de que Eurípedes adquiria os medicamentos e o instrumental necessários nas melhores firmas especializadas do ramo, em São Paulo e Rio de Janeiro. Dentre elas, assinalam-se a Drogaria do Leão, de propriedade da firma Tenore & De Camillis e a Casa Fretin, de Louis Fretin, ambas de São Paulo.

Encontramos, em três grandes caixas de madeira (caixotes), parte do documentário valiosíssimo, que representa, inegavelmente, o mais importante atestado da faina Missionária de Eurípedes.

Milhares de cartas, oriundas de todo o Brasil, trazendo comoventes solicitações de enfermos do corpo e do Espírito. Em cada uma, Eurípedes apunhava receitas ou orientações de Bezerra, conforme a circunstância.

Em seguida, essa correspondência monumental era colocada em pacotes iguais, que se depositavam em caixas de madeira.

Essa tarefa foi realizada por D. Amália Ferreira de Mello, que, a partir de 1912, tornou-se uma das mais devotadas assistentes de Eurípedes, assumindo as funções de secretária.

Através desse precioso arquivo, pudemos vislumbrar, embora imperfeitamente – dadas as limitações espirituais que nos empobrecem o entendimento –, uma nesga das claridades esplendorosas, que se projetaram de Sacramento.

D. Amália Ferreira de Mello, mais conhecida por Tia Amália, Laura Cais de Oliveira e Maria da Cruz, em 1954, na antiga sede do Lar de Eurípedes, em Sacramento, MG.

A proverbial prudência de Eurípedes levava-o à meticulosa escolha do material com que lidava, a tal ponto que o viajante da firma Tenore & De Camillis, certa vez, asseverou-o, na presença do Sr. José Rezende da Cunha, que anotou o ocorrido:

– O Professor é muito exigente... faz questão do melhor produto...

Ao que Eurípedes redarguiu, prontamente:

– Claro, meu amigo, não compro remédio para mercantilismo.

Nas modestas prateleiras, enfileiravam-se vidros com os medicamentos usados na manipulação da formulagem.

Em um armário com portas de vidro guardavam-se os instrumentos cirúrgicos, como: trocarte simples com cânula, carteira cirúrgica contendo: bisturi reto e 1 bisturi curvo, pinças Peau, tenta-cânula, estilete, 1 porta-algodão, 1 tesoura curva, 1 tesoura reta, 1 jogo de trocartes, 1 pinça para dissecação, 1 pinça microscópica, sonda para homem e mulher, agulhas de satura, etc.

Estampamos uma fotocópia do documento comprobatório da compra dos mencionados objetos, efetuada na Casa Fretin, de São Paulo, em 01 de agosto de 1911.

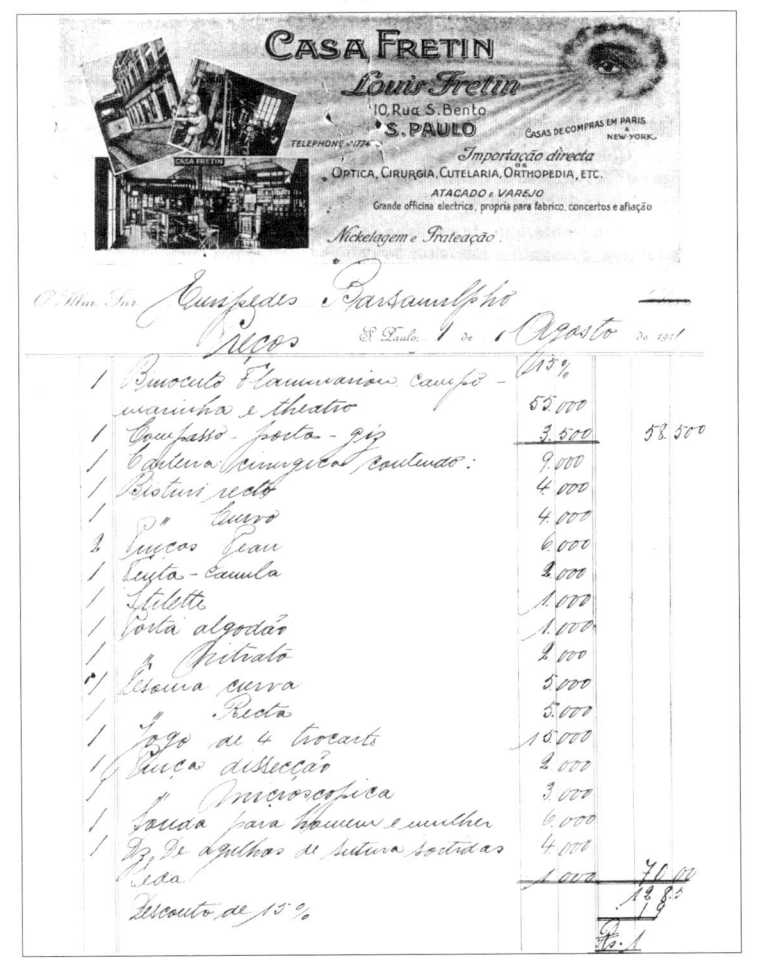

Encontravam-se no mesmo armário, na parte inferior, artigos diversos para curativos, entre os quais algodão americano Johnson, gaze iodoformado, iodofórmio, álcool retificado, bem como caixas de madeira para pomada, caixas para pílulas, potes com tampa de celuloide para pomada, funis diversos.

Mas anteriores a essas movimentações, que testificam a grandiosidade do trabalho realizado na Farmácia Esperança e

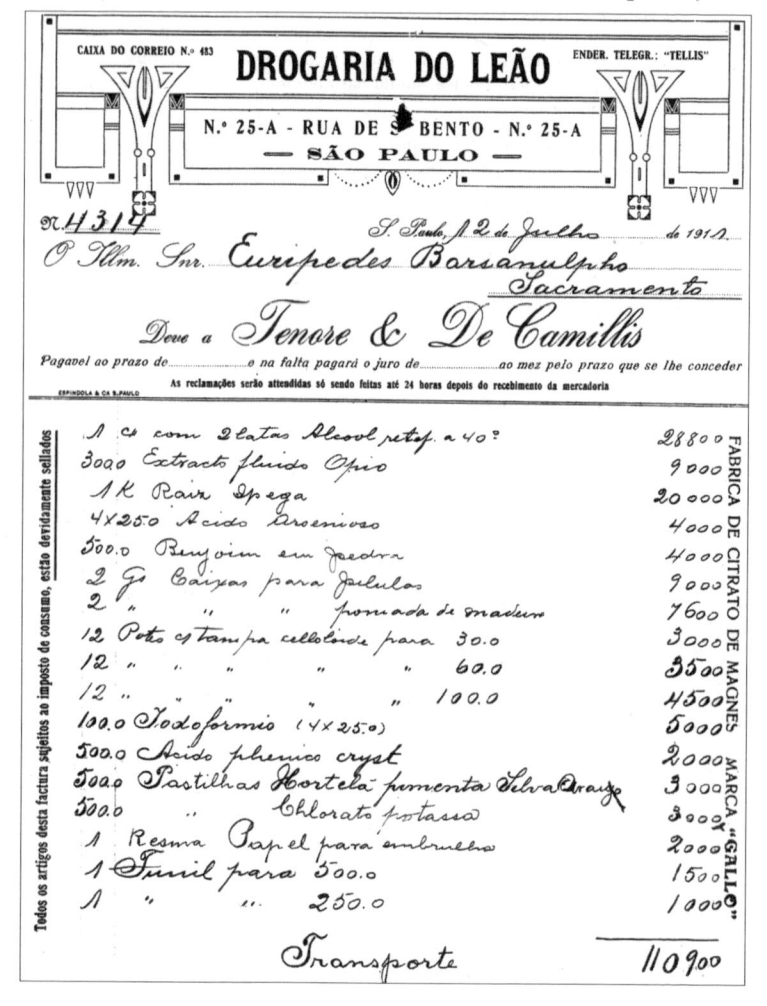

DROGARIA DO LEÃO

CAIXA DO CORREIO N.º 483 ENDER. TELEGR.: "TELLIS"

N.º 25-A - RUA DE S. BENTO - N.º 25-A
— SÃO PAULO —

n. 4314   S. Paulo, 2 de Julho de 1912
O Illm. Snr. Euripedes Barsanulpho
                                           Sacramento
        Deve a Tenore & De Camillis

Pagavel ao prazo de .... e na falta pagará o juro de .... ao mez pelo prazo que se lhe conceder
As reclamações serão attendidas só sendo feitas até 24 horas depois do recebimento da mercadoria
ESPINDOLA & Cª S.PAULO

1 cx com 2 latas Alcool retif. a 40º	28$800
30,0 Extracto fluido Opio	9$000
1 K Raiz Ipeca	20$000
4×25,0 Acido Arsenioso	4$000
500,0 Benjoim em pedra	4$000
2 G. Caixas para pilulas	9$000
2 " " " pomada de madeira	7$600
12 Potes c/ tampa celloide para 30,0	3$000
12 " " " " " 60,0	3$500
12 " " " " " 100,0	4$500
100,0 Jodoformio (4×25,0)	5$000
500,0 Acido phenico cryst	2$000
50,0 Pastilhas Hortelã pimenta Silva Araujo	3$000
50,0 " Chlorato potassa	3$000
1 Resma Papel para embrulho	2$000
1 Funil para 500,0	1$500
1 " " 250,0	1$000
Transporte	110$900

Todos os artigos desta factura sujeitos ao imposto de consumo, estão devidamente sellados
FABRICA DE CITRATO DE MAGNESIA MARCA "GALLO"

Caridade, numerosos documentos de compras encontram-se nos arquivos da *Sala de Eurípedes*. Como elemento da comprovação do espírito organizador de Eurípedes, reproduzimos também importante *balancete* de 1910 e do primeiro semestre de 1911.

Note-se a liquidação periódica de faturas, demonstrando o volume de consumo de medicamentos na Farmácia.

O referido balanço foi efetuado pelo próprio Eurípedes, conforme se depreende do talhe de letra.

Merece ser mencionada a extraordinária tarefa do empacotamento de remédios e respectivo lançamento ao Correio, que era realizada pelos discípulos de Eurípedes nos primeiros anos e, posteriormente, passou ao devotamento de D. Amália Ferreira de Mello.

Balancete da Farmácia Espírita efetuado por Eurípedes, em 1910/1911.

O trabalho ampliava-se de modo gigantesco, vindo a atingir a elevada média de mil atendimentos diários, segundo o testemunho da abnegada secretária.

O desdobramento dos serviços exigia, sobretudo, Amor, que era a força impulsionadora sempre presente nos corações dos obreiros.

O Departamento de Correios e Telégrafos da cidade desenvolveu excelente trabalho, contribuindo para a manutenção do atendimento a numerosas cidades do Território Nacional. Todos os dias, seguiam, sob registro, centenas de encomendas, que proporcionavam ao Correio considerável soma de serviço.

A FARMÁCIA ERA TOTALMENTE GRATUITA

A Farmácia de Eurípedes era totalmente gratuita. A manutenção, altamente dispendiosa pelo volume do atendimento, fazia-se com o salário do moço, auferido na escrituração de duas casas comerciais do pai e com a ajuda espontânea de confrades abastados – entre eles Frederico Peiró e Azarias Arantes e, mais tarde, D. Maria Leite, que remetiam valores em dinheiro para aquisição de drogas medicamentosas.

A propósito, os auxiliares do grande Missionário atestam que, nas fases mais críticas, em que o material da Farmácia escasseava, alguém reclamava:

"Logo não poderemos mais trabalhar... os remédios estão acabando..."

Eurípedes sempre tinha uma palavra de bom ânimo e asseverava que a DAMA DE BRANCO, Entidade de Luz, que anunciava a chegada de novos recursos, não tardaria a aparecer.

Todos passavam a esperar, confiantes. De conformidade com o anúncio de Eurípedes, a DAMA DE BRANCO se revelava ao Médium, simplesmente, sem uma palavra. Naquelas

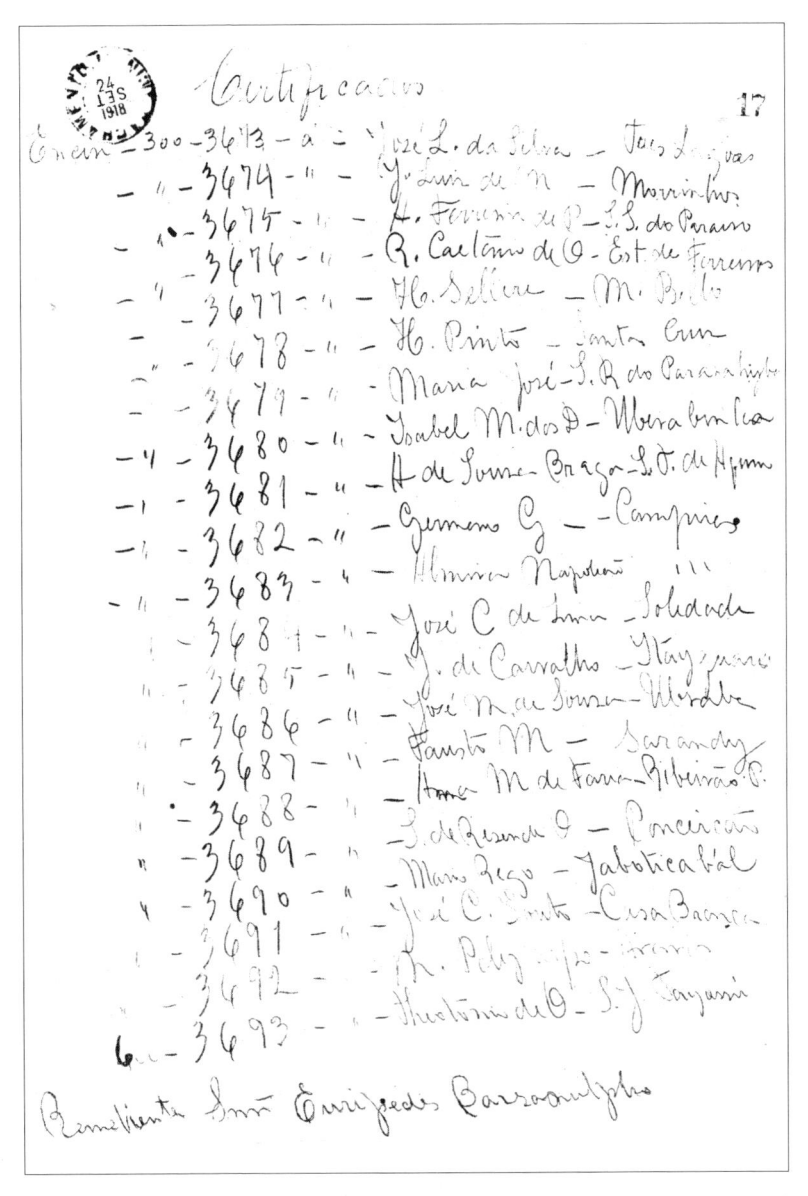

Relação de Certificados do Correio de Sacramento, em 24 de setembro de 1918, referentes aos despachos de medicamentos receitados mediunicamente e aviados pela Farmácia Espírita, com destino a diversas cidades do país.

Lista N° 27
Por 8/100
20 SET 1918

Remedios a se registrarem

Para S. d'Oliva
1 Encom. a´ Osvaldo Bulicani
Para Ouro Fino
1 Encom. ao S. R. d° Primo
Para Ytuyutaba
1 Encom. ao J. Martins
Para Silvestre Alegre
1 Encom. dest. á Francisco B. Alexandre
Para Canna Verde
1 Encom. destá M.ª B. de G.
Para Est. Domingos Vella
1 Encom. ao Ant.° Machand
Para Cambuquira
1 Encom. dest. a Mariana Rosaria
Para Rib. Corrente
1 Encom. ao S. Maria Candida
Para Vr. S. do Parnahyba
1 Encom. ao Sr José Rois Arev.
Para Ytuuara
1 Encom. ao Sr. Elias Jacob M.
Para Igaratara
1 Encom. ao Sr. José Cinhati
Para Bauru
1 Encom. á Sra. Maria Luciana
Para Est. dos Ferreiros
1 Encom. ao Sr. José Caetano Siquin
Para Pat. do Sap.
1 Encom. ao Sr. Antonio Novato
Para Cambuquira
1 Encom. ao Sr. Lucio de Carvalho
Para Porto Alegre
1 Encom. ao Sr. José Patulio Alves
Para M. Queno Batatae
1 Encom. ao Sr. Zephirino Silva

próximas horas, a Farmácia recebia valores suficientes para cobrir o reduzido estoque, conforme constam de numerosas faturas efetuadas pela Drogaria do Leão e pela Casa Fretin, ambas de São Paulo.

Dentre os recursos caseiros, destacava-se a tintura de folha de laranjeira, muito comum na farmácia e que era obtida através de pequeno alambique. A tarefa especial era entregue à dedicação do Sr. Antonio Gonçalves de Araújo, segundo nos informa o Sr. José Rezende da Cunha.

O Serviço Postal prestou grande contribuição à obra de Eurípedes. Centenas de listas, como esta (frente e verso), de "Remédios a se registrarem", redigidas pelo próprio médium, encontram-se nos arquivos da Sala de Eurípedes. O carimbo do Correio assinala 20/9/1918.

Tinturas diversas extraídas de raízes medicinais eram consumidas na manipulação das fórmulas. O trabalho de seleção dessas raízes, nos campos da cidade, Eurípedes o confiava apenas a dois eméritos conhecedores do assunto: os Srs. Miguel Bento e Martim Terra, que anos a fio desempenharam com devotamento a tarefa anônima de Amor.

Na Farmácia, jamais faltava o xarope de açúcar, previamente refinado e preparado pelas mãos carinhosas de D. Meca.

Eis o quadro diário do atendimento a centenas de unidades, na Farmácia Esperança e Caridade.

No quarto de Eurípedes, com dimensões aproximadas de 8m x 3m, uma janela para o quintal, duas portas – uma limitando-se com a espaçosa sala de jantar paterna e outra dando para o laboratório –, instalava-se o Médium e sua equipe de serviço.

Dois horários eram rigorosamente observados para o receituário e os consequentes trabalhos.

Pela manhã – atendia-se aos pedidos de fora.

Das 15h30 às 17h30 – o serviço era dedicado às solicitações locais.

Eurípedes, sentado à sua escrivaninha ampla, era o intérprete do Espírito do Dr. Adolfo Bezerra de Menezes, no receituário.

Em torno, os discípulos Zenon Borges, Alfredo Fernandes e outros cumpriam a delicada tarefa de transcrição das receitas, que eram recebidas nas próprias cartas, para os rótulos da Farmácia. Enquanto outros alunos os colavam nos vidros e os encaminhavam ao laboratório, onde as devotadas Sinhazinha e Edirith – e às vezes Edalides – encarregavam-se da manipulação escrupulosa da formulagem mediúnica.

Em seguida, os vidros eram endereçados à jovem Elith, que, na sala contígua, realizava a embalagem dos vidros que seguiam por Via Postal, sob registro, para diversos pontos do país.

D. Amália Ferreira de Mello, liderando o trabalho de secretária, com dedicação e segurança inexcedíveis, estava sempre atenta a quaisquer observações atinentes ao serviço. Após a tarefa do dia, ela reunia em maços as cartas – onde se apunham as receitas em número médio de quinhentas por dia. Esse material era cuidadosamente arquivado em caixotes de madeira e conservados alguns deles nos porões do Colégio Allan Kardec.

CELEIRO DE LUZ

A missão de Eurípedes guardou estreitas afinidades com a grande tarefa reformista do educador suíço Johann Heinrich Pestalozzi, que, em 1805, fundou o famoso internato de Yverdon, frequentado por estudantes de todos os países da Europa durante os seus vinte anos de funcionamento.

Inclui-se entre estes Hippolyte Léon Denizard Rivail – mais tarde, mundialmente conhecido sob o pseudônimo de Allan Kardec, com que assinou a Obra Codificada.

No autodidatismo consciente de Eurípedes e de Pestalozzi, avulta-se uma constante: o zelo pela manutenção de atividades dos alunos, que ambos enfatizaram como elemento fundamental na formação da infância e da juventude.[53]

---

[53] Pestalozzi, desde os tempos de estudante, participou de movimentos de reforma política e social, destacando-se como defensor dos desamparados.

Em 1774, fundou um orfanato, onde tentou ensinar rudimentos de agricultura e de comércio, iniciativa que fracassou poucos anos depois. Em 1798, Pestalozzi reuniu algumas crianças desvalidas e passou a cuidar delas em condições as mais difíceis.

No currículo adotado no Instituto de Yverdon, as atividades mais estimuladas eram desenho, escrita, canto, educação física, modelagem, cartografia e excursões ao ar livre.

O Método de Eurípedes, com bases essencialmente Cristãs, buscava a interação dos educandos no sublime "Código de ouro das vidas transformadas para a glória do bem".[54]

No trabalho de cada dia, Eurípedes conduzia seus alunos a um novo programa reformador, inteiramente diverso dos conhecidos até então.

Em cada coração, lançava a semente da responsabilidade dos deveres perante Jesus, imprimindo nova conceituação ao sentido "cristianizar".

Para ele, cada novo dia de luta significava maiores acervos de obrigações com o Cristo.

Assim, naquela pequena farmácia, iam-se formando equipes, que se moldavam no trabalho diuturno, cultivando o Amor, em busca do Mestre no santuário das próprias almas.

Numerosos participantes desse celeiro de luz já desencarnaram e hoje fazem parte da falange valorosa de Eurípedes, na Vida Maior.

Dos que ficaram, muitos permanecem na vanguarda de extraordinárias tarefas sob a inspiração de Eurípedes.

A cidade tornava-se o centro de incalculável número de peregrinos em busca de socorros para seus males.

Por outro lado, um levantamento estatístico dos beneficiados locais revelaria, em cada casa, em cada indivíduo, um reduto de informações, onde ficaria testemunhado, em todos os quadrantes de Sacramento, a presença de criaturas que receberam a cura pelas mãos de Eurípedes.

Alguns Missionários da Celeste Misericórdia estiveram

Educadores de todo o mundo adotaram o Método de Pestalozzi e difundiram suas ideias na Europa e na América. (Encicl. BARSA - Vol. 10.)

[54] Emmanuel, *Caminho, Verdade e Vida,* Psicografia de Francisco C. Xavier, Ed. FEB, Rio de Janeiro, RJ, 6ª. Ed., cap. 92.

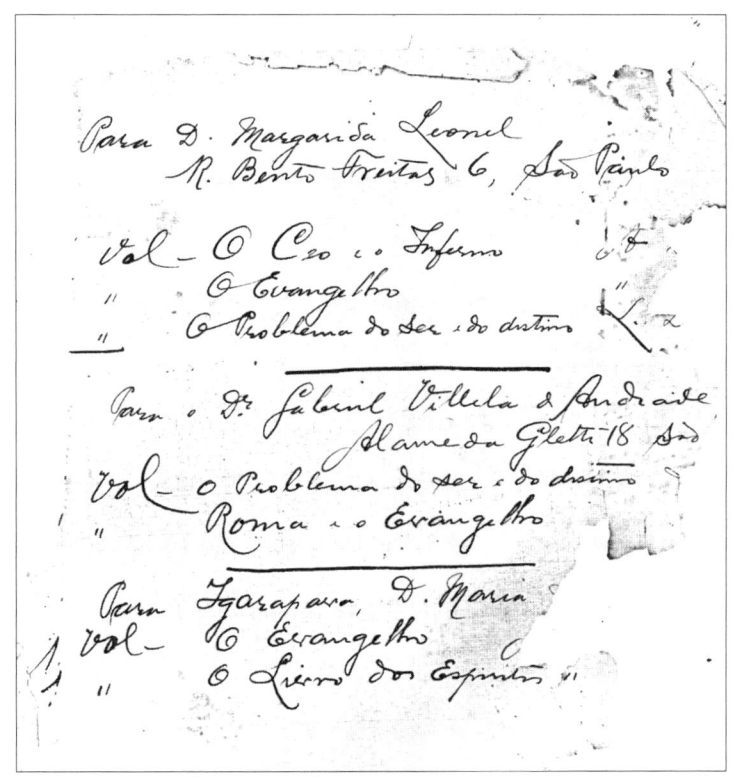

Muitos enfermos recebiam orientação para a leitura de obras espíritas, principalmente de Allan Kardec, tal como se vê nesta relação redigida por Eurípedes.

presentes, no mundo, em diferentes épocas, encontrando-se nesse quadro sublime: Eurípedes.

Ele preparou o caminho que Jesus apontou com a segurança da exemplificação, criando, nas terras sacramentanas, o Evangelho Vivo, que ele soube exaltar em lições eternas no painel do Amor.

Eurípedes valorizou os minutos, atendendo as pequeninas coisas, que se tornaram importantes na Contabilidade Divina.

A Celeste Bondade usou as *mãos limpas* de Eurípedes para operar as maravilhas que milhares de corações agradecidos conservam na memória do reconhecimento.

Raciocinamos com Emmanuel[55], buscando a lógica de tal concessão ao Missionário. E não a encontramos no privilégio divino de doação gratuita à criatura santificada no Amor, mas o salário normal conquistado pelo trabalhador eficiente que, inclusive, já penetrara o ergástulo da carne, trazendo primoroso cabedal de conquistas imortais.

Tais considerações levam-nos aos motivos que conduziram Eurípedes a orientar a mocidade no trabalho edificador.

Ao lado das ciências, cujo poder acatava, ele incluía as excelências do Amor, que eleva as edificações humanas para Deus.

Somente o Criador deve centralizar os objetivos, para cujo centro de luz devem convergir os anseios santificantes da criatura.

Eurípedes foi o abençoado pulso firme, que conduziu centenas de corações jovens à segurança de roteiros luminosos, que ele próprio palmilhara em experiências pretéritas.

Muito comuns eram os fatos que os auxiliares de Eurípedes registraram durante os trabalhos da farmácia e nos interregnos destes.

Dos Depoimentos em nossas mãos, destacamos um do arquivo do Dr. Wilson F. de Mello, fornecido em 1954 por D. Amália, a dedicada secretária de Eurípedes, no qual ela nos relata o seguinte fato:

Achavam-se alguns auxiliares da farmácia reunidos a Eurípedes no intervalo das tarefas do dia. Ele tinha um exemplar da *Revue Spirite* à mão, quando sua atenção se voltara para uma

---

[55] *Op. cit.*, cap. 74.

nota referente à inauguração de uma entidade educacional em Paris. Uma espécie de Liceu de Artes e Ofícios.

Eurípedes elucidou: "O nosso Colégio será futuramente assim. De lá, os alunos sairão com uma profissão".

Essa importante previsão, passados sessenta anos, já se encontrava a caminho da realização, confirmando-se o caráter missionário do médium sacramentano.[56]

Conta-nos o Sr. José Rezende da Cunha em seu importante depoimento que, certo dia, Eurípedes encarregara-o de levar, ao Departamento de Telégrafos, um telegrama para Franca. Tratava-se de uma mensagem urgente solicitada pelo Sr. Mesophante de Castro em favor da menina Dalila, portadora de câncer ósseo (osteossarcoma). ("Menina Dalila 15 anos Rua Misericórdia 52 é necessário amputar a perna? Resposta paga 10 pls.")

Na mencionada orientação, Bezerra de Menezes desaconselhou a amputação da perna da paciente emitindo, em termos telegráficos, taxativo parecer: "Amputação êxito nulo". a. Bezerra.

Os familiares da enferma, contudo, talvez movidos pela esperança, resolveram entregá-la aos cuidados de um cirurgião, que lhe amputou a perna. A menina foi enfraquecendo aos poucos e, cinco meses depois, desencarnou.

---

[56] Sob a inspiração de Eurípedes, ergueu-se, num dos bairros mais pobres da cidade, a Escola de 1º. Grau Eurípedes Barsanulfo para atendimento da população estudantil do mencionado Bairro.

Já se iniciavam as atividades educacionais com o ensino do 1º. Grau e previa-se, para breve, o desdobramento no campo profissionalizante, com várias oficinas.

À frente do empreendimento, encontrava-se o Dr. Tomaz Novelino, de Franca, SP, um dos valorosos discípulos de Eurípedes, que, através de obras educativas do mais elevado teor, vinha honrando e glorificando o nome do Mestre inesquecível.

A grande obra de Sacramento já estava recebendo a valiosa contribuição de outros companheiros dedicados.

No próprio telegrama, datado de 8/2/1918, o Dr. Bezerra de Menezes respondeu, através da mediunidade de Eurípedes, escrevendo na última linha: "Amputação exito nullo".

Da Farmácia, partiram orientações espirituais de grande expressão, tendentes ao desenvolvimento das riquezas imperecíveis dos Espíritos, no convite incessante à identificação com o Pai, em toda parte.

Encontrava-se a cada passo, com resposta de luz às solicitações chegadas por carta ou telegrama, a sugestão da leitura de livros da Obra Codificada por Allan Kardec, especialmente, em lugar dos medicamentos pedidos.

Em várias cidades, por exemplo, Franca, Monte Santo, Uberaba, alguns confrades tomavam a si a incumbência de encaminhar pedidos de enfermos a Eurípedes. Por essa razão, deparamos, frequentemente, com cartas trazendo volumosas solicitações, ampliando cada dia os serviços do receituário e da manipulação.

Nos últimos tempos, atendia-se a uma média de mil pedidos diários.

NOTA – Dados fornecidos por José Rezende da Cunha e Edalides M. Rezende, São Carlos, SP; Amália F. Mello (arquivo do Dr. Wilson F. de Mello); Dr. Tomaz Novelino, Franca, SP.

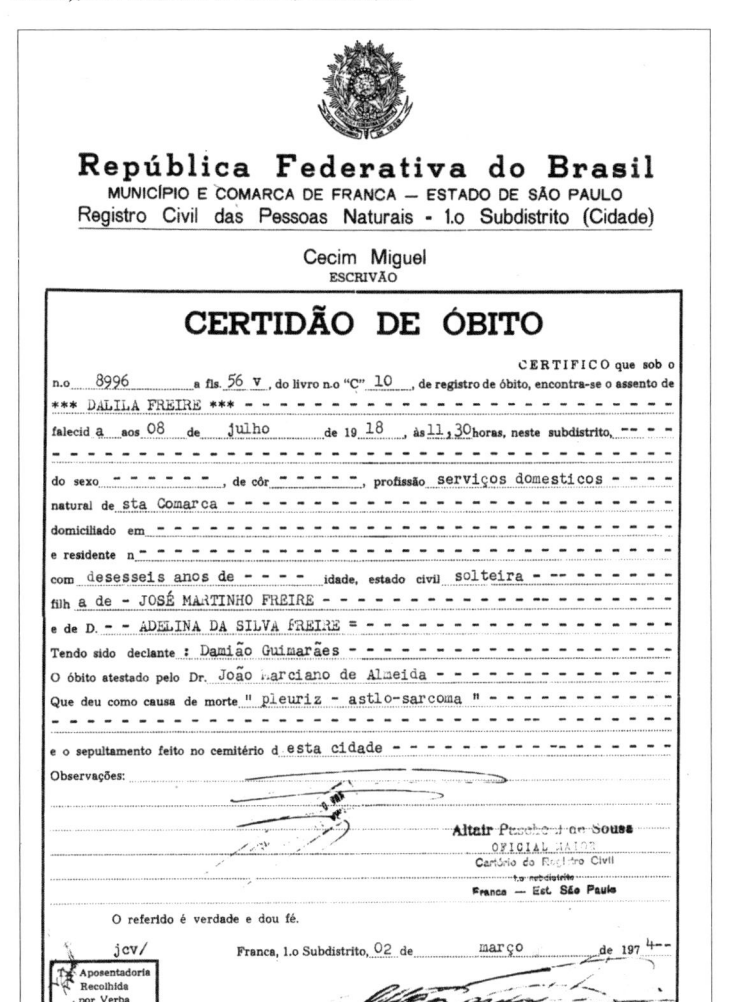

República Federativa do Brasil
MUNICÍPIO E COMARCA DE FRANCA — ESTADO DE SÃO PAULO
Registro Civil das Pessoas Naturais - 1.o Subdistrito (Cidade)

Cecim Miguel
ESCRIVÃO

CERTIDÃO DE ÓBITO

CERTIFICO que sob o n.o 8996 a fls. 56 v, do livro n.o "C" 10, de registro de óbito, encontra-se o assento de *** DALILA FREIRE *** falecid a aos 08 de julho de 19 18, às 11,30 horas, neste subdistrito, do sexo ------, de côr ------, profissão serviços domésticos, natural de sta Comarca, domiciliado em ------, e residente n------, com desesseis anos de ------ idade, estado civil solteira, filh a de - JOSÉ MARTINHO FREIRE - e de D. - - ADELINA DA SILVA FREIRE = Tendo sido declarante : Damião Guimarães O óbito atestado pelo Dr. João Marciano de Almeida Que deu como causa de morte " pleuriz - astlo-sarcoma " e o sepultamento feito no cemitério d esta cidade

Observações:

Altair Pacheco de Sousa
OFICIAL MAIOR
Cartório do Registro Civil
1.o subdistrito
Franca — Est. São Paulo

O referido é verdade e dou fé.

jcv/ Franca, 1.o Subdistrito, 02 de março de 1974

Aposentadoria Recolhida por Verba

Capítulo 14

Eurípedes, homem público

A PARÁBOLA DOS TALENTOS (MATEUS, XXV: 14 A 30), que o Divino Educador apresenta à Humanidade como programa simbólico de estrutura educativa, evidencia as oportunidades de serviços no plano terreno, como norma imprescindível à evolução espiritual.

Eurípedes – espelho cristalino do servo fiel, no desempenho da missão que o Pai lhe atribuíra como Mensageiro da Sua Vontade, também avançara no tempo, multiplicando as horas de devotamento, no incessante anseio de devolver ao Senhor os talentos havidos nos diversos campos de ação, com que enriqueceu a vinha Divina de frutos soberbos, capital de Luz e Amor que realizou dentro de permanente linha de conduta, tendo a humildade como facho sublime.

Admiram-se alguns do fato de haver Eurípedes conciliado sua participação no Legislativo local com as excelsas tarefas nos campos mediúnico, educacional e de assistência a enfermos.

Todavia, o acendrado amor de Missionário ao berço natal chamara-o a colaborar decididamente nas iniciativas que propiciariam à cidade pequenina e esquecida, completamente falha de mínimos recursos de conforto, higiene e cultura, os provi-

> **REPUBLICA DOS ESTADOS UNIDOS DO BRAZIL**
>
> Alistamento de 19_25_
>
> Título de eleitor _____ N. _125_
> Estado de _Minas Geraes_
> Município de _Sacramento_
> Secção _Viagensiro_
>
> **Nome do eleitor**
> _Euripedes Barsanulpho_
>
> **Qualificativos**
> Idade _25 annos_
> Filiação _Henrique e Litta_
> Estado civil _Solteiro_
> Profissão _Professor_
>
> Numero de ordem no alistamento geral
>
> Rubrica do Presidente da Junta de Recursos
>
> Assignatura do Presidente da Commissão de Alistamento
> _José Saturnino Julio de C..._
>
> Assignatura do eleitor
> _Euripedes Barsanulpho_
>
> _Sacramento, 20 de Agosto de 1905_

mentos indispensáveis à construção de uma nova fase de progresso, cabíveis numa comunidade de quatro mil habitantes.

Os cometimentos exigiam esforço e coragem e mesmo até certa dose de audácia, em face das dificuldades a vencer, e reclamavam espírito forte, persistente, tocado de magnetismo santificante como o de Eurípedes para impulsionar o barco rudimentar a bom porto.

Assim, Eurípedes funcionou como Membro da Câmara Municipal de Sacramento apenas nos dois triênios, nos quais a cidade recebeu os maiores benefícios de sua época.

Analisando os livros de Atas do Legislativo local, o vereador Dr. José Rosa Camilo fornece-nos importantes dados referentes à atuação de Eurípedes como homem público, dos quais destacamos os seguintes:

"Os registros da Câmara Municipal guardam as fases de serviços desenvolvidos por Eurípedes Barsanulfo, podendo-se aperceber do valor incontestável de sua presença no Legislativo sacramentano.

Investido no mandato de Vereador, Eurípedes ocupou com sabedoria e extrema dedicação, nesta Câmara, os cargos de membro das Comissões de "Legislação e Finanças", de "Obras Públicas" e de "Instrução Pública", cujos pareceres de cunho essencialmente técnicos e avançados, emitidos numa época em que o nosso município conheceu a mais extraordinária fase de desenvolvimento de sua história (1907-1912), mesmo guardadas as proporções e limitações da época.

Nesse período, a cidade recebeu as seguintes construções: uma usina hidrelétrica para 400 KW; uma ferrovia de 14 Km, a tração elétrica; a canalização da água; o cemitério; o matadouro e outros.

As rendas irrisórias dos Poderes Públicos não permitiam realizações de tal vulto. A cidade não era beneficiada por operações bancárias. Restava o embasamento financeiro particular, especialmente provindo de empréstimos realizados com grandes fazendeiros da época. Desse modo, o Sr. Teodoro Rodrigues da Cunha – importante proprietário de terras férteis e em franca produção – foi histórico financista da Câmara para a construção da Usina do Cajuru, que veio substituir os velhos lampiões a querosene, nas vias públicas, e as fumarentas lamparinas domésticas.

Destarte, é fácil prever-se o quilate das obrigações municipais, na área particular, a fim de cobrir as vultuosas despesas com os empreendimentos já mencionados."

"Soube Eurípedes – acrescentou o Dr. José Rosa Camilo – desempenhar, com desenvoltura e devotamento, segurança e nobreza extremas, a árdua missão de representante da vontade do povo junto ao Poder Legislativo do Município, constituindo-se, paralelamente, em vigilante e arguto colaborador do "Agente Executivo" e "Presidente da Câmara"."

As palavras e decisões do Major Eurípedes Barsanulfo se sobressaíam e eram acatadas como as de um verdadeiro paladino, como se depreende da análise dos registros históricos da Câmara Municipal de Sacramento.

Com a lhaneza de seu caráter asceticamente sério e impoluto, serviu à causa pública com honestidade, primando pelo dever de ser útil a seu berço natal e devotando sempre acurado estudo na análise e defesa das causas de interesse municipal.

No campo da instrução pública, foi muito importante sua participação em favor do desenvolvimento das escolas, então existentes.

No campo particular, já é bem conhecido o seu trabalho ciclópico, desde 1902, com o Liceu Sacramentano e, a partir de 1907, com o Colégio Allan Kardec. É bom que se assinale a ausência de verbas municipais em favor dessa instituição, como comprova o arquivo do Lar de Eurípedes, que guarda recibos de quitação de taxas de água e luz, no consumo do Colégio Allan Kardec.

O pedido de afastamento de Eurípedes dos serviços da Câmara deu-se a 23 de setembro de 1910, em decorrência da prorrogação de mandatos pelo Presidente de Minas Gerais, Júlio Bueno Brandão, que Eurípedes, com seu espírito altamente democrático, entendeu como ilegal. Justificou seu afastamento com base na falta de credenciamento pela representação popular, como se vê em seu pronunciamento, registrado nos registros da Câmara no livro 18, fls. 99 – "In verbis":

Gentileza da Revista Internacional de Espiritismo

"Pediu a palavra o Vereador E. Barsanulpho, e disse que muito agradecia as benevolências do collega M. Borges e sentia não poder servir-lhe por já haver prestado os seus serviços a causa pública em dois trienios já passados, portanto é chegada a quarta época das sessões ordinárias do trienio a findar-se, época azada para fazer sua retirada e com muito pezar deichava seus collegas, não só pelo que já havia dito com relação a autocracia do alto governo, como pelos afazeres que o cerca e mesmo que por attenção deliberasse a continuar nos trabalhos da Camara ser-lhe-ia muito duro prosseguir illegalmente nas funcções do Governo Municipal em continuação no anno futuro de 1911 cujo tempo legal termina-se a 31 de dezembro do corrente anno, época lagalizada pela lei, portanto encarecidamente pedia aos collegas desculpá-lo attendendo seus afazeres que não são poucos tomando a deliberação de hora em diante recolher-se a seu tugurio onde ia tratar de sua missão particular para o que estava as ordens no caracter particular ajudar na causa publica; mas como camarista já havia dito que escrupulosamente não podia exercer de janeiro de 1911 em diante."

A mesma ata registrou parecer do Presidente da Câmara, assim expresso:

"Pelo senhor Presidente foi dito que por sua parte não deichava de externar o pesar que lhe causou em ouvir as palavras do Vereador E. Barsanulpho manifestando sua retirada desta Camara, o que posto a votos foi regeitada unanimemente."

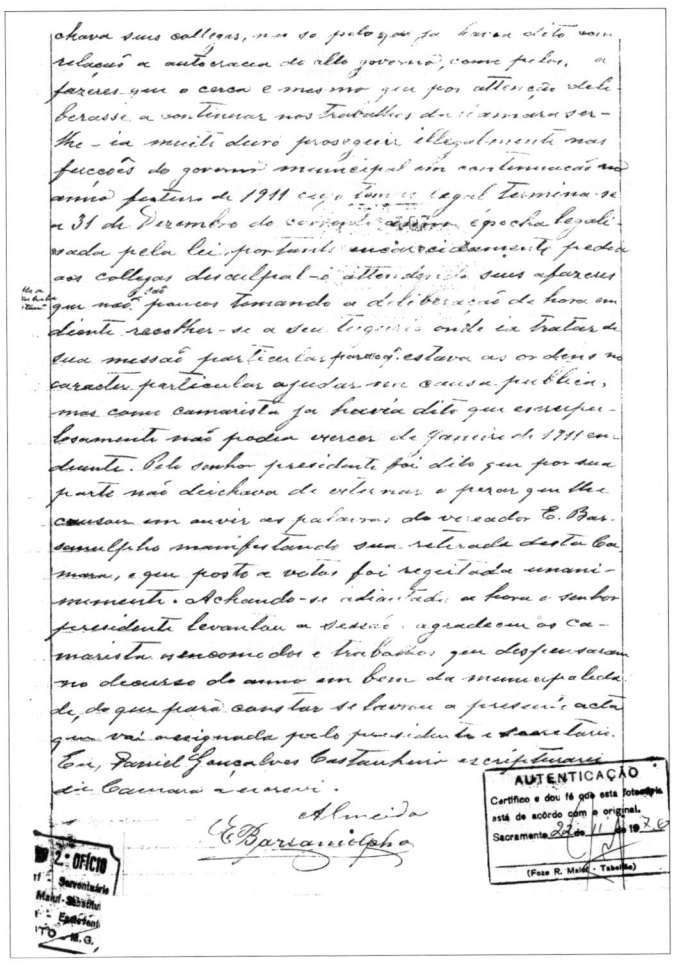

Fac-símile de página dos Registros da Câmara Municipal de Sacramento, datada de 23/9/1910.

Como se vê, os pares de Eurípedes não se conformavam com sua renúncia ao cargo que ocupava na Edilidade sacramentana. Contudo, não permaneceu ele nem mais um dia, além do estabelecido pela Lei, no mandato que exerceu com profundo sentido cívico.

Observe-se nas entrelinhas do seu pronunciamento, que sua *missão* já lhe comandava os esforços na direção do bem geral, sem as limitações restritivas do serviço público.

Os horizontes do Missionário se alargavam, cada dia, em proporções grandiosas, apresentando-lhe paisagens de trabalho ciclópico, que lhe reclamavam os mais decididos testemunhos de firmeza na fé e as mais belas afirmações de Amor ao próximo.

Capítulo 15

Testemunho e definição

MEDITANDO SOBRE UMA DAS MAIS BELAS E SUBSTANCIOsas páginas, estruturadas pela brilhante inteligência de Homilton Wilson[57], nas quais o autor situa a legítima posição de Eurípedes como *Espírita* profundamente conscientizado dos deveres impostos pela Doutrina de Salvação, julgamo-nos aproximar do santuário íntimo de Eurípedes, onde ele entesourou os esplendentes cabedais, que o identificam com o Cristo.

Numa época de desmandos religiosos, em que a pureza da Codificação Kardequiana se chocava com o fermento de velhas fraudes, era natural que lhe atirassem os predouços da incompreensão, em resposta às sanções diuturnas do Amor, a que se entregam os adeptos nos serviços incansáveis.

Eis como o tribuno Homilton Wilson se expressa a respeito de seu irmão em palestra pronunciada no Centro Espírita Eurípedes Barsanulfo, em Ribeirão Preto, SP, a 28/06/1945:

"Eurípedes foi *Espírita*. Realizou, aos nossos olhos maravilhados, quase tudo o que nos ressalta do estudo e da meditação da DOUTRINA DOS ESPÍRITOS, codificada por Allan Kardec – o Missionário da Terceira Revelação.

---

[57] Irmão consanguíneo de Eurípedes e seu discípulo, desencarnado a 19 de julho de 1970, no Rio de Janeiro, RJ.

Longe de nós a presunção de querer revelar-vos à justa (tarefa superior às minhas forças), precisando fatos que minha meninice presenciou, aquilo que até bem pouco julgava serem segredo da vida de Eurípedes.

Somente agora, mercê de sua assistência cotidiana, a mim dispensada, começo a desvendar, arrebatado para ele, procurando-o como o filho que procura o pai, o sedento que procura a fonte. Não posso precisar fatos que dificilmente se escreveriam tal qual se escreveram para sempre nos arquivos misteriosos da nossa alma. Muito palidamente, como o faço agora, diria aquilo que vi, que senti e que sei de toda a sua vida. Ademais, são modestíssimos os títulos de que disponho para o desempenho de tão alto tentame, que bem se ajustaria a outrem mais dotado de percepção lúcida e menos suspeito. Há, porém, um que me pertence de direito divino, e não humano: o título de liberdade de pensamento e de ação, que Deus me deu: o de estar liberto dos preconceitos e do convencionalismo social. É, destarte, na liberdade plena de minha consciência, sem intuitos de agradar ou desagradar, se não para ter o prazer de ver a verdade triunfante, que digo: somente compreenderão a vida de Eurípedes aqueles que conheçam o Espiritismo na sua maior pureza e cumprem o que ele manda.

Alenta-nos a certeza de que ele foi o que somos, e que seremos o que ele é; que gravitaremos em torno dele e que com ele subiremos os degraus amplos da Escada de Jacó.

Eis, pois, em três vocábulos, o que vos poderia dizer em um milhão de palavras: EURÍPEDES FOI ESPÍRITA. É pouco? Muito? Não. É tudo para aqueles que têm coração de sentir, ouvidos de ouvir, olhos de ver, e sentem, ouvem e veem: como simples carpinteiro, como educador, como médium de DEUS, como fundador do Espiritismo (Consolador Prometido), Jesus, o Cristo do Tabor, o Cristo Eterno e Redivivo, é o espelho em que se reflete DEUS NOSSO PAI. Como simples guarda-livros, como educador, como médium glorioso, como ESPÍRITA VERDADEIRO, Eurípedes é o espelho em que se reflete JESUS DE NAZARÉ. Repitamos: EURÍPEDES FOI ESPÍRITA.

Como definia ele o Espiritismo?

O Espiritismo, disse ele, certa vez, diante de seus algozes, graduados representantes do Clero, em tribuna armada na praça pública: "O Espiritismo é ciência e religião; é a mais perfeita e elevada das revelações que ao homem se lhe fizeram; é teísmo sublime, o teísmo por excelência". E provou-o diante dos representantes de Roma, perante o auditório de cerca de dois mil ouvintes, derrotando o antagonista que defrontava, o Padre Feliciano Iague, então residente em Campinas, SP, e que fora levado a Sacramento, bombasticamente, e com muita fama de célebre orador sacro, para fazer calar para sempre o *Espírita* de Sacramento a quem chamava de louco."

☆

A propósito dessa memorável polêmica, surgiram os mais descabidos comentários, o que levou Eurípedes a divulgar importante documento, em que precisou, em termos claros, os itens do Acordo havido entre o Pe. Iague e ele.

Aqui apresentamos, na íntegra, o citado Acordo:

ACORDO E SÍNTESE DA POLÊMICA RELIGIOSA CATÓLICO-ESPÍRITA HAVIDA EM SACRAMENTO, EM 28 DE OUTUBRO DE 1913, ENTRE PADRE FELICIANO IAGUE E EURÍPEDES BARSANULFO.

Acordo

Aos vinte e oito dias do mês de Outubro, do ano de Cristo de 1913, em casa do coronel presidente e agente executivo da Câmara Municipal de Sacramento, José Affonso de Almeida, presentes na sala de visitas, entre outros cavalheiros, cujas assinaturas se seguem abaixo, os Srs. Reverendo Feliciano Iague, missionário do Imaculado Coração de Maria, e Eurípedes Barsanulfo, no gozo que lhes faculta a Constituição Federal, convencionaram-se:

O primeiro a provar:

(a) O Espiritismo é o ateísmo.

Accordo e synthese

da polemica religiosa catholico-espirita, havida em Sacramento, em 28 de Outubro de 1913, entre

PADRE FELICIANO IAGUE E EURIPEDES BARSANULPHO

ACCORDO

Aos vinte e oito dias do mez de Outubro, do anno de Christo de 1913, em casa do coronel presidente e agente executivo da Camara Municipal do Sacramento, José Affonso de Almeida, presentes na sala de visitas, entre outros cavalheiros, cujas assignaturas se seguem abaixo, os srs. reverendo Feliciano Iague, missionario do Immaculado Coração de Maria, e Euripedes Barsanulpho, no goso do direito que lhes faculta a Constituição Federal, convencionaram-se.

O primeiro a provar:
(a) O Espiritismo é o atheismo.
(b) Os factos preternaturaes do Espiritismo não se podem explicar sem a intervenção diabolica.
(c) O Espiritismo não é religião.
(d) O Espiritismo não é sciencia.

O segundo desses senhores provará o contrario.

Combinaram-se mais que falariam alternadamente 1/2 hora cada um, por espaço de 2 horas.

A discussão começará ás 7 horas.

Do que combinaram lavrou-se a presente acta, que vae assignada por ambos e por alguns membros da reunião.

Padre Feliciano Iague, C. M. I.
Euripedes Barsanulpho.

Padre Julião Nunes.
José Affonso de Almeida.
Origenes Tormin.
Wattersides Willon.

SYNTHESE

Em virtude do juizo contravertido, reinante no espirito publico, relativamente á polemica religiosa catholico-espirita, havida entre mim e padre Feliciano, resolvi constituir juiz da mesma todo aquelle que della tiver sciencia, e para tanto dou aqui o seu resumo, cuja publicidade peço a todos os jornaes a que interessam taes assumptos.

O espiritismo é o atheismo.

Porque, disse padre Feliciano, negado um attributo Divino, está negado Deus. Christo, Deus, no entender da egreja, affirma a existencia do inferno; emquanto o espiritismo a nega. Ora, Jesus não podia contradizer-se; si se contradisse, deixou de ser Deus. Em outros termos: Deus declara existir o inferno; o espiritismo o nega; logo, o espiritismo acha Deus ignorante, porque ignora a inexistencia do inferno; ou mentiroso, porque, em a sabendo, declara ser real a sua existencia.

— Euripedes responde:
O atheismo nega Deus. O espiritismo o affirma. Logo, o esptritismo não é o atheismo. O espiritismo não contradiz o Christo, este affirma por palavras e factos a pluralidade das existencias, hoje verificada scientificamente pelas experiencias de Estevão Marata, coronel De Rochas, principe Galitzin, etc., e pela memoria de outras vidas que tiveram, Lamartine, José Mery e outros muitos homens illustres e sabios. Ora, a reincarnação, "o tornar a nascer," exclue o inferno pagão, vulgarisado pela egreja catholica e outras. Logo, o Christo, ensinando "o nascer de novo" tão affirmou, não podia tel-o affirmado, o logar para onde se entrando, de lá não mais se sae. Não podia ensinar ou affirmar o inferno, como o comprehende a egreja, porque mantido o criterio da negação de um attributo divino, negado está Deus, a mansão de penas eternas é a mais formal negação da justiça, do amor, da sabedoria divinos; do que se conclue: existindo o inferno, não existe Deus; existindo Deus, não existe inferno.

Os phenomenos preternaturaes do espiritismo são diabolicos, disse padre Feliciano. São diabolicos disse elle, porque as almas não teem sentidos, porque não teem corpo, não podem communicar-se; os

(b) Os fatos preternaturais do Espiritismo não se podem explicar sem a intervenção diabólica.

(c) O Espiritismo não é religião.

(d) O Espiritismo não é ciência.

O segundo desses senhores provará o contrário.

Combinaram-se mais que falariam alternadamente meia hora cada um, por espaço de duas horas.

A discussão começará às sete horas.

Do que combinaram lavrou-se a presente ata, que vai assinada por ambos e por alguns membros da reunião.

Pe. Feliciano Iague. C. M. I.
Eurípedes Barsanulfo.
Padre Julião Nunes.
José Affonso de Almeida.
Origenes Tormin.
Wattersides Willon.

Síntese

Em virtude do juízo contravertido, reinante no espírito público, relativamente à polêmica religiosa Católico-Espírita havida entre mim e padre Feliciano, resolvi constituir juiz da mesma todo aquele que dela tiver ciência e, para tanto, dou aqui o seu resumo, cuja publicidade peço a todos os jornais a que interessam tais assuntos:

O Espiritismo e o Ateísmo

Porque, disse padre Feliciano, negado um atributo Divino, está negado Deus. Cristo, Deus, no entender da Igreja, afirma a existência do inferno; enquanto o espiritismo a nega. Ora,

Jesus não podia contradizer-se; se se contradisse, deixou de ser Deus. Em outros termos: Deus declara existir o inferno; o Espiritismo o nega; logo, o Espiritismo acha Deus ignorante, porque ignora a existência do inferno; ou mentiroso, porque, em a sabendo, declara ser real a sua existência.

Eurípedes respondeu:

– O ateísmo nega Deus. O Espiritismo o afirma. Logo, o Espiritismo não é ateísmo. O Espiritismo não contradiz o Cristo, este afirma por palavras e fatos a pluralidade das existências, hoje verificada cientificamente pelas experiências de Estevão Marata, coronel De Rochas, príncipe Galitzin, etc.; e pela memória de outras vidas que tiveram Lamartine, José Mery e outros muitos homens ilustres e sábios. Ora, a reencarnação, "o tornar a nascer", exclui o inferno pagão, vulgarizado pela Igreja Católica e outras. Logo, o Cristo, ensinando o "nascer de novo", não afirmou, nem poderia tê-lo afirmado, o lugar para onde, se entrando, de lá não mais se sai. Não podia ensinar ou afirmar o inferno, como o compreende a Igreja, porque mantido o critério da negação de um atributo divino, negado está Deus, a mansão de penas eternas é a mais formal negação da justiça, do amor, da sabedoria divinos; do que se conclui: existindo o inferno, não existe Deus: existindo Deus, não existe o inferno.

OS FENÔMENOS PRETERNATURAIS DO ESPIRITISMO SÃO DIABÓLICOS, disse padre Feliciano.

São diabólicos, disse ele, porque as almas, não tendo sentidos, porque não têm corpo, não podem comunicar-se; os anjos não vêm às sessões espíritas, porque não praticam atos ridículos, como os das danças das mesas, das quedas dos móveis, etc. Logo, não sendo as almas nem os anjos que lá se manifestam, é realmente o demônio ou Satanás.

Barsanulfo falou:

– Fenômenos preternaturais ou milagres, como o entende a Igreja, ignora-os absolutamente o orador: porque sabe que todo fenômeno ocorrido no universo se verifica em virtude das leis naturais, e que toda lei natural tem, entre outros caracteres, os de:1 - ser eterna; 2 - universal; do que infere serem naturalíssimos os fenômenos espíritas, mesmo porque longe está o homem de conhecer todas as leis da natureza.

Diabólicas também não são as manifestações verificadas nos centros espíritas, como a toda a parte, por homens de provada honorabilidade e saber; Não o são: *primo,* porque *sublata causa, tollitur effectus,* suprimida a causa, cessa o efeito: o demônio ou Satanás, como entende a Igreja, não existe, afirmam-no a lógica, o bom senso, a razão, os atributos divinos e a lei do progresso, a que se subordinam seres e cousas – e jamais desmentida pela natureza; *secundo,* porque contra fatos não há argumentos: S. Agostinho fala em receber conselhos e avisos do Além, da parte de Santa Mônica; no monte Tabor, o Cristo põe-se com os seus discípulos em relação visível e audível com Elias e Moisés; os Evangelhistas narram as aparições e a fala dos mortos aos de Jerusalém, logo após o terremoto que se seguiu à morte de Jesus; a aparição, no sepulcro do Cristo, de Espíritos de mancebos à Magdalena e a outras; e para coroar tais fatos, ensinar e declarar que são mais do que possíveis as comunicações dos mortos com os vivos, Jesus, com a sua iniludível autoridade, mostra-se aos discípulos, se lhes apresenta, depois de decorridos três dias de sua morte, e com eles, ensinando e doutrinando, permanece quarenta dias; para não se tornar prolixo, o orador lembra, em definitiva, os ensinos da Igreja, dos quais o seu representante, de momento, mostra-se esquecido, sobre as aparições de Lourdes; as de Margarida e outros Espíritos a Joana d'Arc; dos santos e dos mortos a muitos, e o assinalamento da parte da Igreja de anjos de guarda prepostos à guarda de cada fiel.

O Espiritismo não é religião

Declarou padre Feliciano que religião é o conhecimento das relações existentes entre o homem e a divindade, que toda a religião tem dogmas, princípios e culto interno e externo e deveres para com Deus e o homem; o Espiritismo não os tem; logo, não é religião.

Eurípedes disse ser o Espiritismo religião, filosofia, moral. Define o dicionário Aulete: *"Religião, s.f.,* faculdade ou sentimento que nos leva a crer na existência de um ente supremo como causa, fim ou lei universal". Ora, nenhuma religião proclama melhor do que o Espiritismo a existência de Deus, nem melhor lhe reconhece o infinito das perfeições; pois, na revelação de seus princípios, nada se encontra que negue os atributos divinos.

É moral e é religião: porquanto ensina a todos a solidariedade e a justiça, o amor e o progresso, quando, com Jesus, aconselha: "Não façais a outrem o que não quereis se vos faça". "Amai a Deus sobre todas as coisas e ao próximo como a vós mesmos".

O Espiritismo não é ciência

Não é ciência, disse padre Feliciano, porque toda ciência tem princípios dos quais se podem tirar deduções lógicas e rigorosas; ora, o Espiritismo não os tem: logo, não é ciência.

Eurípedes disse ser o Espiritismo ciência positiva: porque é a ciência do Espírito, da natureza íntima do homem, dos seus destinos e fim. É positiva, porque tem sua origem nos fatos: o magnetismo, a hipnose, o sonambulismo, a radioatividade de todos os corpos e de todos os seres, o êxtase, as visões e aparições de fantasmas dos vivos e mortos, a telepatia e todos os múltiplos fenômenos psicológicos, observados por inúmeros sábios de todos os tempos e lugares.

Eis, em súmula, a essência do que ocorreu na polêmica religiosa havida entre mim e o padre Feliciano Iague, pregador de Campinas, e então em Sacramento.

Sacramento, 1 de 11 – 1913.
EURÍPEDES BARSANULFO.

☆

Após a palavra serena, cheia de amor, de Eurípedes, este encaminhou-se para o reverendo e abraçou-o, num gesto de envolvente fraternismo. Populares exaltados carregaram-no em triunfo pelas ruas de Sacramento, apesar de seu íntimo constrangimento, inspirado na humildade de Missionário do Cristo.

Capítulo 16

O credo de Eurípedes

Foi ao ensejo da memorável vitória de Eurípedes sobre o famoso orador sacro de Campinas, Estado de São Paulo, que ele lançou, aos quatro ventos do Brasil, notável publicação de alto valor histórico – o CREDO QUE EURÍPEDES SUBSCREVEU (E CUMPRIU).

Trata-se do CREDO de Emanuel Darcey, incondicionalmente subscrito por Eurípedes, em noite de 31 de outubro de 1913 – dois dias depois da polêmica acima mencionada.

A publicação do Credo aludido se fez, para ampla vulgarização, encimada pelos belos versos de Victor Hugo, que se seguem:

CREDO

"Tudo se move e exalta e se esforça e gravita;
Tudo se evola e eleva e vive e ressuscita;
Nada pode ficar na surda obscuridade.
D'alma exilada a senda é toda a eternidade,
que se aconchega ao Céu, que a todos nós reclama.

Aos dóceis se atenua a dolorosa flama
da dura provação. A sombra faz-se aurora,

homem e besta em anjos se aprimora;
e pela expiação, escada de equidade,
de que uma parte é treva e a outra claridade,
sem cessar, sob o azul do céu calmo e formoso,
sobe ao universo dor, ao universo gozo."

Victor Hugo.

"CREIO que não temos nossa causa em nós mesmos; que existe, acima do homem e superior à natureza, um Ser Pensante, Infinito, Eterno, Imutável, um Supremo Legislador; que a existência de um Criador, de uma Razão primitiva, é um fato adquirido pela evidência material dos fatos, que o Universo não é nem surdo, nem cego; que a vida não é uma confusão sem fim, um caos informe; que tudo tem a sua razão de ser, seu alvo, seu fim.

CREIO que o Nada é uma palavra vã; que a Morte não existe; que nada morre; que o ser sobrevive ao seu invólucro; que a morte não existe; que a morte não é um termo, mas uma metamorfose, uma transformação necessária, um renovamento; que somos eternos pela base do nosso ser; que nada do que existe pode ser aniquilado; que existiremos, porque existimos.

CREIO que não há aniquilamento, mas sempre estados sucedendo a outros estados, a eterna transmissão de outra ordem de coisas a outra, de uma economia a outra, de um serviço a outro; que tudo renasce; que tudo volta a sua hora, melhorado, aperfeiçoado pelo labor; que o nascimento não é o verdadeiro começo; que nascer não é principiar, mas mudar de figura; que nossas existências não são mais do que continuações, séries, consequências; que sono ou despertar, morte ou nascimento, são uma e a mesma coisa; transição semelhante, acidente previsto.

CREIO que tudo evolui e tende para um estado superior; que tudo se transforma e aperfeiçoa; que o homem marcha sempre e sempre se engrandece; que tudo rola, prolonga-se e renova-se; que a morte não é o único teatro de nossas lutas e de nossos progressos; que o universo é sem lacuna; que há mundos infinitos nesse universo infinito; que o mundo é um ponto que conduz a outro e que os há para todos os graus de crescimento.

CREIO que, saindo desta vida, não entramos em um estado definitivo; que nada se acaba neste mundo; que enquanto um destino humano tem alguma coisa a cumprir, isto é, um progresso a realizar, nada está para ele acabado; que a morte não deve ser tomada senão como um descanso em nossa viagem; que a morte é feixe de caminhos, que irradiam em todas as direções do universo e nos quais efetuamos nosso destino infinito.

CREIO que DEUS não criou almas civilizadas; que a alma humana é o resultado do trabalho da vida; que todos os homens são cidadãos da mesma pátria, membros da mesma família, ramos da mesma árvore; que todos têm origem, destino e aspiração comuns, que todos começaram a ascensão e que estão somente mais ou menos altos; que os mais vis têm por lei alcançar os mais elevados.

CREIO que o homem não é o último anel que une a criatura ao Criador; que não somos os primeiros depois de DEUS; que temos ao menos tantos degraus sobre a cabeça como abaixo dos pés; que a vida está em toda parte, que a alma está em toda coisa, que o corpo envolve um Espírito; que o homem não é o único; que é seguido de uma sombra; que todos, o próprio calhau miserável, tem atrás de si uma sombra, uma sombra diante deles; que todos são a alma que vive, que viveu, que deve viver.

CREIO que a harmonia do Universo se resume em uma só lei; que o progresso por toda parte é para todos, para o animal como para a planta, para a planta como para o mineral; que tudo segue a mesma rotação, que tudo morre da mesma maneira e morre ultimamente; que a vida sorve todos os seus elementos da própria morte; que cresce por série contínua de transformações infinitas, que parte do infinitamente pequeno e marcha para o infinitamente grande.

CREIO que tudo que vive é encarnação; que toda evolução, toda transformação é encarnação; que as criaturas sobem no crescimento d'alma como no dos invólucros; que o homem é o Espírito encarnado; que a alma não é criada ao mesmo tempo que o corpo, que ela é apenas incorporada; que a encarnação é uma lei da natureza, uma necessidade absoluta, consequência lógica da lei do progresso; que todo o homem é um resumo de existências anteriores, que se compõem de numerosos personagens, formando um só.

CREIO na pluralidade dos mundos, na multiplicidade das existências, na universal ascensão dos seres, na progressão contínua da alma, com os seus transportes, seus recuos, suas crises e as sanções que daí decorrem.

CREIO que, neste Universo, obra da Infinita Sabedoria, nada acontece pelo jogo do acaso; que nada se faz sem uma Soberana Justiça; que toda desordem não existe senão em aparência; que não há acaso nem fatalidade; que há forças, leis, que ninguém pode derrogar; que todas as coisas do mundo têm ligação entre si; que nada é isolado; que o mundo material é solidário com o mundo espiritual e que ambos se penetram reciprocamente; que tudo se mantém, tudo se concorda, tudo se encadeia, e se liga, sobre o ponto de vista moral como físico; que na ordem dos fatos, dos mais simples ao mais complexos, tudo é regulado por uma lei.

CREIO que a lei moral é uma verdade absoluta; que a Justiça, a Sabedoria, a Virtude, existem na marcha do mundo, tanto quanto a realidade física; que não se pode transpor, sem trabalho e sem mérito, um grau na iniciação humana; que o Espírito deve chegar só, por si, à verdade e que tem de tornar-se merecedor de sua felicidade; que a felicidade, para ter tido o seu preço, deve ser adquirida, e não concedida.

CREIO que a vida não é um jogo, uma ilusão, que a verdadeira vida não é a que multiplica os gozos; que a felicidade tal qual a entendemos não pode existir; que é preciso que o esforço subsista neste mundo; que não estamos aqui para gozar, mas para lutar, trabalhar, combater; que a luta é necessária ao desenvolvimento do Espírito; que o verdadeiro fim da vida consiste no dever que incumbe a todo ser humano de subjugar a matéria ao Espírito.

CREIO que o homem é justificado não por sua fé, mas por suas obras; que a prática do bem é a lei superior, a condição *sine qua non* de nosso futuro; que a santidade é o alvo a que devemos chegar; que não se pode fazer tudo impunemente; que a felicidade e a desgraça dos homens dependem absolutamente da observação da lei universal, que rege a ordem em a natureza.

CREIO que existem um Inferno e um Paraíso filosóficos, isto é, um sistema natural que liga entre si, intimamente, as causas além e aquém do tempo; que sempre nos sucedemos a nós mesmos; que sempre determinamos, por nossa marcha presente, a marcha que seguiremos mais tarde.

CREIO que o presente determina o futuro; que cada homem tece, em volta de si, o seu destino; que se torna sem cessar o que mereceu ser; que nenhum desvio do caminho reto fica impune; que os que dele se afastam serão a ele levados fatalmente; que o progresso é uma lei soberana a qual ninguém resiste; que não há um defeito, uma imperfeição moral, uma ação má que não tenha a sua contradita e suas consequências naturais; que não há ato útil sem proveito, falta sem sanção; que não há ação que possa sonegar-se.

CREIO que cada um deve a si mesmo a sua sorte; que cada um cria as suas alegrias como as suas penas; que o homem é o seu próprio algoz; que se remunera e se pune a si mesmo; que colhe o que semeia e nutre-se do que colhe, debilitado ou fortificado pelos alimentos que ele próprio produziu; que a alma transporta em si mesma o seu próprio castigo, em todo o lugar em que se possa encontrar; que o inferno não é um lugar, mas uma condição de ser, um estado da alma; que pertence a cada um de nós sair dele ou aí nos manter.

CREIO que a pena não está senão na falta; que é impossível que essas coisas possam separar-se; que o sofrimento não é o resultado do acaso; que toda lágrima lava alguma coisa; que dor e culpabilidade são sinônimos; que o homem em evolução é tributário de seus erros e de seus maus pensamentos; que somos nós os instrumentos de nosso próprio suplício.

CREIO que toda vida culposa deve ser resgatada; que toda falta cometida, todo mal causado, é uma dívida contraída, que deve ser paga no momento ou noutro, quer em uma existência quer na outra; que a fatalidade aparente, que semeia de males o caminho da vida, não é senão a consequência do nosso passado, o efeito produzido pela causa; que a vida terrestre é, ao mesmo tempo, reparação e preparação; que nenhum de nós é o que deve ser e que é preciso que a razão se cumpra, que a justiça se faça e o bem seja.

CREIO que cada nova existência é um novo ponto de partida, em que o homem é aquilo que se fez; que renasce com o seu débito e com o seu crédito; que nada perde do que adquiriu; que o esquecimento temporário do passado é a condição indispensável de toda provação e de todo o progresso; que é preciso que o esforço seja livre e voluntário; que o conhecimento dos fatos anteriores e das sanções inevitáveis embaraçaria o homem, em lugar de ajudá-lo; que é justo e necessário que, em seu estado atual, o passado e o futuro lhe sejam ocultos.

CREIO, enfim, que a revelação é progressiva, que a verdade se desvenda sempre, segundo os tempos e os lugares; que estamos na aurora da vida consciente e que marchamos, todos, na solidariedade universal, através de vidas sucessivas para a infinita perfeição; que o futuro encerra e que tudo foi criado tendo em vista um bem final; que o Bem é a lei do Universo e o Mal, um estado transitório, sempre reparável, uma das fases inferiores da evolução dos seres para o bem; que nada de irremediável pesa sobre nós; que tudo se apaga; tudo se dissolve; que a dor é libertadora, que nada é negro, nada é triste; que tudo acaba bem e que não se tem senão de esperar a sua hora em um mundo ou em outro."

Capítulo 17

O testemunho

Jesus adverte, através do Evangelho de Lucas, 21,13: "E vos acontecerá isto para testemunho".

Na catalogação dos testemunhos com o Cristo, Eurípedes credenciou-se, no correr dos séculos, como discípulo sincero da Boa Nova, sendo conduzido, em fases diversas, ao sacrifício, em momentos de perseguição às ideias salvadoras do Evangelho.[58]

Viveu a derradeira trajetória terrena nas dimensões superiores do Missionário, que não aspirou senão à glória do testemunho da própria consciência, no desdobramento de sua imensurável obra de Amor.

---

[58] Na revisão dos processos instaurados no Sinédrio – desde as perseguições de Saulo de Tarso ao Cristianismo nascente, reavivaram, décadas mais tarde, os movimentos de repressão aos seguidores do Evangelho, na Palestina.

Eurípedes, então muito jovem e pupilo de Inácio, de Antióquia, tornara-se ardoroso propagador da Boa Nova, na Judeia, onde foi sacrificado.

(Revelação inédita de Emmanuel, através de Francisco Cândido Xavier).

Em *Ave, Cristo!* – romance de Emmanuel – Psicografia de Francisco C. Xavier – Ed. FEB – vamos encontrá-lo duzentos anos após o flagício de Jesus como Rufo – um cristão, escravo de Roma, radicado nas Gálias, onde se dedicara aos serviços do Evangelho.

Foi novamente sacrificado por haver defendido, com desassombro, sua posição, nos campos da fé.

Todavia, essa glória é tão grande que o *Mundo não a proporciona, nem pode subtraí-la. Porque o testemunho da consciência se lhe transformou no tabernáculo do Cristo Vivo.* (Emmanuel – *Caminho, Verdade e Vida* – Psicografia de Francisco C. Xavier – Ed. FEB, Rio, RJ.)

Eurípedes viveu intensamente a glorificação do próprio ser íntimo – eis porque encontra o Pai nas telas do infinito - em toda a obra perfeitíssima da Criação – numa emocionante integração com a Onipotência Divina, diante da qual se prosterna, nos grandes transportes de sua alma luminosa.

Por tais motivos, devem-se entender as transcendentes situações, que transformaram sua vida em lídimo manancial de gestos surpreendentes e incomuns – porque caracterizam o homem incomum e sua obra diferente, profundamente assentada nas raízes do Amor.

O objetivo do presente capítulo é o de simples análise das reações desse homem singular, em face dos impactos desferidos por adversários gratuitos da Luz, nas tramitações do Processo Criminal que o Círculo Católico de Uberaba imputou-lhe em 1917.

Por outro lado, relacionaremos os importantes fatos que se evidenciaram naqueles dias ensombrados.

Eurípedes fora intimado a comparecer às 19 horas, do dia 22 de outubro de 1917, no Paço Municipal, a fim de prestar declarações no inquérito policial ora aberto para avaliação das denúncias, como incurso nos crimes previstos nos Arts. 156 e 157 do Código Penal.

O ato chegara da parte do Sr. Delegado Especial Dr. Arnaldo Alencar Araripe, de Uberaba, no momento em que Eurípedes, de valise em punho, preparava-se para ir ver alguns doentes.

Era uma terça-feira melancólica.

A notícia espalhara-se pela cidade como um relâmpago. A praça da Câmara encheu-se de muita gente amiga de Eurípedes.

No ar, pairavam sombras de gerais apreensões, misturadas à curiosidade de alguns poucos indiferentes.

À hora indicada, Eurípedes compareceu ao local determinado pela autoridade competente.

Trazia a sua valise, pois dali sairia às visitas programadas, junto a enfermos.

Tomara conhecimento da denúncia com grande serenidade.

Compreendeu, de início, que não era o "charlatão", o visado pela incompreensão humana, mas pura e simplesmente a Doutrina Espírita e um dos Medianeiros dos Espíritos Superiores na consecução do Bem.

Que a justiça dos homens castigasse nele o que a Justiça Divina – indefectível e eterna – aprovara plenamente.

O frágil entendimento humano andava muito claudicante na sua postura pretensamente austera. Mas tudo se justificava na esfera da incompreensão humana, desde que se lhe atribua a marca da ignorância às Eternas Leis do Amor e da Justiça.

Esses pensamentos sustentavam Eurípedes na hora difícil.

O interrogatório prosseguia, a hora avançava e uma só preocupação lhe assoberbava o Espírito: os seus doentes. Estavam alguns em estado grave e aguardavam-lhe a assistência pessoal.

Quando, finalmente, encerrou-se o trabalho de S. Excia. o Delegado Especial, Eurípedes a ele se dirigiu, humilde:

– Poderá V.Excia. conceder-me permissão para retirar-me?

– Que vai o senhor fazer? – indagou o representante da justiça, com os olhos fitos na valise de Eurípedes.

– Ver meus doentes, senhor.

O desassombro de Eurípedes impressionou vivamente o Dr. Araripe, que nele viu um indivíduo excepcional, que estava disposto até ao sacrifício pelos seus doentes...

Enquanto as atenções do Sr. Delegado Especial se voltavam para as testemunhas arroladas, Eurípedes saía discretamente, apanhando a porta central do edifício da Câmara Municipal.

Lá fora, compacta multidão acercara-se dele. Todos queriam conhecer as ocorrências.

– Nada de grave, meus amigos. Voltem para seus lares, enquanto eu vou dar um giro pelas casas de alguns enfermos.

A palavra serena, aliada ao ato, teve o condão de asserenar os ânimos.

Fraccionaram-se os grupos, encaminhando-se algumas pessoas para seus lares.

Outras, porém, inconformadas, aguardavam novidades.

Os comentários corriam à boca pequena. A cidade estarrecia-se ante a ignomínia que alguns cérebros dementados lançavam contra Eurípedes.

Poderiam, acaso, desempenhar a missão de renúncia e de Amor, que Eurípedes vinha realizando, havia anos, a favor de todos?

Infelizes que não meditaram um momento sobre a situação de dor em que atirariam os mais pequeninos, caso as mãos socorredoras do benfeitor lhes faltassem...

Essas elucubrações lançavam o fogo da inquietude nas almas, que se colocavam ao lado de Eurípedes, naquela noite carregada de tristezas e apreensões.

Ao regressar a casa, após as visitas programadas, Eurípedes relatou os lances da tarde, sintetizando propositalmente, a fim de evitar preocupações maiores aos pais e amigos, que o aguardavam.

Salientou, todavia, que era fundamentalmente importante o impositivo do esforço no Bem, no desdobramento das tarefas socorristas.

Tudo correria normalmente nas oficinas de trabalhos, que Jesus confiou a seareiros leais. Cada um permanecesse no seu posto, cuidando das obrigações sagradas. O resto pertencia a Deus. Somente a Divina Providência pode ditar roteiros para as necessidades humanas. Porque apenas Ela conhece as deficiências de nossos Espíritos.

A palavra de Eurípedes, eivada de serenidade e imantada de vibrações poderosas, atingiu as fibras emocionais dos entes queridos que o ouviam. Lágrimas banharam as faces dos velhos pais, dos familiares e dos amigos. Nos corações, instalava-se, mais segura que nunca, a certeza de que o serviço ao próximo tem força de lei, em todos os domínios da Criação, em todos os momentos.

☆

Todas as testemunhas arroladas evidenciaram gratidão ao Benfeitor com depoimentos inspirados e favoráveis ao acusado. Seus nomes também ficaram registrados no reconhecimento da família e dos amigos de Eurípedes. Foram as seguintes: Manoel Correa, Lindolfo Fernandes, Antonio Gonçalves de Araújo, Azarias Arantes e Maximiliano Cláudio Diamantino.[59]

☆

---

[59] Ver Dr. Inácio Ferreira, Subsídio para a *História de Eurípedes Barsanulfo*, Editado pelo Autor, Uberaba, MG, 1962.

Terminados os trabalhos da noite, Eurípedes fora repousar.

D. Amália, porém, ficara, até as primeiras horas da manhã, escrevendo a amigos de diversas cidades, a fim de comunicar-lhes o ocorrido.

Tal fato, confessa a dedicada secretária, dera-se à revelia de Eurípedes.

As cartas foram lançadas ao Correio naquela manhã. Os trabalhos da farmácia e do receituário prosseguiam no horário habitual.

Em todas as fisionomias, excetuando-se a de Eurípedes, lia-se profundo abatimento interior.

Alguns dias depois, Eurípedes encontrava-se à sua mesa de trabalhos, quando D. Amália e os demais auxiliares anotaram a seguinte notícia:

– Bezerra de Menezes – assinalou Eurípedes – acaba de anunciar-nos que grandes e brilhantes artigos de defesa já estão sendo editados.

Efetivamente, os discípulos do Curso Superior do Colégio Allan Kardec haviam endereçado excelente matéria a jornais leigos e espíritas de algumas cidades da região.

Esses periódicos começaram a chegar nos dias subsequentes.[60]

Entrementes, os amigos de Eurípedes corriam a oferecer-lhe préstimos. Alguns desejavam eliminar os autores da nefanda acusação.

O trabalho desenvolvido por Eurípedes, nesse passo, foi tremendamente difícil. Foi-lhe necessário lançar mão de variados processos de persuasão para anular esses sentimentos de revolta dos Espíritos.

---

[60] *Op. Cit.*, págs. 42 e seguintes.

Certo dia, suplicara ele, chorando, a um amigo mais empedernido nos intentos de represália:

– Por favor, meu irmão! Os senhores fazem-me sofrer muito mais que meus acusadores. Serei a mais infeliz das criaturas se um dos senhores tornar-se assassino por minha causa.

Por outro lado, a vida de Eurípedes estava à mercê da sanha de seus adversários gratuitos, que colocavam jagunços – mercenários profissionais – a vigiar-lhe os passos, à espera do momento propício para exterminá-lo.[61]

Por várias vezes, Eurípedes fora avisado por Benfeitores Espirituais, atentos na preservação de sua vida, acerca dessas tentativas escusas.

Certa noite, bateram-lhe à janela do quarto conforme o hábito dos que vinham em busca de medicamentos para enfermos em estado grave.

No instante em que se dispunha ao atendimento, Eurípedes ouviu a voz alertadora de Bezerra de Menezes:

– Não abra! Está aí alguém para matar você.

Eurípedes obedeceu. Não insistiram nas pancadas. E confirmou-se, mais tarde, através da confissão espontânea do infeliz assalariado das sombras, o gesto infeliz.

De outra feita – noite alta – Eurípedes fora chamado a atender a uma parturiente. Ao portador, ele solicitara que fosse para junto da enferma, enquanto arrumava o material necessário na sua valise. O aflito homem foi-se, agradecido à lembrança generosa.

Enquanto preparava o indispensável para aquela conjuntura delicada, Bezerra lhe disse:

---

[61] Costume da época, mormente nas cidades do interior.

— Na esquina da Câmara Municipal, esperam-no dois indivíduos para eliminá-lo. Nada, porém, lhe acontecerá. Você terá o amparo do Alto.

Eurípedes apanhou o chapéu e saiu, coração envolvido nos fios de ouro da prece.

Ao passar pelo local indicado, divisou dois vultos em atitude suspeita.

— Boa noite, irmãos!

A saudação, profundamente ligada à divina fonte da paz, atingiu aquelas pobres consciências. Porque ambos corresponderam, descobrindo-se num gesto reverente.

— Boa noite, S'Eurípedes!

E fora, realmente, uma "boa noite" para Eurípedes. Sua tarefa junto da enferma coroara-se de êxito. E, sobretudo, conseguira, com sua humildade, emocionar aqueles que buscavam tirar-lhe a vida, o que vale evidenciar-se a ventura de haver propiciado, a corações inscientes do Bem, o primeiro passo para o encontro com a própria consciência.

À cidade começaram a aportar caravanas de amigos, organizadas especialmente para trazer a Eurípedes o conforto da solidariedade.

Telegramas, cartas e mensagens telefônicas chegavam às centenas, diariamente.

O povo reunia-se em comícios pacíficos, hipotecando apoio ao grande benfeitor.

Discípulos de Eurípedes guardam, com o maior carinho, a lembrança dos acontecimentos, e alguns assinalam que o Dr. Araripe fora assistir à aula de Evangelho na quarta-feira imediata à intimação feita a Eurípedes.

Horas inesquecíveis, em que a palavra serena de Eurípedes penetrava o tabernáculo dos corações, lançando aí as sementes do Amor.

Estudioso como sempre fora, Eurípedes havia aprendido, na hermenêutica dos Direitos Civis e do Código Penal, com base em jurisconsultos abalizados, os elementos atinentes ao próprio caso.

Mas, naquela tarde, impressionou vivamente ao Delegado Especial com a interpretação do julgamento do Mestre Jesus.

Projetara quadros da condenação, evidenciando os momentos de dores acerbas para tantos corações anônimos, que, juntando-se à multidão inconsciente, formavam a minoria esclarecida, despertada para o Reino das Verdades Eternas.

A explanação vívida, robustecida por grandiosas tomadas inspirativas, dominava a todos os presentes com profunda emoção.

Eurípedes concluiu a peroração comovedora, solicitando aos corações amigos que permanecessem fiéis aos propósitos de concórdia e serenidade.

Era dever imperioso de todos a manutenção do espírito de ordem e, sobretudo, de perdão a fim de que pudessem estar cada vez mais próximos do Cristo de Deus.

Ao final das lições evangélicas, o Dr. Araripe acercara-se de Eurípedes, rogando-lhe escusas pelos acontecimentos da véspera e que se inteirasse de que cumpria ordens superiores, com profunda repugnância pessoal.

Eurípedes confortava-o com expressões de carinhosa simpatia, afirmando-lhe que bem lhe compreendia a posição difícil naquela conjuntura, mas era necessário que ele cumprisse com o seu dever.

O Delegado Especial despediu-se expressando sua

emoção nas lágrimas silenciosas, que lhe brotavam espontâneas da alma sensível.

☆

O processo corria de um Juiz de Paz para outro, no pequeno termo de Sacramento, cumprindo determinações superiores.

Todavia, os vigilantes da lei preferiam declarar-se, por motivos vários, impossibilitados de pronunciar-se e, quando instados por injunções superiores ao cumprimento das atribuições, afetas ao *caso Barsanulfo* – pacificamente renunciavam ao cargo, por sinal, eletivo.

Enquanto a campanha difamadora não conhecia tréguas, através dos Boletins do Círculo Católico de Uberaba e pelas colunas do *Lavoura e Comércio* – daquela cidade, inteiramente distanciada dos princípios de ética para não dizer-se das recomendações cristãs – essa campanha atingiu os mais baixos níveis de compostura jornalística.[62]

Desde a primeira hora, amigos e correligionários de Eurípedes, em Uberaba, reuniam-se em casa do Sr. João Modesto dos Santos.

Eis como nos relata o fato o Dr. Inácio Ferreira, no seu livro *Subsídio para a História de Eurípedes Barsanulfo*:

"Um portador enviado a Sacramento de lá voltava com a resposta de Eurípedes: 'Não reagiria nem tomaria qualquer atitude hostil. Recomendava calma e que se procurasse evitar qualquer atitude precipitada.'

Apesar dessa atitude e recomendação, continuaram as reuniões.

Ficaram estabelecidos a defesa e protestos pelo *Jornal do*

---

[62] Ver *Subsídio para a História de Eurípedes Barsanulfo,* pág. 37.

Triângulo, de propriedade do Sr. João Modesto dos Santos, que punha as colunas do mesmo à disposição de todos os seus colaboradores, enfrentando toda e qualquer consequência.

Poderia faltar o pão para os seus filhos, mas o papel para a defesa daquele missionário jamais faltaria!

Originaram-se daí os primeiros artigos de defesa e os primeiros boletins de protesto.

A campanha de defesa foi orientada e dirigida pelos jornalistas Alceu de Souza Novais, Robespierre de Mello, Lafayete de Mello, Prof. João Augusto Chaves e outros.

Época de domínio clerical e sob coação intensa, não só as devoluções foram chegando em quantidade como, também, ameaças de empastelamento do jornal.

Mais do que nunca, fizeram-se sentir também os efeitos da política, com perseguições de toda ordem, ameaças de transferências e demissões.

Todavia, o jornal aumentava continuamente as suas tiragens, satisfazendo a finalidade da campanha e o grande número dos seus apreciadores.

A campanha durou meses, e o *Jornal do Triângulo* sustentou-a com galhardia e imensos sacrifícios financeiros para o seu proprietário, que, com desassombro e firmeza, soube pagar, assim, a sua dívida de gratidão e, mais do que isso, como jornalista, elevar, bem alto, a bandeira da liberdade de imprensa na defesa de uma causa justa e divina."

☆

Certa manhã – eram passados quatro dias daquela noite dolorosa, em que Eurípedes recebera intimação para comparecer perante as autoridades – em meio ao receituário, viram-no chorando, dominado pela emoção.

Justificou suas lágrimas exclamando:

– Como sou pequenino, como sou indigno! Não mereço tanto carinho dos Espíritos... como são dedicados! Sinto-me envergonhado diante de tantos benefícios, que não mereço!

Um quadro de intraduzível beleza me apresentam esses luminares da Espiritualidade.

Lá está Ismael, postado na cumeeira do Colégio Allan Kardec! O valoroso soldado do Cristo desembainha uma espada de luz e diz:

– "Nada temas, Eurípedes. Daqui serei o sustentáculo!"

Agora é Bezerra de Menezes, que reafirma sua posição junto de nossas humildes tarefas socorristas, acentuando: "Daqui serei eu!"

Eurípedes prosseguiu, chorando: – Desde o Colégio até o prédio da Cadeia Pública, passando à nossa frente, vejo letreiros luminosos a formarem um conjunto feérico de indefinível descrição.

As letras luminescentes têm um metro quadrado mais ou menos e formam dísticos, onde leio expressões carinhosas, com profundo senso de minha pequenez: "Viva Eurípedes! Viva Eurípedes!".[63]

Na madrugada seguinte, após uma noite sem repouso, mercê do número avolumado de pedidos a atender, Eurípedes levantara-se e, como habitualmente fazia, encaminhou-se para o quintal arborizado a fim de ali efetuar a primeira oração do dia.

A família repousava ainda.

Quase à entrada da farmácia, havia um caramanchão de

---

[63] Ver o artigo do Dr. Tomaz Novelino: "Uma Vitória do Bem", Jornal *A Nova Era,* Franca, SP.

jasmins brancos, que aromatizavam suavemente o ambiente. O jasmineiro estava prodigiosamente florido naquela época do ano. Mais parecia uma camada de neve jogada sobre um tapete verde.

Desde a madrugada alta, Eurípedes permanecia entregue aos enleios dulcificantes da prece – toda vibração de confiança, respeito e Amor –, que dirigia ao Senhor dos Mundos.

As sombras da noite começavam a diluir-se na atmosfera trescalante, que recebia os primeiros saudares do Sol.

Inopinadamente, Eurípedes apresentou-se cambaleante e trêmulo junto da secretária, que já se encontrava nos aprestos para as tarefas, que deviam iniciar-se muito cedo.

– D. Amália – disse ele, com voz quase embargada por poderosa emoção –, a senhora pode imaginar que Espírito se me apresentou no caramanchão de jasmim, sob o céu estrelado?

Vários nomes foram lembrados pela secretária, inclusive João Batista e Maria Santíssima.

Os ouvidos da abnegada criatura receberam a mais surpreendente e maravilhosa revelação que lhes fora dado ouvir em toda a sua vida:

"O próprio Mestre, Jesus!"

O impacto emocional atingiu-a em cheio. Mas, dali a momentos, o cérebro funcionava normalmente.

Jamais pudera admitir a visão do Cristo à criatura encarnada. O impossível para seu entendimento acabava de realizar-se.

Sim. Porque jamais ouvira uma falsidade ou mentira nos lábios de Eurípedes.

Entrementes, eis que a emoção permitiu uma pausa na momentânea inibição vocal de Eurípedes, que prosseguiu:

– Que beleza impressionante, inenarrável!

No interior do caramanchão, uma cascata de luzes cambiantes inundava tudo.

O Mestre – continuou Eurípedes, com voz trêmula – baixou os olhos cheios de intensa luminosidade para o átomo caído a seus pés e disse:

"Meu filho, nada temas! Estamos com Deus – a vitória é nossa!"

Naquele momento, os olhos do Mestre voltaram-se para o infinito e projetaram dois poderosos focos, que atingiram alturas imensuráveis.

A emoção senhoreara novamente os sentidos de Eurípedes, turbando-lhe a palavra. Emudecera, soluçando.

O mesmo acontecera a D. Amália, que registrou o impressionante relato sem uma palavra, sob o domínio de poderosa emoção.

Dentro de pouco, davam continuidade aos serviços normais do receituário e da farmácia, abismados em profundíssimo silêncio.

☆

O processo correra de Heródes para Pilatos. Nada menos que cinco juízes se recusaram ao pronunciamento final.

O processo morrera assim como nascera. Sem glórias.

Tal como acontece aos Missionários da Lei Superior, surpreendemos neste fato, como em centenas de outros que se ligaram à Missão de Eurípedes, a imanente Lei que preside ao destino dos homens.

Como afirma Léon Denis, referindo-se à obra de Jeanne D'Arc: "Mais alto que as contingências terrenas, acima da confusão dos feitos oriundos da liberdade humana, preciso é se perceba a ação de uma Vontade infalível, que domina as resistências das vontades particulares dos atos individuais, e sabe rematar a obra que empreende".

O movimento fora acompanhado em todo o seu desenrolar pela observação dos amigos de Eurípedes.

Oito meses de alternativas haviam decorrido. Em Uberaba, um grupo de amigos achava-se vigilante, aguardando o final do malfadado processo.

Em Conquista, o Sr. Aristógiton França, cunhado de Eurípedes, mantinha-se em permanente contato com pessoas de suas relações em Uberaba, objetivando colher informações a respeito.

No dia 8 de maio de 1918, Aristógiton recebeu a comunicação do próprio escrivão, por via telefônica, de que o processo voltava à casa de origem. Fora, naquela data, prescrito pelo Dr. Fernando de Mello Vianna, Juiz de Direito de Uberaba, por falta de pronunciamento competente.

O funcionário da justiça acentuava, na sua mensagem, que o documento fora lançado ao Correio naquela hora.

Fácil imaginar-se o júbilo do cunhado de Eurípedes. Imediatamente, a população rural conquistense fora avisada do acontecimento.

Os preparativos para uma manifestação estrondosa foram realizados, debaixo de estrita discrição.

No dia imediato, às dezessete horas, horário normal das distribuições postais, ouviram-se os primeiros estrugimentos de fogos, vindos da entrada da cidade.

Era o povo de Conquista que chegava em massa a fim de comemorar o grande sucedimento.

Em poucos minutos, Sacramento se juntava àquela multidão frenética.

Eurípedes encontrava-se nas suas tarefas ordinárias. Compreendera o que se passava, pois dissera a seus auxiliares:

– Vamos orar, meus amigos. A hora é de extrema delicadeza. É preciso rogar a interferência do Alto para que os infelizes instrumentos desse processo não sejam molestados.

A apreensão de Eurípedes era absolutamente procedente e lógica. Que esperar de uma multidão dominada pelo júbilo? Realmente, muitos aborrecimentos evitaram-se, pois a represália aos adversários estava no programa daquela explosão popular.

Em pouco, uma massa de cinco mil pessoas – ou seja a população inteira – e mais centenas de manifestantes de fora, achavam-se frente à residência de Eurípedes.

Diversos oradores se fizeram ouvir, inclusive discípulos de Eurípedes, dentre os quais o Sr. Zenon Zoroastro Borges, cujas palavras são ainda hoje lembradas pela justeza das argumentações.

Eurípedes dirigiu-se aos amigos, em lágrimas. Emocionava-se ante a demonstração coletiva de simpatia, mas rogava aos irmãos queridos terminem ali o programa comemorativo. A misericórdia do Pai já havia descido, por acréscimo, anulando os esforços da Justiça humana; agora, era necessário esquecer o resto, a fim de que o Ato Divino não fosse envolvido pelas sombras de nossa incompreensão. A vingança só deveria ser usada para a prática do perdão.

Não obstante o discurso de Eurípedes, vazado em sublimes expressões de Amor, os manifestantes revelaram seu intuito irrevogável de festejar, durante algumas horas, a grande vitória do Bem. Era um direito que lhes assistia. Ninguém oporia diques à alegria que jorrava das almas, como cascatas buliçosas e incontroláveis.

Eurípedes falou novamente ao povo amigo. Ante a decisão inabalável da sua gente, restou-lhe suplicar ordem, caridade e paz. Que o próximo fosse respeitado em tudo. Que não exorbitassem os amigos nas demonstrações jubilares para não ferir suscetibilidades.

A cidade, pequenina e pacífica, apresentava o aspecto inusitado de grande centro convulsionado por massa humana e foguetório, em dia de grande gala.

A noite chegara. As comemorações culminaram com o cortejo fúnebre simbólico, no qual não faltaram velas, tochas e discursos. O defunto era o processo criminal, colocado num caixão de madeira.

Encerrava-se, assim, o triste episódio com lances paradoxais de euforia popular.

Era a suprema resposta ao Benfeitor, que há muito se identificara com o Senhor "pelo emprego dos seus dons, pelo valor de suas realizações e pelas obras que deixava, em torno dos próprios pés".[64]

---

[64] Emmanuel, *Caminho, Verdade e Vida*, psicografia de Francisco C. Xavier, Ed. FEB, Rio de Janeiro, RJ, 6ª. Ed., cap. 165.

Capítulo 18

Filho e irmão

Muito valiosa para nós é a opinião das criaturas que viveram ao lado de Eurípedes, notadamente os familiares, que lhe anotaram com maior profundidade as fulgurâncias da Missão.

Essa a razão porque trazemos a apreciação lúcida de Homilton Wilson a respeito do Irmão que a Misericórdia Divina situou no seu lar abençoado.

Expressou-se Homilton Wilson assim:

"Eurípedes foi filho muito querido de seus pais. Dócil, obediente, afável.

Honrou pai e mãe. Fez mais do que isso. Se os pais lhe deram a vida, ele lhes ensinou a fazer uso dela, resolvendo de modo prático e positivo o problema da felicidade no lar. Rodeado de treze irmãos, era para eles um misto de ternura e severidade. Resolvia-lhes as dificuldades da vida, atacando-lhes o mal nas suas raízes profundas, fazendo obra preventiva."

Sensibilidade altamente aprimorada, ligava-se aos progenitores também por profundos elos de gratidão.

Em 1913, na data de seu aniversário, o sr. Mogico recebeu delicada missiva do filho, toda plasmada em ternura filial, que engrandecia suas atitudes.

Eis os termos dessa comovente página de reconhecimento e amor, conservando-se a ortografia em vigor, na época:

A meu querido pae

Mil felicidades atravez de sua existencia, com o pedido a Deus de o inspirar e amparar em todas as phases de sua vida.

Commemorando o seu anniversario, nada acho digno de

traduzir-lhe meu affecto e profundo amor, offereço-lhe, comtudo, este palido mimo a falta de melhor.

Aos dignos espíritos do Senhor suplico amparo e luzes para meu excellente e melhor amigo.

Do f.o que o venera
E. Barsanulpho
3-8-13

☆

Enfileiram-se os manos de Eurípedes, cada qual recebendo dele valioso quinhão de sustento espiritual, na jornada redentora.

Mariquinhas – sem deixar o seu ferro de engomar, com o qual ajudou o marido na manutenção do lar e na educação dos filhos por longos anos – passou uma proveitosa existência de nove decênios e meio a proporcionar os mais nobres exemplos de paciência e submissão aos Desígnios do Pai. Desencarnou a 18 de junho de 1971.

☆

Eulógio Natal – coração rude, mas sincero e bom – serviu anos a fio, enquanto viveu, no Grupo Espírita Esperança e Caridade, nos trabalhos de curas e desobsessão.

Na Chácara, onde residira por alguns anos, teve as grandes alegrias de participar dos trabalhos educacionais de Eurípedes.

O irmão amava aquele recanto bonançoso, bem próximo das águas cantantes do Borá e centro do painel verdejante, que se prolongava a sumir de vista por uma grande área de campos bordados de árvores saudáveis, esplêndidas algumas na sua floração periódica.

Para ali, conduzia sempre Eurípedes seus discípulos felizes para as inesquecíveis lições de Botânica e, sobretudo, com o objetivo de os colocar em contato com a Natureza, preparando-lhes a sensibilidade para a percepção das belezas da Criação, na sublime manifestação dos efeitos grandiosos da Onipotente Causa.

Eulógio, muito trabalhador e honesto, tornara-se comerciante de arroz e café, proporcionando à família bela situação econômica. Contraiu matrimônio com D. Recemvinda Goulart, na primeira década do século. Seis filhos – três homens e três mulheres – enriqueceram este lar feliz.

Enviuvara-se em 1918. Casou-se, em segundas núpcias, com D. Guiomar Goulart – irmã de sua primeira esposa – com ela constituindo uma família de três membros. Desencarnou a 29 de fevereiro de 1940.

☆

Wenefreda Dermenecília distinguiu-se por sua valente disposição acerca das dificuldades, com que sempre lutou.

Casou-se, no princípio do século, com o Sr. Aristófanes Mendonça.

Cedo, vieram-lhes os filhos, para quem Wenefreda constituíra-se num livro aberto, no qual podiam ler o arrojo das lutas, o constante humor com que enaltecia os obstáculos mais rudes.

Desencarnou em Sacramento, a 8 de agosto de 1931, deixando as filhas mais velhas casadas e quatro jovens solteiros, que logo assumiram o governo da casa.

☆

Watersides Willon, outro irmão que seguiu as pegadas de

Eurípedes no desdobramento dos trabalhos educacionais e doutrinários, funcionando como diretor do Colégio Allan Kardec na fase 1919/1927.[65] Emprestou também valiosa colaboração ao Grupo Espírita "Esperança e Caridade", atuando como presidente dos serviços espirituais por vários anos.

Quando diretor do Colégio, era viúvo da Sra. Almerinda Duarte Vilela Willon, que deixara cinco filhos menores.

Desencarnou em 21 de maio de 1938.

☆

Do depoimento do Sr. Odulfo Wardil, residente em Belo Horizonte, MG, irmão consanguíneo de Eurípedes, destacamos o expressivo trecho:

"Eurípedes influenciou muito fortemente na minha formação espiritual, especialmente com os exemplos, que nos proporcionava todos os dias.

Na Doutrina Espírita foi verdadeiro apóstolo, pregando-a e praticando-a ao mesmo tempo que realizava curas importantíssimas, através de sua mediunidade."

O Sr. Odulfo casou-se na primeira década do século com a Sra. Zaira Rezende, que lhe deu dois filhos. Enviuvando em 1917, casou-se pouco depois com Maria José Alves, distinta aluna de Eurípedes, que se tornou a grande luz do novo lar, formado sob a benéfica influência de Eurípedes, e onde seis filhos vieram aninhar-se para os trabalhos da reestruturação educativa espiritual.

---

[65] Nessa época, alguns valorosos colaboradores apareceram na pauta das tarefas educacionais no Colégio, dentre eles citam-se: Wenceslau Rodrigues Cilau, Waterville Wilman, Nicodemos P. Valada, Homilton Wilson, Hipólita Alvez, Lanita Salvina – todos discípulos de Eurípedes – e Amália Ferreira de Mello, excelente professora de Artes.

Fixou-se em Belo Horizonte, quando os filhos eram menores.

Atualmente, todos são casados, mimoseando os pais com netos inteligentes.

A valorosa Maria José desencarnou em 1971, deixando um lastro inconfundível de abnegações e serviços à Doutrina Espírita, como espelho brilhante para a família querida.

☆

Arízia consorciara-se com o Sr. Aristógiton França, cidadão distinto que se filiou ao Espiritismo, tornando-se um dos mais decididos esteios de Eurípedes. Dessa união, vieram oito filhos.

Aristógiton doara o primeiro aparelho de telefone da cidade, cuja instalação interurbana providenciou – entre Sacramento e Santa Maria –, possibilitando a Eurípedes o frequente intercâmbio com os companheiros da primeira hora.

Enviuvando com os filhos menores, Arízia passou-se para a companhia dos pais, onde recebeu o apoio geral da família na educação dos filhos.

Encorajada por fé robusta e inquebrantável nos princípios espíritas, Arízia venceu empeços numerosos, proporcionando tocantes exemplos de aceitação, nos transes de dor.

Desencarnou a 9 de julho de 1953, em casa de sua irmã Edalides, em Sacramento.

☆

No refúgio de paz tão amado por Eurípedes, entretecido por emanações purificantes – naquela chácara de luz e amor –, a doce Sinhazinha passou as últimas décadas de sua proveitosa e anônima experiência terrena a espargir benefícios.

Sem dúvida, o exemplo que legou aos filhos e ao esposo

constitui uma herança luminosa das lições recebidas junto ao irmão Missionário.

Sinhazinha assentava a firmeza de sua fé na alegria do serviço diuturno prestado aos mais pequeninos e na profunda ternura emoldurante de seus gestos, cuja nota específica era a singeleza.

Alguns filhos radicaram-se em lugares diversos, com a efetivação dos casamentos respectivos.

Todavia, Sinhazinha, o esposo e duas filhas solteiras, que lhe seguiram os passos no roteiro do Amor, permaneceram na acolhedora Chácara, que, aos poucos, tornava-se o centro de visitação de amigos de Eurípedes, então desencarnado.

Os anos correm e, a 2 de novembro de 1961, Sinhazinha foi chamada a integrar a falange gloriosa de Eurípedes, na Vida Maior.

As filhas ficaram a cuidar do velho pai enfermo, secundadas por outro irmão casado, muito abnegado.

O Culto do Evangelho, instituído por Sinhazinha, segue o ritmo normal, disseminando benefícios como autêntico posto de socorro espiritual, onde a presença da fundadora é sempre notória e ostensiva.[66]

O *Quarto de Eurípedes,* construído na área fronteiriça à chácara, inteiramente coberta de flores e plantas ornamentais, dá ao local um clima-ambiente de paz e beleza muito favorável ao Culto do Evangelho, que ali se realiza diariamente.

---

[66] (Informações contidas na 1ª edição desta obra em 1979): Atualmente, o Culto do Evangelho realiza-se no Quarto de Eurípedes, nome dado à pequena dependência construída nas dimensões e assentada na mesma posição do antigo aposento de Eurípedes e com os materiais que a ternura de Heigorina Cunha transladara para a chácara, em aquisição feita ao construtor Pedro Zandonaide, que adquirira o prédio onde, por longos decênios, viveu a família Mogico.

Quarto de Eurípedes, na Chácara Triângulo – local cercado de flores e árvores magníficas, abençoado pelo culto diário do Evangelho e pela assistência aos sofredores.

Paralelo ao Quarto de Eurípedes, funciona o Clube Meimei, que, desde 1957, vem trabalhando a favor das mãezinhas necessitadas, fornecendo enxovaizinhos aos recém-nascidos.

☆

Somente a reencarnação esclarece os problemas do ser, da dor e do destino. Eulice Dillan recebeu dos Supremos Desígnios uma das mais severas provações, que lhe valeram o expurgo de gamas milenares do Espírito culposo, mercê da abnegação de D. Meca e da assistência de Eurípedes.

Os sofrimentos tiveram início pouco tempo após o casamento de Eulice com o jovem Silvério Barbosa.

Eurípedes, que levara a cura a centenas de obsediados, várias vezes avisara à mãe que Eulice havia pedido aquele tipo de provação a fim de libertar-se, definitivamente, da "nuvem de testemunhas" – cúmplices do passado em experiências menos felizes.

Assim ocorreu. Sob a vigilância e os cuidados maternos, ela viveu cerca de trinta anos debaixo de terrível influência obsessiva, às vezes pacífica, outras tantas presa de furiosos acessos de possessão.

Liberta dos laços carnais em 11 de maio de 1928, recuperara-se lentamente, amparada pela falange de Eurípedes. Hoje, têmo-la "refeita e linda no Mundo Espiritual", segundo informa Homilton Wilson (Espírito), em bela página que nos oferece pela psicografia de Francisco Cândido Xavier.

☆

Assevera-nos Emmanuel que "o serviço de Jesus é infinito. Na sua órbita, há lugar para todas as criaturas e para todas as ideias sadias em sua expressão substancial".[67]

A dinâmica Edalides promoveu, em todo o curso de sua experiência terrena, um profícuo serviço de atendimento nas áreas comunitárias onde se encontrava, sob o amparo da compreensão cristã do esposo.

Na cidade natal, realizou, anos seguidos, tarefas assistenciais nos campos mais diversos. Tanto se achava presente às câmaras mortuárias, vestindo ou arrumando cadáveres, como preparava noivas, casamentos e batizados.

Mais tarde, tornou-se parteira.

Nesse mister, não conhecia tempo, nem circunstâncias de tempo, para atender a um chamado. Saía a qualquer hora da noite, às vezes enfrentando fortes aguaceiros.

À cabeceira de uma parturiente, constituía-se no Anjo Bom, que trazia sempre, na voz mansa e serena, o próprio

---

[67] Emmanuel, *Caminho, Verdade e Vida*, psicografia de Francisco C. Xavier, Ed. FEB, Rio de Janeiro, RJ, 6ª. Ed., cap. 3.

pensamento do Benfeitor invisível, que ela invocava no silêncio da prece.

Em Sacramento, oportunidades cotidianas de serviço lhe apareciam, acionando-lhe as sublimes cordas do coração para o ministério do Bem, proporcionando os melhores exemplos de devotamento a todos que com ela viviam sob o mesmo teto, incluindo-se os filhos, que a amavam profundamente.

Nesse particular, José Rezende da Cunha – seu esposo e também formado na escola de Eurípedes – secundava o esforço da companheira, fornecendo os meios e o clima de compreensão, tão necessários ao quadro de obrigações dos seareiros de Jesus.

O clima de paz interior que Edalides conquistou tornou-se um manancial de benefícios para todas as criaturas sofredoras que dela se aproximavam.

☆

"Toda criatura recebe do Supremo Senhor o dom de servir como um ministério essencialmente divino."[68]

Esta afirmação do Mensageiro do Cristo ajusta-se à suave Edirith Irani, cuja tarefa junto a Eurípedes já relacionamos.

Como se sabe, Edirith fora trazida muito jovem por Eurípedes para os grandes serviços da farmácia, tornando-se, sem dúvida, uma das colunas desse sublime movimento, que derramou fartas messes de socorros pelo Brasil afora.

Edirith casou-se a 19 de abril de 1919 com o Sr. Manoel Correa, natural de Braga, Portugal, que, por sua vez, dedicara-se à obra de Eurípedes com inexcedível zelo, notadamente na continuidade dos serviços da construção do majestoso edifício, onde funcionariam o Colégio Allan Kardec e o Grupo Espírita Esperança e Caridade.

---

[68] *Op. Cit.*, cap. 61.

Radicados em Sacramento por alguns anos, aqui constituíram família.

Edirith continuou suas tarefas na farmácia, enquanto o marido, senhor de admirável tino comercial, progredia economicamente, tornando-se um dos mais fortes industriais da zona.

Transferiram-se depois para o Rio de Janeiro, objetivando proporcionar uma educação de cunho liberal à família, o que efetivamente conseguiram, pois cada filho projeta-se como profissional altamente conscientizado de suas responsabilidades, nos campos da Medicina, do Direito, da Odontologia e da Cirurgia.

O Sr. Manoel Correa desencarnou a 19 de abril de 1946, no Rio de Janeiro, RJ, rodeado dos cuidados e do carinho da família.

Edirith seguiu-lhe anos depois, a 17 de abril de 1961, também no Rio de Janeiro. Atualmente, esses Espíritos valorosos juntaram-se a outros companheiros à luminosa equipe espiritual de Eurípedes, compondo eterno santuário de tutelados do Cristo, nos rumos do aperfeiçoamento, na síntese do Amor Universal.

☆

Comparece agora ao nosso quadro de entrevistados, a terna tia Elith, que atuou na extraordinária equipe de Francisco Cândido Xavier, na Comunhão Espírita Cristã, em Uberaba – MG, junto às suas filhas Dora e Sônia.

Quando solicitada para informar-nos a respeito da influência que Eurípedes teria exercido na sua formação, ela afirmou-nos que "essa influência foi realmente marcante, tanto no que concerne à aquisição de conhecimentos gerais quanto à sua iniciação na Doutrina Espírita".

Neste passo, acentuou tia Elith que conhecera o irmão

trabalhando pela Doutrina já na adolescência dela. O convívio edificante, os exemplos norteadores transformaram-se em constante motivação, levando-a a apoiar-se em seus ensinamentos, na solução dos problemas que a vida lhe oferecia, no curso dos anos de experiência terrena.

Confessou ter sido um tanto negligente nos estudos, mas, no final do curso, conseguira ganhar a confiança de Eurípedes, que lhe confiara as cadeiras de Álgebra e de História Natural para os alunos da 1ª. Classe.

Interrogada sobre os métodos de ensino adotados no Colégio, ela adiantou-nos que "Eurípedes, sempre perseverante no trabalho, aplicava uma didática intuitiva própria, até certo ponto bastante moderna para sua época. Ele nunca usou o castigo como forma de repreensão, pois lhe bastava o olhar para acomodar tudo. Jamais exigia de um aluno aquilo que este não conseguiria dar".

Tia Elith lembrou-se com saudade das festas de encerramento dos anos letivos, em cujas oportunidades encenavam-se grandes peças, sob a direção de Watersides Willon.

A ela eram confiados os papéis de maior relevo.

Recordou-se do seu último ano no Colégio, 1917, quando tivera ensejo de protagonizar os dramas: "Paulo, o enjeitado" e "Pena de morte", cujos autores perderam-se nos arquivos de sua memória. Nessa peça, tomaram parte os jovens alunos César Castanheira e Ricardo Stocco.

Casou-se muito jovem com o Sr. Alcides Vilela de Andrade, transferindo-se por algum tempo para Pedregulho, SP. Voltou a Sacramento, onde lhe nasceram quatro filhos.

Muito cedo, lançou-se corajosamente às lutas pela educação dos filhos, objetivo que alcançou com as renúncias e sacrifícios de anos seguidos.

Com respeito às prováveis atividades da família, na farmácia, tia Elith esclareceu com simplicidade: "Papai e Mamãe, apesar de não participarem dessas atividades, nada faziam para impedir que elas se efetuassem de maneira eficiente. Estimulavam-nos a nós, irmãos, para que delas participássemos.

Os trabalhos do receituário e da farmácia se realizavam em harmonia, amor e eficiência por parte de Edirith e Sinhazinha e outros colaboradores.

Só havia, de vez em quando, negligência de minha parte – confessou tia Elith –, pois trocava o embrulho dos remédios de uma cidade para outra."

Prosseguindo no seu interessante relato, assinalou os seus cochilos no seguinte fato:

Ela fazia os empacotamentos na sala de jantar, bem longe da farmácia, onde havia um *vidro azul*, por meio do qual os Benfeitores davam sinal quando havia as referidas trocas. Eurípedes baixava a cabeça, pedia a uma das irmãs que fosse chamar a atenção da encarregada dos pacotes. Estes seriam enviados para diversas procedências, por via postal.

A moça desmanchava os pacotes e dava pelo engano, o que era corrigido a tempo.

Desse importante depoimento, recolhemos impressões indeléveis, que Eurípedes deixara nas mentes, quando nossa querida tia Elith evidenciou ser ele "educador emérito, amigo de todas as horas, médium portador de impressionante potencial. Em plena aula, no Colégio Allan Kardec, desdobrava-se para atender a enfermos, que o chamavam pelo pensamento. Quando voltava, expunha aos alunos os acontecimentos – que, vale dizer, eram confirmados.

Fazia curas extraordinárias por intermédio do Dr. Adolfo Bezerra de Menezes. Milhares de pessoas, que vinham de outras localidades para consultá-lo, saíam curadas, inclusive obsediados."

Tia Elith ofereceu-nos uma visão de cidade nos dois primeiros lustros do século, assinalando que os passeios a Conquista, às fazendas de amigos dos pais, realizavam-se em carros de boi e, mais tarde, em charretes puxadas por cavalos.

O primeiro automóvel, de propriedade do Sr. João Gonçalves, promoveu verdadeiro tumulto na cidade. O povo se apinhava para ver o "engenho"de perto e experimentá-lo, o que levou o dono a cobrar corridas da Praça da Matriz ao Rosário, ao preço de 1$000 (um mil réis) por pessoa.

Mas era incrível como o "Bigode" Ford emperrava e aturdia com o barulho ensurdecedor que seus motores emitiam.

Pouco tempo antes, Elith era uma meninazinha travessa que se divertia em ajudar o tio Totonho – irmão de sua mãe, na tarefa diária de acender os lampiões a querosene, nas ruas poeirentas da cidade, ao entardecer.

Sacramento tinha aquela característica de cidade provinciana de começo de século. E, por não possuir melhoramentos públicos mínimos, não oferecia conforto. Sem calçamento, nem água, esgoto, luz elétrica, telefone ou estradas.

As águas das chuvas, quando sobrevinham aguaceiros, derramavam-se pelas ruas, formando grandes atoleiros, que prejudicavam o reduzido trânsito.

Por outro lado, enternecedora Poesia emoldurava a paisagem citadina, nas tardes estivais, com meninos despreocupados e felizes a praticarem, nas vias quase desertas, o *salto-mutum*, o *bete* ou o *pique-será*.

Nessas horas crepusculares, portentosas, cheias de luz e cores – dadas às condições rarefeitas da atmosfera, também as meninas acorriam em bandos álacres às soleiras das casas paternas, para as encantadoras "cantigas-de-roda", que enriqueciam de sonoridades e garridice as ruas sacramentanas.

Confirmando a sublime atuação de Eurípedes nos diversos campos de ação em que militou – e evidenciando expressivamente a notória influência que ele exerceu sobre os irmãos, tia Elith concluiu o valioso depoimento com a declaração abaixo:

"Aceitando plenamente os mais caros ideais de Eurípedes, estávamos, sem dúvida, encorajando-o a alcançar seus objetivos dentro da Doutrina. Alguns de nós, dentro de nossas possibilidades, dávamos a ele nossa contribuição na Farmácia. Eulógio e Watersides acompanharam-no em seus trabalhos de passes e doutrinação. Edalides prestava assistência aos doentes internados em uma ala do Colégio Allan Kardec destinada à recuperação e abrigo. Os demais irmãos – Homilton e Wateville – eram muito jovens e só vieram a conhecer Eurípedes através de sua edificante obra, anos depois."

☆

Homilton Wilson foi, sem dúvida, o mais capacitado adepto de Kardec, dentre os irmãos de Eurípedes, mercê dos estudos sistematizados que efetuou da Doutrina Espírita, sob a inspiração de Eurípedes.

Desde a infância, estivemos em contato com essa robusta personalidade, de quem guardamos o reconhecimento de havermos recebido dele nosso aprendizado de humanismo e de Doutrina Espírita.

Admirável feitio de polemista, enaltecido por acurada sensibilidade, destacou-se por profundo sentido de justiça, em tudo que fazia.

Adolescente, revelara-se futuroso discípulo de Eurípedes, quando dirigiu o jornal *"O Borá"*, em colaboração com Wenceslau Rodrigues Cilau – também aluno e colaborador de Eurípedes. O periódico mencionado saía a lume com apresentação manuscrita e constituiu-se no embrião da imprensa, em Sacramento.

Na sequência de sua brilhante carreira jornalística, estivera à frente de periódicos locais, que marcaram o alto nível de cultura não só do dirigente, mas de extraordinária equipe auxiliar no esforço pioneiro, através das páginas de *A Semana*, o *Correio de Sacramento, Folha de Sacramento e Nossa Terra*, que, em fases diversas, circularam na região durante vários anos.

Militou em favor da causa pública, mediante seus primorosos editoriais.

Levantou problemas, articulou áreas de desenvolvimento, imprimindo força nos empreendimentos que veiculavam o bem social comunitário.

Seu temperamento era um misto de energia e de compreensão humana. Às vezes, tornava-se um leão, esbravejando a imposição de seus pontos de vista.

Em outras feitas, curvava-se à evidência dos fatos – apoiando no espírito de justiça – que lhe coroara as características pessoais.

Professor abalizado, distinguiu-se extraordinariamente na formação da juventude sacramentana de seu tempo, oferecendo sua cultura e seu ideal aos serviços educacionais do Colégio Allan Kardec e da antiga Escola Normal de Sacramento. Casou-se com D. Margarida Giani a 19 de fevereiro de 1925.

Os numerosos filhos dessa abençoada união cresceram e formaram-se sob a influência benéfica do Evangelho.

Homilton Wilson lutou com bravura pela sobrevivência

do Colégio fundado por Eurípedes, quer como diretor, quer como professor, no período de 1936 a 1941.[69]

Nessa fase, desenvolveu assinalados serviços no Grupo Espírita Esperança e Caridade, como diretor dos trabalhos doutrinários. Projetou-se como magnífico expositor da Doutrina Espírita, recebendo solicitações frequentes para conferências e palestras em outras cidades.

Em 1953, transferiu-se com a família para o Rio de Janeiro. Foi ali que se lhe intensificou a expressão poética.

Em 1960, publicou *O Canto do Borá*, seu primeiro livro de versos grandemente apreciado pelo cunho de ternura com que perfilou a paisagem da terra natal e a gente estremecida, no canto de saudade e evocação.

☆

Especializou-se na forma estrutural de trovas, quando pôde exteriorizar as mais belas expressões de sua messe poética, retratando cenas e sentimentos.

Em 1962, participou dos famosos Jogos Florais da Guanabara, sendo expressivamente classificado nesse importante certame de trovadores.

Em 1970, apresentou uma de suas obras-primas, doando à evocação afetiva dos corações amigos a enternecedora história do casal Edalides – José Rezende, na comemoração de suas Bodas de Diamante, realizada em São Carlos, SP, a 1º. de maio daquele ano.

---

[69] De 1941 a 1964, a direção do Colégio esteve sob nossa responsabilidade, passando depois para o âmbito estadual, em que permaneceu quatro anos. Em 1959, fundou-se o Ginásio Allan Kardec, no desdobramento das tarefas educacionais, na Casa de Eurípedes. O antigo Colégio funcionava conforme já mencionamos, no Bairro Trás-do-Morro, ministrando ensino de 1º grau, com vistas ao ensino profissionalizante à população mais necessitada da cidade.

A Poesia de Homilton Wilson enalteceu a obra de Eurípedes em relação a seu Espírito e esclareceu até que ponto ele deve ao irmão a vida estuante de ideal, que sempre lhe animara o mais íntimo do ser, em toda a existência terrena:

EURÍPEDES

Foste tu na humana lida
Que me amestrastes o saber,
E nessa luta renhida
Me ensinaste amar e crer.

Nos riscos de minha vida,
Na tristeza ou no prazer,
És a luz – alma querida –
A iluminar-me o dever.

Que eu possa tragar a morte,
Cantando de sul a norte,
Sobre o carro da vitória:
– O ser por meus pais foi dado,
Mas foste tu, mestre amado,
Quem me deu saber e glória.

☆

Homilton Wilson desencarnou a 19 de julho de 1971, no Rio de Janeiro, guardando a esperança de lutas maiores, em que há de necessitar aplicar extensa e intensivamente os ensinamentos recebidos do irmão Missionário de Jesus.

No ano seguinte, mais precisamente na noite de 2 de dezembro de 1972, no Colégio Allan Kardec, de Sacramento, MG, o Espírito de Homilton escreveu, pelo lápis mediúnico de Francisco Cândido Xavier, a seguinte mensagem:

NOTÍCIA DE COMPANHEIRO

Queridos irmãos, vou bem,
No sítio claro onde estou,
Como os pássaros que, um dia,
Eurípedes libertou.

Ao deslanchar-me do corpo,
Não me senti triste e só,
Achei o primeiro amparo
Em Frederico Peiró.

Depois Eurípedes veio...
Que abraço enternecedor!
Era o porto suspirado,
Meu santuário de amor.

"Seu" Mogico e "Dona" Meca,
Ante o vigário Paixão,
Pais queridos, anjos ternos,
Tesouros do coração...

Quanto laço inesquecível,
No quarto que se ilumina!...
Maria da Cruz, Amália
E a nossa velha Rufina...

Eurídice, Wenefreda
E o nosso Eulógio Natal.
Eulice, refeita e linda
No Mundo Espiritual!...

Outros irmãos aparecem!...
Watersides, Mariquinha,
Malvas, rosas e violetas
Nos braços de Sinhazinha!

Manoel Soares, Germano,
Companheiros de trabalho
A irmã Sana Mendonça
E o Brazilino Carvalho.

Deixamos, de pronto, o Rio
Recobrando novo alento,
Queria ver o Borá,
Retornar a Sacramento...

Do nosso colégio antigo,
Vi a cidade ao sol-pôr...
O verde cobrindo o vale
E o vale brilhando em flor...

Em tanta felicidade,
Recordei na Grande Vida,
Meu lar, meus filhos amados,
Minha Santa Margarida...

O júbilo transformou-se
Em luta, mágoa e pesar...
Dor de saudade no Além
Quem é que sabe contar?...

Hoje, abraço a nossa Elith Deus abençoe Sacramento!...
E as filhas do coração, Meus irmãos, orem por mim!...
Relembrando as nossas preces, Compartilho a nossa festa,
O cedro e o mangericão. Mas a saudade é sem fim...

Queria escrever ainda...   Homilton
Meu pensamento onde vais?...
Desejo falar de amor,
No entanto, não posso mais...

Identificamos, a seguir, pela ordem de aparecimento no texto, as personagens citadas:

1 – *Frederico Peiró* – pioneiro do Espiritismo no Triângulo Mineiro. Ver cap. 7 deste livro.

2 – *Mogico e D. Meca* – nomes familiares dos pais de Eurípedes.

3 – *Vigário Paixão* – o primeiro vigário da Paróquia de Sacramento.

4 – *Maria da Cruz* – pioneira da Campanha do Quilo em Sacramento e cofundadora do Lar de Eurípedes. Desencarnada em Sacramento, em 1965.

5 – *Amália* – secretária de Eurípedes por vários anos. Cofundadora do Lar de Eurípedes. Desencarnada em Sacramento, em 1964.

6 – *Rufina* – escrava liberta de D. Babota, irmã de D. Meca. Muito amiga da família Mogico. Desencarnou quase centenária em Sacramento, na década de 50.

7 – *Eurídice (Sinhazinha), Wenefreda, Eulógio Natal e Eulice* – irmãos de Eurípedes – mencionados nesta obra.

8 – *Watersides e Mariquinha* – irmãos consanguíneos de Eurípedes, também relacionados neste livro.

9 – *Manoel Soares* – grande colaborador dos serviços espíritas em Sacramento. Médium receitista e psicofônico, funcionou várias décadas no Grupo Espírita "Esperança e Caridade". Natural de Delfinópolis, MG. Desencarnou em Sacramento, MG, a 19/01/1937.

10 – *Germano* – aluno de Eurípedes. Foi professor particular durante 38 anos. Desencarnou em Sacramento, MG, na década de 60.

11 – *Sana Mendonça* – Emerenciana Euzébia de Mendonça, madrinha de Eurípedes, relacionada neste livro.

12 – *Brazilino de Carvalho* – destacado industrial, grande amigo de Eurípedes e da família. Desencarnou na década de 50, em Uberaba-MG.

13 – *Margarida* – esposa do autor espiritual. Residia no Rio de Janeiro.

14 – *Elith e filhas (Dora e Sônia)* – presentes à reunião. Residiam em Uberaba.

☆

Wateville Wilman – o caçula da irmandade – também recebeu formação sob a vigilância de Eurípedes, de quem fora discípulo.

Muito jovem, talvez não tenha aprendido com justeza a grandiosa missão do mano, absorvendo-se mais com os interesses imediatos, próprios da juventude.

Mas, quando Eurípedes desencarnou, Wateville passou a colaborar no curso elementar do Colégio. Ocupou esse cargo até seu casamento com a senhorita Naíde Duarte Vilela, filha do Sr. Joaquim Duarte Vilela e D. Ana Duarte Vilela – grandes amigos de Eurípedes e de seus pais.

O lar do jovem casal foi abençoado por nove filhos, fato

que, evidentemente, proporcionou a ambos as mais valiosas oportunidades de trabalhos e preocupações, no desdobramento da grande tarefa que a Bondade Divina lhes transmitia.

Temperamento alegre, jamais se abatera ante as dificuldades, no que fora amparado pela colaboração e carinho da esposa.

Desencarnou no Rio de Janeiro a 23 de Janeiro de 1955.

☆

Em relação aos familiares, cumpre-nos admitir que Eurípedes manteve sempre aquela expressão de confiança em si mesmo, estudando essa linha na esfera das obrigações inadiáveis, que se traduziam no roteiro educativo dos irmãos, especificadamente.

NOTA – Os dados com que se coligiu o presente capítulo foram fornecidos por Edalides M. Rezende e José Rezende da Cunha, São Carlos, SP; Elith Irany Vilela, Uberaba, MG; Odulfo Wardil, Belo Horizonte, MG; Antenor Duarte Vilela, Barretos, SP; Dr. Hermócrates Corrêa, Sacramento, MG; Ivomir Cunha, Sacramento, MG.

Capítulo 19

D. Meca

> *Mãe – Doce Rainha do Lar – quem te relacionará os sacrifícios? Que concha sublime te guardará, na Terra, as pérolas do coração, vertidas em forma de lágrimas, para definir-te o salário do Céu?*
>
> Meimei – Psicografia de Francisco C. Xavier

OS RELATOS SINGELOS DESTA OBRA SIMPLES NÃO SE COMpletariam sem um capítulo especial, enfocando a personalidade da sublime progenitora de Eurípedes.

Cumprindo uma formalidade de praxe, iniciamos este bosquejo biográfico com os informes insertos no registro do batismo de Jerônyma Pereira de Almeida – realizado na Matriz da Freguesia do S.S. Sacramento.

Data de Nascimento: onze de outubro de 1859.

Nomes dos pais: João Pereira de Almeida e Cândida Rosa de Jesus.

Padrinhos: Manoel Gonçalves de Araújo e sua mulher D. Jesuína de Rezende e D. Laureana Antônia dos Anjos.

Oficiante: Padre Manoel Rodrigues da Paixão.

Eu a conheci de perto, perlustrando-lhe o caminho da luz, desde minha meninice, pois que lhe sou neta de adoção.

Durante anos a fio, vimo-la sublimada pelo Amor, sempre a distribuir as bênçãos do carinho por todas as criaturas que dela se aproximassem.

Muito leve de corpo, os anos não lhe roubaram a esbeltez da mocidade.

Graciosa até na senilidade, usando sempre os bem ajeitados casacos de tom escuro e saia longa, sempre na linha godê – confeccionados pelas mãos hábeis de sua filha Edalides ou por sua grande amiga D. Tonica Ferreira Sandoval, de Franca, SP.[70]

Os cabelos conservaram-se-lhe negros até sua desencarnação, evidentemente sem os artifícios corantes, que ela nunca fora "dessas coisas".

O temperamento franco levava-a, por vezes, a impulsos de rudeza no trato com as pessoas mais queridas de seu coração, a quem chegava a mimosear com sonoros palavrões, que na sua boca soavam na envolvência do carinho mais profundo.

Apesar de seu feitio brincalhão, raramente sorria, assim como era muito sóbria no falar. Características da velhice bem proporcional aos cometimentos da longa experiência.

Amava muito as flores e demonstrava predileção por cravos brancos e malva de cheiro. Nas janelas de seu quarto, possuía craveiros sempre em exuberante florescência e malvas, que ela cultivava em caixotes de madeira. As numerosas visitas, que lhe buscavam a companhia adorável, recebiam um cravo ou uma folha de malva. Aliás, era hábito seu presentear as pessoas, tanto crianças como adultos, com alguma lembrança. Às vezes, recebia uma recordação de amigos e, na mesma hora, passava-a a outra pessoa. Fosse quem fosse, bastava estar presente.

Conservou, enquanto possuiu casa, o tradicional cafezi-

---

[70] Encontramos, na correspondência de Eurípedes, uma Carta de D. Tonica dirigida à secretária em que a missivista dá notícias do casaco e da saia de D. Meca, que estava confeccionando e que mandaria em breve.

nho do meio-dia, que se constituiu no ponto de pausa no trabalho dos filhos – já então todos casados – e de amigos. A doméstica fazia o café na cozinha e lá a "clientela" feliz ia servir-se à vontade.[71]

Meca, muito vigilante em torno da filha Eulice – obsidiada havia anos –, devotava excepcional carinho, cuidando pessoalmente de sua alimentação e do tratamento especial.

Enquanto pôde locomover-se, apreciava ficar à janela da sala da frente.

Muitas vezes, participamos das alegrias do seu contato amigo ali, quando ela se expressava com muito carinho acerca do Colégio Allan Kardec, afirmando que uma das recomendações mais frequentes de Eurípedes ligava-se à sobrevivência do estabelecimento.

Ela se preocupava muito com as mulheres grávidas e estendia essa preocupação aos animais.

Certa feita, estávamos à janela quando passou uma cadela em adiantado estado de gestação. Ao ver o animal, D. Meca teve um gesto de decisão rápida – como era de seu feitio enérgico – declarando em termos que lhe eram próprios:

"Vou mandar recolher aquela cachorra barriguda ao meu quintal até ela parir."

Assim se deu. Tudo foi feito para que o animal, talvez sem dono, tivesse as condições necessárias para não morrer e salvar a prole.

Quando Eurípedes se converteu ao Espiritismo, D. Meca fora-lhe ao encontro, como embaixatriz do marido, a fim de demover o filho daquela "loucura".

---

[71] A extraordinária Maria da Cruz, cofundadora do Lar de Eurípedes e dinamizadora da ação assistencial local, enquanto viveu, foi durante 25 anos a servidora leal e muito querida da família Mogico.

Católica praticante fervorosa, embora não pudesse frequentar a igreja por causa de suas crises, pois tinha "visões" durante os ofícios religiosos, o que a levava aos desmaios. As autoridades da Paróquia local, em vista dessas ocorrências desagradáveis, permitiram-lhe a efetivação de suas preces em casa.

Por tais motivos, a generosa mãe de Eurípedes não se conformava com a situação, ao ver o filho seguir orientação religiosa diferente da sua.

Contudo, ao ser admoestado pela mãe, Eurípedes lhe doara o esclarecimento norteador, com que justificou a convicção nova.

Por duas horas, D. Meca recolhera revelações maravilhosas, que a surpreenderam e deslumbraram.

O Espiritismo era, então, coisa bem diferente das versões correntes, provindas de negadores inscientes dos princípios salvadores da grande Doutrina combatida.

Junto ao marido, ao declarar-se ESPÍRITA, D. Meca elucidou com alegria:

"Meu filho convenceu-me. O Espiritismo não é Doutrina de loucos, mas de salvação."

Meses depois, Eurípedes alcançou a grande meta, que, durante três décadas, engrandeceu as esperanças de seu coração: – a cura da mãe idolatrada.

Os acessos originavam-se da atuação de um Espírito, que a acompanhou naqueles anos de sofrimento para toda a família.

Devidamente orientado por Eurípedes e não encontrando mais condições de operar os seus infelizes propósitos – pois D. Meca passou a oferecer também as resistências mais valiosas, através do serviço ao lado do filho, no campo da assistência a enfermos, como médium de cura de soberbo potencial – o infeliz irmão, empedernido nas inglórias investidas do Mal, retirou-se, finalmente vencido pela luz do Amor.

Todavia, banhado pelo conhecimento, achava-se apto a empreender sua caminhada rumo à reestruturação educativa.

☆

Conta-se do destemor da velha mãe, quando Eurípedes aguardava o pronunciamento dos juízes no processo que lhe imputaram: enquanto os amigos se desesperavam, D. Meca mantivera-se na faixa da serenidade, em que se situava o filho luminoso.

Naqueles dias tristes, houve quem lhe registrasse a seguinte afirmativa: "– Se a Providência Divina tiver reservado a cadeia para meu filho, que se cumpram os desígnios de Deus".

☆

Divertia-se em colocar apelidos nas pessoas queridas. Ao filho Homilton, por exemplo – com quem tinha muita afinidade – chamava *Pedro*.

Quando Eurípedes desencarnou, ela foi sublime na humildade com que se entregou à Celeste Vontade. Consolou até a multidão aflita, que acorrera à Câmara mortuária a fim de prestar a última homenagem ao grande protetor e amigo.

Mas quando o outro filho – o Watersides –, anos depois, foi chamado ao Plano Espiritual, ela fora vista nos cantos da casa, por vários meses, a chorar o filho morto.

Os demais filhos, não compreendendo talvez o que a elevada sensibilidade da mãe registrava, surpreendiam-se com o fato. Colocavam em relevo a dor materna, estabelecendo um paralelo com as reações junto a Eurípedes.

E não podiam deixar de acentuar a estranheza de que se

achavam possuídos: a ausência de Eurípedes deveria ser incomparavelmente mais sentida.

"Por que, então, mamãe chora mais pelo Watersides do que pelo Eurípedes?", interrogavam-se os filhos às escondidas.

Um dia, essa indagação inquietadora chegou-lhe aos ouvidos sempre despertos, ao que ela redarguiu, com energia característica:

"Vocês não entendem que Eurípedes não precisa de lágrimas? Watersides, sim, porque ainda sofre e sua dor me alcança o coração."[72]

☆

Alimentava-se com impressionante frugalidade. Não se sentava à mesa, preferindo fazer as refeições no seu cantinho, isolada. Tinha especial predileção por um tachinho de ferro batido – proporcionalmente do tamanho de um prato de sobremesa – onde tomava as refeições.

Muito amiga da instrução – acompanhou, enquanto viveu, com interesse e carinho, o desdobramento dos trabalhos no Colégio Allan Kardec – fiel à promessa feita a Eurípedes, no sentido de proteger o seu querido Colégio.

Amava profundamente as crianças que frequentavam o estabelecimento.

Era de ver-se a sua profunda alegria, quando, em datas especiais, como a do seu aniversário, levávamos todos os alunos para visitá-la.

Depois de abraçar a todos e colocar, nas mãos de cada um, pequena lembrança, ela nos convidava para os folguedos no grande quintal de sua casa.

---

[72] Contam algumas pessoas que viveram ao lado da admirável mãe de Eurípedes que, às madrugadas, à hora em que Eurípedes costumava levantar-se, encontravam-na a soluçar.

A vasta área era toda coberta de plantações, especialmente flores.

Ali as crianças se divertiam a valer e, quando se dispunham aos jogos de roda, eis a velhinha dentro da roda a bater palmas, numa participação carinhosa e espontânea a que todos já nos havíamos habituado.

Esteve cinco anos acamada e recebia diariamente, às 8 horas da manhã, a visita carinhosa de seu filho Eulógio, que lhe transmitia o primeiro passe curador e, às 19 horas, repetia-se o serviço espiritual já com a presença da família.[73]

Desde a desencarnação do marido, em 1924, ela passou a ocupar o quarto de Eurípedes e a cama metálica, que servira de leito ao filho nas reduzidas horas de repouso. As janelas, sempre ornadas de flores, que suas mãos puras cultivavam com carinho.

Ao fundo, um recipiente de cerâmica – uma talha diminuta com a cubagem de apenas um litro – recebia o tratamento radioso da fluidificação pelos Benfeitores.

Frequentemente, tomávamos parte dessas importantes correntes vibratórias, em que se fazia a doação de elementos vitais à querida velhinha.

Certo dia, após um desses trabalhos, ela chamou-me para bem junto de si e segredou-me, quase ao ouvido: "Minha filha, o Chico Xavier vem todos os dias fluidificar a minha água."[74]

Anotamos a informação com indefinível alegria, nela

---

[73] Após a desencarnação de Eulógio Natal, os serviços de assistência à D. Meca prosseguiram sob a direção carinhosa de Homilton.

[74] Relatando o ocorrido ao querido médium Francisco Cândido Xavier, em Pedro Leopoldo, ele afiançou-nos tratar-se de um Benfeitor, que lhe tomara a roupagem. Acontece, porém, que D. Meca não o conhecia pessoalmente, não havendo, pois, como fugir à validade do fato, que a humildade do médium pretendia encobrir.

sentindo mais um dos grandes favores que a Bondade Divina concede às criaturas, por acréscimo de Sua Misericórdia.

D. Meca era portadora de incomum acuidade espiritual, que lhe permitia avaliar o teor vibratório emitido por encarnados e desencarnados.

A propósito, desde os tempos de Eurípedes, Torquemada manifestava-se no Grupo Espírita de Sacramento com propósitos escusos de destruição. A velha registrava-lhe a presença, às vezes, no próprio lar, e dizia: *"O Queimador* está aí. Mas eu gosto dele. Não deixa a gente errar. E a sua presença é sempre o protesto de algum acontecimento bom, que vem por aí."

Ela não fazia visitas, nem mesmo aos filhos, mas frequentava o Grupo Espírita Esperança e Caridade até quando lho permitiram as forças. Apoiada a uma bengala, percorria a pé as ruas que demandavam ao Grupo e assinalava o fato afirmando:

"– Enquanto puder, hei de subir as escadas do Colégio para assistir aos trabalhos espirituais."

D. Meca deixou-nos o exemplo de firmeza na fé e segurança nos serviços que desenvolveu a favor de um número incalculável de sofredores. Emprestou inestimável colaboração a Eurípedes na cura de portadores de úlceras de todos os tipos, das quais cuidava com extremado cuidado e carinho.

Desencarnou a 29 de janeiro de 1952.

Eis D. Meca: humilde e valorosa na Dor. Mulher pura e cândida, que bem mereceu a graça de ser a mãe carnal de Eurípedes.

NOTA – Depoimentos que serviram de apoio ao presente capítulo: Edalides Millan Rezende, São Carlos, SP; Amália F. Mello (arquivo do Dr. Wilson F. de Mello, São Paulo, SP); Elith Irani Vilela, Uberaba, MG; e Carmen Natal, Sacramento, MG.

Capítulo 20

Novas perspectivas sob nuvens de inquietações

NINGUÉM MELHOR QUE EURÍPEDES COMPREENDEU A posição de humildade que Jesus escolheu para apoiar o seu ministério de Amor.

O Salvador desprezara as posições de evidência nos campos transitórios da vida, todavia, projetou-se de maneira imperecível no consenso das criaturas, entregando-se à singela propositura das verdades eternas, num burgo inexpressivo da Judeia ou numa povoação de rudes pescadores na Galileia ou ainda sob a agasalhadora paisagem dos montes.

Mas nem por isso ficara infenso ao tributo da própria vida, imolada ao supremo ideal do despertamento das consciências enrijecidas na estagnação do egoísmo.

Também Eurípedes elegeu as bucólicas margens do Borá – o amado rio de tantas gerações – no pequeno termo de Sacramento, que possui talvez mais que outros sítios das Alterosas, características europeias, com suas colinas pitorescas, cheias de sol e cores.

Quem sabe buscou ele, no recanto singelo, o sustento desse fulcro de luz – que se denomina saudade – e que lhe transmitia recordações lúcidas de estágios dignificantes e felizes no Velho Mundo?[75]

Porque muitos o viram chorar ao influxo melancólico de certas melodias, e como amava o contacto das paisagens esplendorosas, que emolduram o panorama natural da terra sacramentana!...

Aqui estabeleceu suas oficinas de Amor cristão, quando a cidade era humilde núcleo demográfico de quatro mil almas e o casario, quase todo constituído de casas de adobes, que se estendiam pelas poucas ruas mal alinhadas, cobertas de pó.

Anos após anos, entregou-se ao serviço do próximo, numa consciente doação de si mesmo, e que se traduzia na total absorvência de suas horas, de seus segundos.

Em 1917, já o movimento de pessoas, procedentes dos mais diversos pontos do país, proporcionava à pequenina cidade o aspecto de uma terma balneária atual, em período de tratamento.

Superlotavam-se os poucos hotéis e pensões, transferindo-se às famílias locais a oportunidade de acolhida hospitaleira a grande número de visitantes.

A cidade regurgitante e com a precariedade de recursos, inerente aos termos da época, era bem um centro turístico em desalinho.

Contudo, o magnetismo de Eurípedes envolvia todos os

---

[75] Eis o testemunho da Sra. Warde Cais da Silva Gomes, esposa do Sr. Jatir Gomes, em Nova Granada - SP:

"Minha avó Emerenciana Pereira de Almeida residia em Santa Maria, ao tempo de Eurípedes. Ela guardou, com muita lucidez, importantes fatos, que coroaram a missão de Eurípedes. Relacionava, com frequência, a afirmativa dele acerca de sua penúltima encarnação na Terra, dizendo-se médico, na Alemanha. Ele conservava vívidas lembranças, guardando até o nome da cidade e da rua onde residia."

corações, e toda gente se sentia eufórica e esperançada em dias melhores.

Umas por servir – outras por receber. Muitos laços indestrutíveis de amizade se formaram nessa bela estrutura do Amor, que se universaliza.

As atividades educacionais, no Colégio, atingiam o mais alto grau de intensidade – quer no nível de aproveitamento dos alunos, quer no entusiasmo com que a equipe de Eurípedes lhe secundava o ideal sublime da tarefa renovadora.

Todos serviam com desinteresse e devotamento à causa do ensino com Jesus.

As matrículas avolumavam-se de ano para ano, até que as salas de aula tornaram-se pequenas para o grande número de estudantes que buscavam o educandário.

Naquele ano, reuniram-se amigos de Eurípedes, liderados pelos Srs. Manoel Corrêa, José Pereira de Almeida, Lindolfo Fernandes, Angelino Pereira de Almeida e outros, com um alto objetivo.

Promoveriam o planejamento esquemático para a construção de um prédio destinado ao funcionamento do Colégio Allan Kardec e do Grupo Espírita Esperança e Caridade.

Pretendiam os amigos homenagear o trabalho do grande pioneiro da Educação e do Espiritismo, em Sacramento.

Após esses trabalhos preparatórios, ficaram assentadas as bases para o levantamento da CASA DE EURÍPEDES – templo de luz e de instrução – onde se harmonizariam os recursos espirituais do entendimento e os da instrução humanística.

O primeiro passo seria a encomenda de um projeto a profissional especializado, em São Paulo – o que, aliás, foi feito.

Em seguida, movimentar-se-ia grande campanha para

aquisição dos indispensáveis recursos financeiros a serem empenhados na obra.

A comissão organizadora do importante empreendimento distribuiu listas a numerosos amigos da causa espírita, na região e em outros pontos do país, com a necessária autorização para o trabalho de recolhimento de doações.

A campanha foi recebida com profundo júbilo por todos e o resultado não se fez esperar. Superou até as expectativas mais otimistas.[76]

☆

Certa manhã, antes da chegada do projeto de estruturação do edifício, Eurípedes e sua secretária conversavam – num momento de pausa no receituário – acerca dos *sonhos* de D. Amália.

– S'Eurípedes, eu vi o Colégio Allan Kardec do futuro, no céu, ao sul. O prédio apareceu-me em foto, tamanho natural. Em concreto, uma inscrição revelava: Colégio Allan Kardec – Magos e Gêmeos.

Eurípedes indagou:

– Como interpreta a senhora essa inscrição?

– Temos as três instituições – Colégio Allan Kardec, Farmácia e Grupo Espírita - todas surgiram ao mesmo tempo, buscando Jesus – tal como acontecera aos Magos do Oriente.

– Sua interpretação não é má, D. Amália. Mas há outra bem mais alta.

E com um acento de leve amargura na voz, Eurípedes concluiu:

---

[76] Centenas de colaboradores surgiram nos atestados vivos, que enriquecem o acervo histórico da SALA DE EURÍPEDES, no Lar de Eurípedes – Sacramento – MG.

– Eu desejaria que o prédio não saísse tão cedo... Minha vida acha-se condicionada às paredes daquela casa. Ela está tão impregnada de minhas energias vitais, que, quando desaparecerem, ter-se-ão evolado os elementos de minha própria vida física.[77]

– Deus não há de permitir que o senhor vá agora – atalhou a dedicada secretária, que nem por sombras admitiu encontrar-se frente a legítimo anúncio da desencarnação do grande amigo e mentor.

Mudando o rumo da conversação, Eurípedes acrescentou:

– Entender-nos-emos depois acerca das duas revelações – a sua e a minha. Também vi o prédio construído, enquanto a senhora viu a fotografia no céu. O colégio será assim mesmo. Futuramente, a farmácia funcionará no pavimento térreo do prédio, e a senhora orientará o trabalho.[78]

– Sim, e o senhor o que fará?

– Fiscalizarei o serviço...

E como não havia tempo para outros comentários, silenciaram, retomando o fio das tarefas interrompidas na véspera.

Uma vibração de profunda tristeza a tudo envolveu.

O primeiro anúncio da desencarnação de Eurípedes acabava de projetar-se nos corações, como augúrio de sombras futuras.

☆

---

[77] Confirma-se a assertiva do médium Francisco C. Xavier, segundo a qual Eurípedes desencarnara tão moço em razão dos desgastes do corpo físico, totalmente empenhado na missão apostolar, em favor da multidão de aflitos.

[78] Instalou-se a 1º de Maio de 1976 – cinquenta e nove anos depois –a Farmácia Homeopática Tia Amália, no pavimento térreo do Colégio Allan Kardec, sob a orientação de uma equipe.

Os trabalhos prosseguiam com grande entusiasmo, o que imprimia notável força ao ideal, em favor da edificação do novo templo de luz e instrução, sob a constante égide de Maria Santíssima.

A tarefa da demolição da antiga sede do Colégio teve início, ao mesmo tempo que se levantavam novas paredes e se construíam a pavimentação e a cobertura da parte iniciada. Essa providência permitia a continuidade das aulas.

Eurípedes e sua valorosa equipe venceram os naturais empeços e permaneceram na lide sublime que Jesus lhes confiara, em favor da iluminação das consciências.

NOTA – Forneceram dados para a compilação do presente capítulo as seguintes pessoas: José Rezende da Cunha, São Carlos, SP; Amália Ferreira de Mello (arquivo do Dr. Wilson F. de Mello, São Paulo); Dr. Alfredo Fernandes, Ribeirão Preto, SP; e Walter Vieira, Ituiutaba, MG.

Capítulo 21

O começo do fim. Os anúncios continuam

Os avisos de Eurípedes relacionados à próxima desencarnação continuaram como um preparo inevitável para os corações amigos.

Sucederam-se a tal ponto, que se espalharam pelas localidades vizinhas.

O segundo anúncio, D. Amália recolheu-o do próprio Eurípedes.

Relatou-lhe ele uma conversa que mantivera com D. Chiquinha, a velha avó da secretária – que o havia interpelado sobre a saúde de D. Meca.

– Minha velha – acentuou Eurípedes –, apesar de muito compreensiva e resignada, acha-se muito abatida com a desencarnação de Cora. Porque é o primeiro membro adulto da família que se vai. Mas ela vai perder logo outro familiar, fato que a fará sofrer muito mais. A neta foi toda de branco e esse outro irá de preto...

A secretária compreendeu que se tratava da repetição daqueles avisos de morte.

Cora Natal era filha de Eulógio e desencarnou aos dezenove anos, cheios de esperanças e de sonhos, emoldurados pela grande beleza da jovem e por predicados incomuns do Espírito.

No dia subsequente ao do enterramento de Cora, quando Eurípedes tomava o seu costumeiro banho de imersão, viu-se todo de preto, na câmara mortuária, na sala de sua residência.

Esse fato fora relatado à D. Amália e a alguns auxiliares da Farmácia, que dele ainda se recordam com profunda emoção e tristeza.

Certa manhã, Eurípedes, contrariamente ao hábito de relacionar as ocorrências da noite, no campo espiritual, sentou-se à mesa de trabalho.

Imediatamente, viram-no em atitude de recolhimento. D. Amália julgou-o muito fatigado e que, naquelas circunstâncias, ele recebia o receituário por via mecânica.

Mas, em poucos minutos, dirigiu-se à secretária:

– D. Amália, prepare-se para anotar o que vou descrever. São Vicente de Paulo está ao meu lado e convida-me para um passeio muito longo, na companhia dele. Trata-se de uma excursão espiritual.

A secretária colocou-se em posição de atender à recomendação do mentor.

Eurípedes continuou:

– São Vicente me toma as mãos e diz-me: "Vamos, meu filho. Diga à D. Amália que não se preocupe, e tome nota de tudo". Eurípedes anunciou:

– Caminhamos por uma estrada clara, cheia de luminosidades intensas. As campinas floridas sucedem-se neste caminho de luz. Andamos ainda estrada afora. O vento leve perpassa pelos prados, estabelece-se um ondulado belíssimo, envolto em melodiosos sons.

De quando em quando, Eurípedes reafirmava:

– Estamos andando e a paisagem é a mesma.

E continuou, a certa altura:

– Avistamos uma árvore muito frondosa, ao longe, e caminhamos na sua direção. Estamos nos aproximando... Chegamos...

Eurípedes descreveu a amenidade da sombra daquela árvore, onde o viajor exausto encontra conforto e descanso.

Após significativa pausa, Eurípedes prosseguiu:

– D. Amália, esta árvore é tão maravilhosamente bela que não encontro comparação para que a senhora possa ter uma ideia de seu esplendor. Na Terra, nada existe que se assemelhe às fulgurâncias dela. Todavia, tentarei um recurso comparativo: imagine a senhora que este vegetal seja constituído inteiramente de ouro lavrado, batido pelos raios solares, e terá uma ideia remota da realidade. Em cada folha, há uma palavra escrita – assinalou Eurípedes – como: Deus. Jesus. Amor. Justiça. Tolerância. Paz. Esperança. Luz. Renúncia. Devotamento. Beneficência. Trabalho. Compreensão.

E novamente à secretária:

– D. Amália, não é preciso que eu leia mais. A senhora compreendeu muito bem a significação desta árvore magnificente. Como a interpretaria a senhora?

– A árvore simboliza, a meu ver, o Cristianismo puro, porque consubstancia todos os princípios salvadores exarados por Jesus.

– Sua interpretação está boa, mas conversaremos a este respeito quando fizermos um estudo mais detalhado do assunto.

Nessa altura, prosseguiu:

– São Vicente convida-me a prosseguir na viagem. Saímos. A estrada é a mesma. Andamos sempre sem parar. Avisto uma escada ao longe. Vai da Terra ao Infinito. Digo infinito, D. Amália, porque não diviso o seu fim.

A seguir, Eurípedes afirmou que havia alcançado, juntamente ao bondoso Guia, a base da escada.

– Chegamos à escada. Começamos a subir... estamos subindo... subindo muito levemente, com asas nos pés...

Eurípedes achava-se na posição inicial – olhos fechados, enquanto o Espírito prosseguia na viagem, rumo às alturas siderais.

A descrição da subida continuou até que Eurípedes declarou:

– Atingimos o topo da escada. São Vicente afirma, quando colocamos o pé direito no último degrau:

– "Meu filho, está terminada a nossa missão na Terra. Estamos atingindo outra esfera."

– D. Amália – disse Eurípedes –, a estrutura deste mundo é desconhecida para mim. Não lhe conheço os elementos físicos. Mas, para que a senhora tenha uma ideia aproximada do embasamento cósmico deste Plano, imagine-o constituído de mármore ou de jaspe. Porém, de um mármore com reverberações fascinantes. A superfície esplende-se em luminosidades próprias, verdadeiramente estonteantes. Não consigo traduzir senão vagamente para que a senhora tenha uma pálida visão da realidade.

São Vicente acentua: "Meu filho, este plano é uma mansão de Paz e bem-aventurança. Aqui é a morada daqueles que souberam bem desempenhar a sua tarefa de Amor na Terra. É aqui sua morada, meu filho".

Prosseguindo, Eurípedes informou:

– E agora, D. Amália, vejo chegar um número incalculável de cartas e telegramas... a senhora talvez tenha de tomar um secretário para auxiliá-la na tarefa de agradecimento.

O transe sonambúlico chegara ao fim. Havia decorrido meia hora.

Nessa altura, D. Amália colocou-se em expectativa, sem saber se o despertaria ao leve toque de suas mãos ou se o chamaria.

Optou pelo vocativo:

– S'Eurípedes! S'Eurípedes!

– Senhora! Estou desperto...

Ele sorriu de leve.

Retomaram posição para os serviços de rotina.

O calendário marcava: 25 de abril de 1918.

Capítulo 22

O desenlace

Quando os jornais dos grandes centros anunciaram a terrível epidemia de influenza, a que os portugueses denominaram jocosamente de "gripe espanhola" e, em Sacramento, não havia nenhum caso, Eurípedes anunciou, mais uma vez, a sua próxima desencarnação.

Ele orientara os colaboradores no sentido de providenciarem medidas para que nada faltasse às famílias, quando a epidemia atingisse a cidade. Os Espíritos Guias já haviam comunicado que a crise viria e que um número incalculável de criaturas tombaria.

Tudo foi assentado para que uma nova provisão de medicamentos fosse encomendada, incluindo-se remessas de tinturas, sob a orientação do Espírito de Bezerra de Menezes.

Efetivamente, dias após, nos meados de outubro, um viajante hospedou-se no Hotel de D. Cândida Goulart.

Estava contaminado. Eurípedes fora chamado para assistir ao enfermo. Em pouco, alguns membros da família de D. Cândida foram acometidos da terrível enfermidade.

Naqueles dias, a epidemia alastrou-se assustadoramente pela cidade e localidades vizinhas, impondo a Eurípedes e a seus dedicados colaboradores um acervo de trabalhos jamais alcançado, em tempo algum de serviço.

A família de Eurípedes caíra sob força da insidiosa moléstia.

A secretária também fora atingida, porém, em caráter brando, estando a postos depois de um dia de repouso, acamada.

No dia 22 de outubro, achava-se Eurípedes junto aos auxiliares, no atendimento ao receituário e à expedição dos mesmos. Em meio ao trabalho, dirigiu-se aos companheiros nestes termos:

– Vai desencarnar uma pessoa em Sacramento, que terá um féretro concorridíssimo. Muitas flores e um número incalculável de coroas. Todas as pessoas, participantes do cortejo fúnebre, levam flores. E como choram! Lágrimas... muitas lágrimas...

Um aluno interveio:

– Com certeza, trata-se de um rico...

A secretária afirmou:

– Não serei eu! Disso estou certa...

Eurípedes acudiu:

– Por que a senhora fala assim?

– Porque não sou rica, tão pouco estimada para receber tantas homenagens...

Eurípedes acentuou:

– O homem que vai desencarnar é pobre. O caixão é pobre, mas o morto é muito querido...

Houve um silêncio unânime de compreensão e tristeza.

E o serviço volumoso prosseguiu.

☆

Naquele mesmo dia, Eurípedes apareceu febril.

Durante três dias, não abandonou seu posto, junto dos enfermos, inclusive dos membros da família acamados e que, a pedido de D. Meca, encontravam-se na casa.

No começo da epidemia, Eurípedes fechara, temporariamente, as portas do Colégio, em virtude do grande número de alunos tombados com o flagelo.

A medida se impunha, dada a espantosa facilidade com que a enfermidade avassalava a região.

No correr de três dias, vitimado pela febre, Eurípedes ia e vinha de uma casa a outra, atendendo a chamados aflitivos.

Ao meio-dia de 23 de outubro, Eurípedes pronunciou a última oração fúnebre, no enterramento da Sra. Mirena Bárbara, esposa do Sr. Francisco Bárbara.

Falou como nunca das belezas da imortalidade e da sobrevivência da alma, despertando em todos os Espíritos as emoções mais vivas.

Em casa, todos lhe notaram o abatimento. Suas faces haviam tomado uma cor violácea tal a violência da febre, naquelas alturas atingindo 40 graus. Dos olhos, corriam-lhe lágrimas sob a ardência da febre.

Já o aguardava alentado volume de pedidos. Lá fora, uma multidão o esperava. Num esforço heroico, que somente o Amor justifica, foi atender aos corações aflitos.

A secretária, ao ver-lhe o estado febril, aconselhou-o a tomar um banho de imersão.

– Não posso, D. Amália, os enfermos não podem esperar.

– Mas o senhor precisa desse banho para acalmar a febre, já que não quer acamar-se.

Após os racionais recursos de persuasão de D. Amália, quebrou-se a resistência de Eurípedes.

Tomou o banho, previamente preparado pela cozinheira Maria Joaquina.

Depois do banho, encaminhou-se ao seu quarto para pentear-se e retomar as tarefas interrompidas.

Achava-se ainda profundamente abatido.

A secretária correu em busca da mãe do enfermo e lhe aconselhou providências imediatas, no sentido de levar o filho para a cama.

D. Meca, que também se achava acamada, foi ao encontro do filho. Insistiu para conduzi-lo ao leito. Ele relutou.

– Não posso me deitar, deixando tantos doentes à míngua de recursos...

A velha mãe, resoluta, dirigiu-se à secretária:

– Amália, abra o cortinado da cama de Eurípedes... Assim.

Depois, ao filho:

– Sente-se, filho, aí na cama e descanse um pouco.

Eurípedes obedeceu, relutante.

Auxiliado pela mãe e pela secretária, deitou-se para não mais se levantar.

Mesmo acamado, atendeu ao receituário.

Na manhã do dia anterior, anunciara a sua desencarnação para as seis horas da manhã do dia 1º de novembro.

Realmente, naquele dia e hora, Eurípedes libertara-se dos laços fluídicos que o traziam preso ao veículo carnal.

D. Meca achava-se acamada com a gripe, mas chamada para junto do filho amado, assistiu-lhe os derradeiros momentos.

Uma equipe de médiuns curadores, incluindo-se a própria secretária, rodeavam o enfermo nas vibrações fraternas do Amor.

No momento em que D. Meca penetrara o quarto, percebeu que o filho exalava os derradeiros haustos de vida orgânica.

Os médiuns formavam uma corrente, dando-se as mãos.

Na sua dor, D. Meca desfez a cadeia vibratória num dos elos, indo ajoelhar-se à cabeceira do filho, deixando cair uma exclamação dolorida:

– Meu filho está morto!

Depois, amparada por invisíveis forças superiores, tomou lugar na corrente quebrada e auxiliou os irmãos na prece pelo filho bem-amado.

Dali por diante, foi sublime em serenidade. Atendeu a todos que foram levar as últimas homenagens ao filho.

Compungentes cenas registraram-se na ocasião.

Homens e mulheres caíam desmaiados junto ao esquife.

D. Meca tomara a si a tarefa de fazer voltar à consciência aquelas almas inconformadas com a desencarnação do grande amigo e benfeitor.

Chovia brandamente.

A cidade inteira se consternava ante o fato, que a Vontade Divina tornara irretorquível.

A natureza – participante melancólica da saudade dolorida dos corações – derramava-se em lágrimas suaves, acenando os adeuses sentidos dos elementos cósmicos.

Ao enterramento, compareceu a população em massa, acrescida de centenas de pessoas de outras localidades, às 17 horas do dia 1º de novembro de 1918.

Não havia uma só pessoa que não trouxesse uma flor ou uma coroa.

De todos os olhos, caíam as lágrimas da saudade e da gratidão.

A cova rasa, singela, guarda, no seio terno da Mãe-Terra, o veículo abençoado do luminoso Espírito, que soube escrever uma das maiores páginas de Amor que o mundo já conheceu.

Em cada coração, insculpe-se um pensamento lapidar, imortal:

Glória eterna àquele cuja virtude maior foi a de perseverar até o fim na Missão de Amor que o Cristo lhe confiou.

NOTA – Neste capítulo, até aqui, utilizamos os depoimentos de: Amália Ferreira de Mello (arquivo do Dr. Wilson F. de Mello, São Paulo, SP); Ana P. de Almeida, Araxá, MG; Edalides M. de Rezende, São Carlos, SP; Walter Vieira, Ituiutaba, MG; e Jerônimo Cândido Gomide, Palmelo, GO.

REPERCUSSÕES DO DESENLACE

Abrimos espaço para alguns dos periódicos da época que noticiaram a desencarnação de Eurípedes com farta cópia de dados sobre a personalidade do Missionário e que colocaram, em evidência, a lacuna impreenchível deixada por ele na comunidade sacramentana.

O Borá, Semanário independente, em cuja redação se encontravam dois jovens discípulos de Eurípedes – Rodrigues Cilau e Homilton Wilson – dedica sua edição de 17-11-1918 ao grande sacramentano desaparecido.

O citado jornal enfoca, em artigo de fundo, o trabalho de Eurípedes, desde a juventude, nas áreas educacional e cultural, e

O BORÁ'

Directores e Redactores: — CILAU E WILSON

✕ SEMANARIO INDEPENDENTE ✕

Trim. I   SACRAMENTO, 17 de Novembro de 1918   **Num. 9**

EURIPEDES BARSANULPHO

A vida de Euripedes Barsanulpho é um facto um santo raro na historia da humanidade.

Compenetrado dos elevados sentimentos de caridade e amor do proximo, só procurou fazer o bem pelo bem, trabalhou incansavelmente em defesa dos fracos e opprimidos, pensou sempre nos outros antes de pensar em si e muitas vezes, para alliviar uma dor, para seccar uma lagrima empregava esforços além dos limites de suas forças e tudo isto tem a mais vaga esperança de compensação.

Esse vulto eminente, essa alma toda cheia de amor e bondade, não teve odio nem rancor de ninguem, só viu no seu semelhante um irmão, um amigo, e em todas as circumstancias que a vida lhe offereceu só teve por escopo a pratica do bem, respeitando sempre todas as condicções de outrem.

A humildade foi um dos traços predominantes de seu caracter recto, sempre averso aos gozos ephemeros da vida terrena.

Euripedes Barsanulpho nasceu nesta cidade, a 1º de Maio de 1880. Seus actos logo nos primeiros annos de sua preclara existencia, indicavam grandes tendencias para a vida trabalhosa que levou exclusivamente praticando a caridade. Era notavel tambem a sua propensão pela carreira litteraria. Cursou as aulas do «Collegio Miranda», estabelecimento de ensino dirigido pelo professor João Berwil de Miranda. Sempre rigoroso no cumprimento de seus deveres collegiaes, era alumno estudioso, exemplo de abnegação e bondade e muito auxiliava seus professores, leccionando seus condiscipulos, no seio dos quaes gozava de geral e merecida estima. Collaborou de modo fecundo e brilhante em diversos jornaes e redigiu durante 2 annos a «Gazeta de Sacramento», orgam de publicação semanal.

Professou por algum tempo o catholicismo abandonando-o após alguns estudos para abraçar o sublime e scientifico Espiritismo; todas as quartas-feiras pregava o Evangelho de Jesus á mocidade sacramentana. Nesta terra foi o maior propagandista da instrução, da moral, da paz, da philosophia, da união e da religião. Foi o consolador e amparo de todos aquelles que de si se approximavam e a todos, indistinctamente, dispensava o mesmo acolhimento, o mesmo amor Muito cooperou para fundação e o bom funcionamento do «Lyceu Sacramentano», leccionando neste estabelecimento de ensino durante 5 annos, desde 1902 até 1906.

Em 1907 fundou nesta cidade o «Collegio Allan Kardec», cuja matricula elevava-se a 209 alumnos. Este importante estabelecimento funccionou sob a sua competente direcção durante 11 annos e 7 mezes consecutivos desde 1º. de Abril de 1907 até 22 de Outubro do corrente anno. E, uma fonte de luz que tem diffundido a instrucção para milhares de moços de ambos os sexos.

Exerceu o mandato de vereador na Camara Municipal desta cidade por espaço de 6 annos e muito trabalhou para dotar a municipalidade de Sacramento com força, luz e bonds electricos, agua encanada, cemiterio publico tanto para esta como para a povoação de Conquista. Era seguido sempre por uma multidão consideravel de homens, mulheres e creanças que delle ia receber o positivo para muitos males. Com o valioso auxilio dos espiritos superiores elle curava centenas de enfermos de todas categorias e grande numero de obsedados que vinham de diversas localidades dos Estados visinhos.

Foi presidente do grupo espirita "Esperança e Caridade" durante 12 annos e 7 mezes Possuia diversas faculdades mediumnicas de

após a conversão ao Espiritismo, sua missão nesses campos e na assistência a milhares de criaturas sofredoras.

O Borá lembra o excepcional zelo de Eurípedes pelo desenvolvimento da terra querida, quando do seu mandato de vereador especial da Câmara Municipal, assinalando seus esforços para contemplar Sacramento com os benefícios da força e luz, bonde elétrico, água encanada, cemitério público, também para Conquista – então distrito do município de Sacramento.

Acrescenta *O Borá* que Eurípedes era seguido sempre por multidão considerável de crianças, homens e mulheres, que buscavam lenitivo para muitos males.

☆

Jornal do Triângulo, sem dúvida, o mais importante veículo de defesa de Eurípedes no processo instaurado contra ele por exercício ilegal da Medicina, nasceu em Uberaba-MG, do ideal e do valor de um batalhador das boas causas, cujo nome ficou nas páginas de ouro da imprensa interiorana: João Modesto dos Santos.

Jornal do Triângulo insere, na sua edição de 17-11-1918, importante pronunciamento espírita, evocando a personalidade e a Missão de Eurípedes com as tintas melancólicas da saudade:

"E a Parca devastadora cortou o fio daquela preciosa e exemplar existência.

No mais agudo período da invasão daquele estranho morbus, de letal e misteriosa pandemia, que foi ceifando assustadoramente milhares e milhares de vidas, ele, sereno, sorriso compassivo nos lábios pálidos, subdividia-se, atendendo a centenas e milhares de doentes da cidade e de outros lugares, que procuraram a sua incontestável mediunidade, na certeza de encontrar alívio para os seus males."

Mais adiante, *Jornal do Triângulo* afirma, consolidando dados históricos:

"Se até então sua farmácia – a farmácia espírita, aviava centenas de receitas, diariamente, e enviava, para todos os pontos de Minas e do Brasil, remédios inumeráveis; se as visitas domiciliares eram já sem conta, se ele mal dispunha de um quarto de hora para as suas frugalíssimas refeições, que não seria, então, após a chegada daquela epidemia a que os portugueses apelidaram de "gripe espanhola?"

Eurípedes Barsanulfo não se fazia esperar onde sua presença era necessária – sublime personificação da Caridade na sua forma perfeita, ele receitava, aviava o medicamento, administrava-o algumas vezes, infundindo ânimo aos doentes e reerguendo-lhes a força moral.

Esquecido de si mesmo, ele aconselhava, reconfortava, animava, ia levar ao enfermo desvalido, além da receita, do remédio, do conforto moral, o óbulo material arrancado aos seus próprios recursos, produto de seus labores.

Foi assim que a doença sorrateiramente invadiu o seu próprio organismo.

Com aquela penetração que assombrava os próprios adversários em matéria religiosa, com aquela intuição que seria ridículo negar, ele viu a doença no seu corpo e sorriu.

E continuava a tratar os enfermos, a visitá-los nas suas casinhas infectas, a ministrar-lhes os remédios e os consolos, que caíam de seus lábios no coração dos doentes, como a chuva mansa no chão calcinado pela canícula.

O mal ia crescendo. A família alarmava-se. Os pais, irmãos, sobrinhos e amigos o assediavam respeitosamente, pedindo-lhe que se tratasse, no próprio benefício dos pobres.

"No próprio benefício dos pobres! Então, que seria deles, pobrezinhos, se eu fosse egoisticamente meter-me na cama, como se o meu miserável corpo valesse alguma coisa! O Espiritismo, que me tem sido guia, diz-me perfeitamente que não devo temer pelo corpo. Este trabalhará enquanto tiver forças, enquanto *eu* puder servir-me *dele*."

Jornal do Triângulo disserta longamente sobre os acontecimentos, que coroaram de luzes o episódio final da extraordinária existência de Eurípedes, e conclui:

"Viveu como um puro, morre como um justo. Sublime vida, gloriosa apoteose."

☆

Tribuna de Igarapava, excelente órgão do vizinho município paulista, também se fez presente às demonstrações de pesar ante a perda do grande missionário do Bem.

Em sua edição de 6/11/18, em artigo de fundo, apresenta

abalizadas afirmações acerca dos trabalhos desenvolvidos por Eurípedes em Sacramento, e a certa altura assim se expressa: "Os seus serviços à humanidade foram sempre sem o menor interesse material e, consequentemente, no exercício espontâneo do sacerdócio a que se submetia com o seu admirável talento, inteligência e virtudes as mais excelsas, que lhe ornavam a extraordinária individualidade. Afirmam essas expressões milhares de fatos, milhares de pessoas, que se encontram hoje no domínio mais intenso da comoção de dor e de pesar, ao redor do imenso banquete de lágrimas".

☆

O Pharol – órgão de propaganda espírita, editado em Pedregulho, SP, dirigido por J.J. Azevedo Marques, noticia o fato em 20/11/18, assim se expressando:

"Deixou de existir a figura de Eurípedes, em carne e osso, mas será imorredoura e eterna a memória deste grande vulto, arauto da Verdade, que Sacramento teve a honra de ter por filho."

☆

A seguir, o testemunho do carinho familiar, na pessoa do Major Ataliba Cunha – marido de Sinhazinha – que arquivou por longos anos a folhinha destacada ao calendário, que marcara o dia eternamente presente aos corações e onde ele após as seguintes anotações: "Compadre Eurípedes faleceu hoje às 5:30 horas e enterrado às 5 horas da tarde. Adoeceu dia 24 às 3:00 horas, quinta-feira."

☆

O mais importante testemunho de apreço à memória de Eurípedes ofereceram-no os membros da Comissão encarregada das obras da sede nova do Colégio Allan Kardec, em Sacramento.

A mencionada Comissão, constituída dos Srs. Lindolfo Fernandes, Manoel Corrêa, Angelino Pereira de Almeida, Randolfo Rocha e José Pereira de Almeida, entregou-se ardorosa-

---

O PHAROL

EURIPEDES BARSANULPHO

No dia 1 do corrente alou ás regiões do aleu esta grande alma que na terra soube cumprir o seu dever, consagrando-se ao nobre ministerio dos espiritos cultos, diffundindo amor instrucção e caridade.

Deixou de existir a figura de Euripedes, em carne e osso, mas, será imorredoura e eterna a memoria deste grande vulto, arauto da verdade, que Sacramento teve a honra de ter por filho.

Esta existencia já foi sentida e flagrante se torna proclamar o seu exemplo.

Euripedes humilde e modesto, procurou sempre pautar sua vida por um viver nobre e altruistico.

Quando creança, estudioso trabalhador e honesto, moço, dedicou-se ao magisterio e proseguiu os seus estudos até agora, transmittindo aos seus discipulos o que podia, com todo ardor e pertinacia.

Euripedes deixou em seu Collegio, que denominou Collegio Allan Kardec mais de 140 alumnos matriculados, aos quaes, com os seus bondosos amigos, ministrava o pão espiritual, gratuitamente.

Euripedes foi um ser abnegado, espirito de grande arrojo, como pravam os eus principaes feitos: fundação do Collegio Allan Kardec, Pharmacia Espirita e Grupo Espirita, "Fé Esperança e Caridade."

Já é ter vontade conseguir o que Euripedes conseguiu.

ão divina.

A terra não se poderá har abrigo com os habitantes que ainda tem, mas irá o tempo, que não está longe, em que não haverá conhecido neste abrir o passageiro, os infelicidores companheiros que avassalam e dominam a humanidade; conspurcando os deveres de solidariedade de povo a povo, de homem a homem.

seguiu.

Sejamos imitadores deste eminente caracter, não proclamemos somente seu nome, mas luctemos por ser seus fieis imitadores, porque assim seremos um discipulo do Grande Mestre N. S. Jesus Christo.

Alma meiga caracter docil amavel e energico; como timoneiro erguto, sabia conduzir o seu batel, resistindo as procellas do mar revolto dos vicios e paixões.

E' possivel que na nova geração, surja um imitador das bellas qualidades que ornavam aquelle espirito; dizemos é possivel e é muito provavel, porque o progresso é infinito, mas, não será tão facil!

O que diremos agora das auras operadas pela mediumidade de Euripedes?!... Quantas lagrimas estancadas com o restabelecimento de pessoas caras, operado pela sua mediumnidade, quer como medium receitista quer como medium curador; quantas dores aplacadas com os remedios offerecidos por Euripedes, quantas lagrimas sustidas pela palavra deste o apostolo do bem.

E', realmente, uma per da irreparavel!

Meu Deus, deixae Senhor, que um meteoro Divino venha illuminar as nossas conciencias, já que não temos forças, não temos fé, não temos instrucção, para atravessarmos este lago até ganharmos o porto de Salvação.

Transformar-se-ha independente da vontade humana, esse volumoso mar de vicios, em diaphana brisa de amor, que soprará de polo a pól, estabelecerá no planeta, indescriptivel permanencia do bem em todas as suas applicações sentimentaes.

Fraternidade!... Lei permanente do Universo, não poderás fugir do teu cen-

tro de atracção, que, dimanando purissimo e lacrymoso amor, estende-se harmoniosamente ao infinito;— Deus.

Euripedes Barsanulpho.

Aureo brilho de luz se me apresentou, ao edealisar essas desclassificaveis linhas, que outro objecto não terão do que provar a minha gratidão, para com esse virtuoso espirito que acaba de deixar a terra.

A paz que concede o dever cumprido, é a tranquillidade de seu espirito illibado das paixões terrenas.

Foi no sacrosanto desempenho do "amor ao proximo", que esse irmão esgotou a saude. A caridade, sua virtu predilecta, realçava em conjuncto com a humildade e desinteresse, na grandeza de sua abnegação.

Não é justo descrever pensamentos, que não poderão provar o amor acendrado desse espirito, permanecendo na terra — estrella de real grandeza — transforma-se no espaço em sol brilhante á aquecer e illuminar os seus irmãos soffredores.

Abençôae-o Deus! Jesus acolhei-o em vosso amavel seio.

J. MARQUES

Reflexões

Epocha de terrores e angustias si é bastante e qualificativo para exprimir-se com since-

ridade. Na accepção mais suave em que se possa traduzir o sentido dessa phrase e por muito que se possa coordenar todos os factos calamitosos que diariamente reproduzem-se entre nós, ainda estamos muito longe da verdadeira realidade das cousas. Acreditavamos que com o apogeo da civilisação seria impossivel essa hecatombe que transformou o nosso planeta em uma formidavel fogueira, sacrificando os seus melhores rebentos e tudo devastando com a sua infernal trajectoria. E que ainda somos infantis para readquirirmos a nossa verdadeira sociedade, onde todos possam viver conforme os preceitos da boa harmonia e fraternidade, sociedade onde serão abolidos os preconceitos, firmada em sua baso solida, em que o homem se veja pelo prisma da bondade; cada um com a sua posição, sem entretanto, abusar da sua faculdade em detrimento aos seus semelhantes menos favorecidos.

Objectar-se-a que uma sociedade com esses principios é impossivel, e as theorias acima expendidas, só podem ser producto de um schismatico sonhador. Concordo, mas, para os que assim raciocinam, peço que estudem meticulosamente a nossa actual organisação.

Precisamos conceber que temos um Ente Supremo para nos cesco-

mente à tarefa iniciada em 1917 e, no pequeno espaço de um ano, entregou o imponente prédio da Avenida Visconde do Rio Branco às atividades educacionais e do Grupo Espírita Esperança e Caridade. A direção dessas tarefas esteve a cargo de Watersides Willon até 1926. A partir de 1936 até 1941, Homilton Wilson assumiu o posto diretivo do Colégio Allan Kardec e do Grupo Espírita.

O trabalho dos seguidores de Eurípedes evidenciou a grandeza da formação, a firmeza e a segurança de princípios que o mestre legou aos irmãos e discípulos.

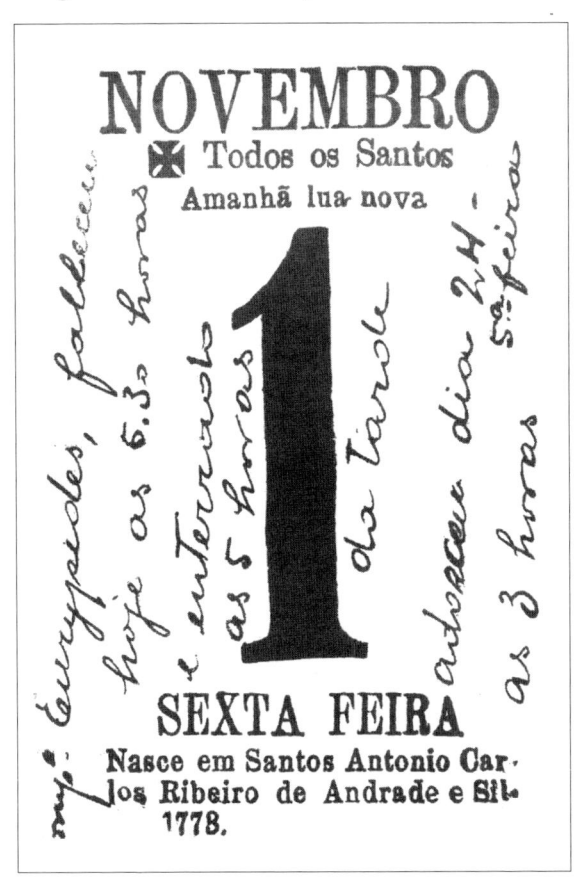

NOVEMBRO
✠ Todos os Santos
Amanhã lua nova

1

SEXTA FEIRA
Nasce em Santos Antonio Carlos Ribeiro de Andrade e Silva 1778.

Capítulo 23

A missão continua

Na antevéspera do adeus supremo, Jesus reunira-se a seus discípulos, ensejando-lhes importante diálogo em torno de temas que deveriam sustentar princípios basilares de Vida Eterna. Defendeu com firmeza e sabedoria diretrizes do Amor, observando ser esse o fator único para o reconhecimento de Seus seguidores entre os homens. (João, 13:14, 15)

O Cordeiro Imaculado trouxe para a assembleia atenta o enfoque grandioso da vida nos planos cósmicos, confirmando a tese sábia com singeleza: "Há muitas moradas na Casa de Meu Pai". (João, 14:2)

Como se não bastasse a lição consoladora, o Mestre enunciou, com detalhes identificadores, a vinda de Outro Consolador, que, em tempo propício à compreensão humana, reviveria a Boa Nova. (João, 14:16 e seguintes)

Três dias após a partida sacrificial, nos braços da cruz, o Mestre tornou-se visível sob "outra forma" (Marcos, 16:12) a dois de seus discípulos, no caminho de Emaús, aldeia distante de Jerusalém 60 estádios (Lucas, 24:13), dando início a uma nova fase de orientação, enfatizando a vida do Espírito em outras dimensões e da materialização do mesmo no plano terreno. Como farol resplandecente, era a lição viva da sobrevivência, na continuidade ou complementação da obra Messiânica, interrompida pela morte do corpo.

☆

O exemplo de Divino Amor deveria ser seguido pelos discípulos do Cristo, através dos séculos, no curso de grandes e sucessivas Missões, em obediência ao binômio perfeito da Sabedoria e do Amor, na própria enunciação do Mestre: "Eu sou o caminho, a verdade e a vida. Ninguém vai ao Pai a não ser por mim". (João, 14:6)

☆

Quando concluímos a leitura dos originais deste livro para o médium Francisco Cândido Xavier, estando presente nossa irmã Amália Rezende Cordeiro, residente em Sacramento, MG, eis que nosso querido Amigo se afastou por alguns momentos e retornou com um opúsculo, dizendo: "Este é o Evangelho de João. No último capítulo, o Discípulo Amado revela sua conceituação acerca do Mestre. Aqui está: 'Há, porém, ainda muitas outras coisas que Jesus fez. Se todas elas fossem relatadas, uma por uma, creio eu que nem no mundo inteiro caberiam os livros que seriam escritos.' (João, 21:25)".

E Francisco Cândido Xavier, com suas faculdades psíquicas penetrantes, obviamente, já com incursões no Passado do Missionário Sacramentano, concluiu: "Guardadas as proporções de relatividade, o mesmo poderíamos dizer de nosso querido 'Mestre Eurípedes.'"

Quem, efetivamente – admitimos nós –, poderá relacionar, na vida de Eurípedes, as noites de vigília à cabeceira de enfermos ou no laboratório da farmácia, no atendimento a casos aflitivos, madrugada adentro? Quem estaria capacitado de enumerar, um a um, os prodígios de luz a espargir elementos de cura e bom ânimo, nas emissões constantes do mundo íntimo de Eurípedes?

Compreende-se, no entanto, o devotamento sublime do Benfeitor, persistente na renúncia de séculos, com vestes físicas ou espirituais.

Ele confirma essa continuidade missionária na sua primeira mensagem, transmitida a Francisco Cândido Xavier em 30/04/1950, quando este se achava em Uberaba, a serviço da Secretaria de Agricultura de Minas Gerais. Damos a seguir, na íntegra, o valioso documento:

AOS COMPANHEIROS DE IDEAL

Aos queridos amigos do Triângulo Mineiro:

A nossa marcha continua e, como sempre, irmãos meus, confirmo a promessa de seguir convosco até a suprema vitória espiritual.

Os anos correm incessantemente, a morte estabelece apreciáveis modificações, as paisagens se transformam, todavia, nossa confiança em Deus permanece inabalável.

Somos numerosa caravana em serviço das divinas realizações.

Velhos amigos nossos, ouvindo-me a palavra, sentirão os olhos úmidos. Para vós que ainda permaneceis na Terra, a travessia dos obstáculos parece mais dolorosa. As saudades orvalhadas das lágrimas vicejam ao lado das flores da esperança. As recordações represam-se na alma. Alguns companheiros estacionaram em caminho, atraídos pelo engano do mundo ou esmagados pelo desalento; não foram poucos os que desanimaram, receosos da luta. Por isso mesmo, as dificuldades se fizeram mais duras, a jornada mais difícil.

Mas a nós, que temos sentido e recebido a bênção do Senhor, no mais íntimo d'alma, não será lícito o repouso.

Nossas mãos continuam enlaçadas na cooperação pelo engrandecimento da verdade e do bem, e minha saudade, antes de ser um sofrimento, é um perfume do céu. No coração, vibram nossas antigas esperanças e continuamos a seguir, a seguir sempre, no ideal de sublime unificação com o Divino Mestre.

Tenhamos, para com os nossos irmãos ainda frágeis, a ternura do amor que examina e compreende. As ilusões passam como os rumores do vento. Prossigamos, desse modo, com a verdade, para a verdade.

Falando-vos em nome de companheiros numerosos da Espiritualidade, assinalo a nossa alegria pelo muito que já realizastes, no entanto, amigos, outras edificações nos esperam, requisitando-nos o esforço. É preciso contar com os tropeços de toda sorte. O obstáculo sempre serviu para medir a fé, e o espírito de inferioridade nunca perdoou as árvores frutíferas. Quase toda gente deixa em paz o arbusto espinhoso a fim de atacar a árvore generosa, que estende os ramos em frutos aos viajantes que passam fatigados. A sombra, muita vez, ameaçará ainda os nossos esforços, os espinhos surgirão, inesperadamente, na estrada, a incompreensão cruel aparecerá, de surpresa. Conservemos, porém, a limpidez de nosso horizonte espiritual, como quem espera as dificuldades, convictos de que a vida real se estende muito além dos círculos acanhados da Terra. Guardando a energia de nossa união, dentro da sublimidade do ideal, teremos à frente o archote poderoso da fé que remove montanhas. Quando o desânimo vos tente, intensificai os passos na estrada da realização. Não esperemos por favores do mundo, quando o próprio Jesus não os teve. A paz na Terra, muitas vezes, não merece outro nome, além de ociosidade. Procuremos, pois, a paz de Cristo, que excede o entendimento das criaturas. Semelhante vitória somente poderá ser conquistada através de muita renúncia aos caprichos que nos ameaçam a marcha. Não seria justo aguardar as vantagens transitórias do plano material, quando o trabalho áspero ainda representa a nossa necessidade e o nosso galardão.

Jamais vos sintais sozinhos na luta. Estamos convosco e seguiremos ao vosso lado. Invisibilidade não significa ausência.

O Mestre espera que façamos do coração o templo destinado à sua Presença Divina.

Enche-vos o mundo de sombras? Verificam-se deserções, dissabores, tempestades? Continuemos sempre. Atendamos ao programa de Cristo. Que ninguém permaneça nas ilusões venenosas de um dia.

Deste "Outro Lado" da vida, nós vos estendemos as mãos fraternas. Unindo-nos mais intensamente no trabalho, em vão rugirá a tormenta. Jamais vos entregueis à hesitação ou ao desalento, porque, ao nosso lado, flui a fonte eterna das consolações com o amor de Jesus Cristo.

Eurípedes Barsanulfo

OS SERVIÇOS EM SACRAMENTO

As áreas de trabalho, onde a abnegação de Eurípedes deixou lastros imortais de luz, tiveram prosseguimento, após sua desencarnação, através do esforço de alguns companheiros, que se constituíram em equipes especializadas, sob a orientação do Benfeitor, que ampliava, desse modo, os processos energéticos de sua elevada capacidade espiritual, em favor da multidão de aflitos, ainda em busca das plagas sacramentanas.

A Farmácia Esperança e Caridade funcionou por alguns anos sob a orientação das Sras. Edirith Irani Corrêa e Amália Ferreira de Mello, atendendo a todos que solicitavam medicamentos, até quando se esgotaram completamente os recursos do laboratório.

SETOR EDUCACIONAL

Do depoimento da Sra. Edalides M. Rezende, São Carlos, SP., destacamos o seguinte informe: "Sabendo que ia desencarnar a 1º de novembro de 1918, Eurípedes pediu à sua mãe – D. Meca – que insistisse sempre junto a Watersides e Homilton, no sentido de continuarem à frente do Colégio Allan Kardec, assinalando que este não poderia fechar suas portas".

O atendimento a essa patética solicitação realizaram-no os mencionados irmãos de Eurípedes até 1925. Watersides como diretor, e Homilton colaborando no pequeno quadro docente do estabelecimento. Dificuldades sobreviveram e, com elas, o colapso de alguns anos. Com o ingresso de Manoel Soares na Presidência do Grupo Espírita Esperança e Caridade, reabriram-se as portas do Colégio Allan Kardec, sob a direção de Homilton Wilson, em 1935.

Em 1936, o colégio foi registrado na Secretaria de Educação e Cultura de Minas Gerais com a denominação de Escola Allan Kardec, tendo o Grupo Espírita Esperança e Caridade como órgão mantenedor.

As dificuldades ampliavam-se a cada ano, mas o esforço anônimo das almas devotadas, que sustentavam as atividades educacionais da Escola Allan Kardec, sempre contou com o carinho atuante e motivador de D. Meca, que agia em memória do filho muito amado.

Em 1941, Homilton Wilson confiou-nos a direção da

Escola, onde nos mantivemos até 1964. Foi em meio a essas lutas que Francisco Cândido Xavier e Waldo Vieira realizaram a primeira visita a Sacramento, precisamente a 21 de julho de 1956. Nessa data, em reunião pública, no Grupo Espírita Esperança e Caridade, Eurípedes brindou-nos com o poema *Oração em Sacramento*, pela psicografia de Francisco Cândido Xavier, transcrito a seguir:

ORAÇÃO EM SACRAMENTO

Terra generosa de Sacramento,
que nos acalentas em tua luz,
asilados em teus braços
rogamos a Deus, ardentemente,
nos ilumine e nos envolva!

Em teu santuário de esperança,
a erguer-se, bendito,
sobre o amor de teus filhos,
suplicamos aos Céus
para que o Espiritismo
seja conosco, em tudo,
o ensino do Mestre em nossos passos!

Inspirados
pela paz do teu campo,
no teu Sol claro e belo
e em tuas noites estreladas,
imploramos ao Cristo
para que a nossa fé
se exprima sempre,
no socorro aos necessitados,
no remédio ao doente,
no amparo às criancinhas,
no reconforto aos tristes,

*no trabalho incessante
para a glória do bem,
na solidariedade,
na renúncia incansável,
na humildade e no amor,
na caridade pura...*

*Nós pedimos ainda
ao Todo-Poderoso,
Oh! Terra benfazeja,
para que no teu seio
acolhedor e amigo
possamos viver todos,
sem discórdia e sem mágoa
em perene união!*

*Solo florido em graças
de harmonia e beleza,
osculamos-te a relva,
em júbilo crescente
de ternura, alegria e doce gratidão!*

*E, ante a palavra humana,
incapaz de plasmar-nos
os constantes carinhos,
ditosa, aqui se cala
a nossa voz humilde
a repetir em prece:*

*Terra de Sacramento,
que a bondade te inspire,
que o progresso te guarde
e que Deus te abençoe!*

☆

Em 1964, a Escola passou para o âmbito estadual, ganhando, sucessivamente, as denominações de Escolas Combinadas de Sacramento e Escolas Reunidas de Sacramento, funcionando nas instalações adaptadas no pavimento térreo do antigo Colégio Allan Kardec. No terceiro ano de funcionamento, a entidade passou a chamar-se Grupo Escolar Sinhana Borges, em homenagem à grande educadora sacramentana Ana Borges.

Em 1959, foi criado o Ginásio Allan Kardec, que prestou bons serviços à Comunidade local. Por falta de recursos foi cancelado em 1971.

Em 1973, teve início um movimento, liderado pelo Dr. Tomaz Novelino, que daria a concretização de nova unidade escolar, construída em extensa área doada ao Lar de Eurípedes pelos Poderes Públicos. Com a denominação de Escola de Primeiro Grau Eurípedes Barsanulfo, esse Departamento do Lar de Eurípedes passou a funcionar, desde 1975, num dos bairros mais carentes da cidade.

A flama sagrada do Amor de Eurípedes a todos sustenta e ampara, como sublime Providência, nos rumos salvadores do ideal.

O GRUPO ESPÍRITA ESPERANÇA E CARIDADE

Os serviços de ordem espiritual prosseguiram sem solução de continuidade, havendo o Grupo Espírita Esperança e Caridade passado por sucessivas presidências, dentre as quais destacamos: Watersides Willon, Homilton Wilson, Antônio Eugênio Magnabosco, Manoel Soares, Evangelino Cunha, Hermínio Pícolo, Oscar Martins de Oliveira e Ivomir Cunha.

Nas primeiras décadas, que se seguiram à desencarnação de Eurípedes, os trabalhos mediúnicos tiveram a cooperação de Mariano da Cunha e de seus irmãos Luiz e Jason.

A assistência domiciliar a enfermos, através do passe, permaneceu por longos anos, nela colaborando Cândido Pinto Valada, José Gonçalves Novelino, Miguel Valeriano, Miguel Bento, Maria da Cruz, Amália Ferreira de Mello, Eulógio Natal e outros.

Nos idos de 25 a 37, emprestou importante colaboração ao grupo o cirurgião-dentista Manoel Soares (Delfinópolis, MG, 21/8/1888, Sacramento, MG, 19/01/1937), que se radicara com a família em Sacramento.

Temperamento combativo e dinâmico, executou planos de valor no setor administrativo do Grupo Espírita Esperança e Caridade. Em 1927, encabeçou o movimento que deu origem à herma de Eurípedes, nos jardins do Colégio Allan Kardec, sendo o evento comemorado brilhantemente em 1º/5/1929 com a 1ª Semana Espírita local, que contou com a participação dos Drs. Pedro Lameira de Andrade, Jônatas Fernandes e Tomaz Novelino.

Funcionou como médium psicofônico e receitista por vários anos, promovendo grande folha de serviços à causa espírita. No Esperança e Caridade, criou a Hora Espírita Jerônima Pereira de Almeida com a finalidade de evangelização da criança, obedecendo a programações e roteiros atualizados.[79]

☆

---

[79] A 8 de agosto de 1937, sete meses após a sua desencarnação, Manoel Soares transmitiu bela carta a um dos seus filhos, pelo médium Chico Xavier, incluída e comentada no livro *Enxugando Lágrimas* (Espíritos Diversos, F. C. Xavier e Elias Barbosa, IDE, Araras, SP, caps. 9 e 10). Num dos tópicos da mensagem, ele afirmou: "O nosso grande Eurípedes foi a luz dos meus derradeiros momentos aí na Terra e, como acontecia aí no mundo, é na profunda caridade do seu coração generoso e amigo que repouso o pensamento, saturado de preocupações com a família que tanto necessitava de minha presença, por mais algum tempo, aí no Planeta."

A herma de Eurípedes em bronze, erguida no jardim do Colégio Allan Kardec, em Sacramento, MG. No pedestal de granito, um medalhão de bronze representando o Espírito da Verdade, com as palavras: OS TEMPOS SÃO CHEGADOS. Mais abaixo, os dizeres: A EURÍPEDES BARSANULPHO, HOMENAGEM DA FAMÍLIA ESPÍRITA, 1929.

Nos idos de 1954, visitou Sacramento uma equipe de religiosos com o objetivo de apagar a memória de Eurípedes Barsanulfo da consciência popular, dando início a uma campanha difamatória, em que se incluíam palestras e visitas de "esclarecimento" a adeptos da Igreja e até a espíritas.

A presidência do Grupo Espírita Esperança e Caridade

julgou por bem assumir iniciativa de defesa, através da imprensa.

Eis que o *Anjo da Caridade*, mais uma vez, estende seu manto protetor sobre os irmãos queridos da Terra natal, enviando-lhes de Pedro Leopoldo, em 16/07/54, através da psicografia de Francisco Cândido Xavier, mensagem de sustentação dos ânimos, com a revivescência do perdão, no esquecimento total das ofensas, prescrevendo a receita que ele próprio valorizou com exemplos sublimes – *Serenidade e Paciência*.

Eis a mensagem:

SERENIDADE E PACIÊNCIA

Meus caros amigos:

Em nossa tarefa espiritista, é preciso não esquecer o imperativo da tolerância.

Em muitas ocasiões, somos surpreendidos pela tormenta das sombras, induzindo-nos a cair no espinheiro das reações descabidas, que não operaria, ao redor de nós, senão o desequilíbrio e a perturbação que nos cabe evitar.

Em semelhantes momentos, o golpe da perseguição e o brio ultrajado constrangem-nos à defesa aparentemente justa. No entanto, ainda aí é indispensável nossa acomodação com o silêncio e com a prece, para melhor discernir a atitude que nos compete.

O Senhor, na oração, revelar-nos-á o impositivo da serenidade e da paciência.

E a verdade cristalina ensinar-nos-á a enxergar o desespero onde prevalece a mentira, a loucura onde surgem o azedume e a condenação.

No coração governado pelo amor de Jesus, não há lugar para a dignidade ferida, porque a dignidade do discípulo do Evangelho brilha, acima de tudo, no perdão incondicional das ofensas e no serviço incessante à extensão do bem.

A língua acusadora ou ingrata é bastante infeliz por si mesma e as mãos que apedrejam e dilaceram trazem consigo o suficiente infortúnio.

Abstenhamo-nos, pois, de julgar, não porque nos faleçam conhecimento ou valor, mas porque somos servidores na Causa do Cristo e, somente ao Senhor, cabe a supervisão da obra redentora a que fomos chamados.

Não vale precipitar ações e conclusões.

Nem basta simplesmente convencer.

A tolerância construtiva do bem que não repousa ser-nos-á infatigável guardiã no espaço e no tempo, favorecendo a outros, tanto quanto a nós mesmos, a visão clara da vida.

Exercê-la é preservar o sublime trabalho que nos foi confiado, aproveitando a dor e obstáculo como recursos preciosos de nossa união fraternal, junto ao tesouro da experiência evangélica.

Saibamos, assim, desculpar as trevas em suas arremetidas inúteis, valorizando a luz que o Divino Mestre nos concedeu para o caminho de ascensão.

Recordemos que a Ele próprio não se reservou, na Terra, senão a cruz do supremo sacrifício, da qual endereçou ao mundo inteiro a bênção do silêncio e da humildade, do perdão e da renúncia por mensagem maior.

Atentos, desse modo, aos nossos compromissos com a verdadeira fraternidade, estejamos vigilantes, entre a *riqueza do trabalho e a graça da oração em nossos santuários de serviço, na convicção de que o campo de nossas atividades pertence ao Mestre e Senhor.*

E na certeza de que, agindo sob as normas do amor de que somos depositários, tê-lo-emos em toda a parte por Advogado infalível a pronunciar-se por nós no momento oportuno.

UNIÃO DA MOCIDADE ESPÍRITA DE SACRAMENTO

A visita do Prof. Leopoldo Machado – o grande pioneiro dos movimentos de moços espíritas no Brasil, deu à cidade de Eurípedes a criação de mais uma organização do gênero, a 1º de maio de 1947 – a União da Mocidade Espírita de Sacramento.

Pode-se afirmar que esse órgão promoveu uma fase nova no sistema assistencial da Doutrina, no meio, com a criação da Campanha do Quilo e da Vila Sinhazinha.

Destacam-se nesse serviço de amparo transitório a famílias carentes os "velhos-moços" Srs. Abrão Amui e Hermínio Pícolo, que, desde o início do levantamento das casas de moradia – atualmente com 25 unidades –, mantêm-se decididos e firmes, junto a elementos da Mocidade Espírita local, igualmente dedicados nos trabalhos desse importante setor, a partir da década de 60.

O LAR DE EURÍPEDES

O velho sonho para um trabalho junto a crianças já se achava delineado para nós no Lar Espírita de Uberaba, a convite de seus Diretores Dr. Inácio Ferreira e D. Maria Modesto, em 1950.

Tudo pronto para a nossa transferência, quando, em companhia de nossas irmãs de ideal Maria da Cruz e Carmen

Natal, visitamos Chico Xavier, em Pedro Leopoldo. Nada conversamos acerca de nossa próxima ida para Uberaba. No fim da reunião, vi-me agraciada com uma mensagem espontânea de Eurípedes, com apenas dez palavras: "Corina, você é uma das minhas últimas esperanças em Sacramento".

Um abalo de alegria estremeceu os três corações sacramentanos ali presentes.

Modelo em gesso do busto de Eurípedes, utilizado na arte final em bronze, feito pelo famoso escultor italiano Prof. Armando Zago, na época, residente em São Paulo.

Tudo decidido: Sacramento foi e seria sempre a meta de nossas pequeninas tarefas.

☆

Surgira, quase inesperadamente, em 1951, a ideia de um Lar para meninas, em Sacramento. Recursos não havia nem para a manutenção da Escola Allan Kardec, cujo sustento provinha da abnegação de sucessivos Grupos de professoras, que por ali passavam, em estágios flutuantes.

Todavia, chegara a hora de realizações maiores. A planificação vinha do mais Alto e a reduzida equipe de tarefeiros da Casa de Eurípedes recebia alentadores elementos, no dia a dia eivado de barreiras e lutas. A 1º de novembro de 1952, foi inaugurado o Lar de Eurípedes com singelo e comovido Culto do Evangelho, em casa adaptada nos terrenos do Grupo Espírita Esperança e Caridade.

A 1º de maio de 1957, foi lançada a pedra fundamental da sede definitiva, com a presença de Francisco Cândido

Xavier e Waldo Vieira. Na época, a entidade acolhia vinte e cinco internas.

A obra exigiu o devotamento de numerosos corações, sem dúvida acionados por invisíveis energias superiores, sob o comando de Eurípedes.

Velhos, moços e crianças vieram ao trabalho da construção para o auxílio voluntário da cada dia, sob a dedicada supervisão do companheiro Oscar Martins de Oliveira.

Companheiros de outras cidades, especialmente de São Paulo e Uberaba, desdobraram-se em exaustivas campanhas para aquisição de materiais de construção.

Em Uberaba, Chico Xavier promovia permanente serviço de amparo à obra de Sacramento, concitando irmãos visitantes de outras cidades à ajuda direta ao empreendimento, que ele seguia carinhosamente, desde o início.

A influência gratificante de Eurípedes, ostensiva e luminescente, funcionava como singular desbravador de empecilhos.

Após dois anos de lutas, com alternativas de aflições e esperanças, a 1º de novembro de 1959, deu-se a inauguração da sede própria do Lar de Eurípedes, em homenagem à data de desencarnação do Grande Patrono, a cuja influência se devia tal cometimento.

Mais uma vez, a presença de Francisco C. Xavier, com Waldo Vieira, plenificava os corações de júbilos indefiníveis.

Pela mão abençoada de Francisco C. Xavier, Eurípedes escreveu esta oração de comovedora humildade, confirmando sua renúncia, através dos séculos, desculpando-nos sempre as faltas e conduzindo-nos à integração consciencial, em busca da segurança dos roteiros conducentes à felicidade:

Senhor Jesus!

Esta é a Casa que nos deste por tua bênção.

Ajuda-nos a encontrar dentro dela, não apenas um abrigo de pedra e cal, mas, acima de tudo, o teu próprio coração em forma de lar, pulsando de amor.

Construíste-nos um santuário.

Clareia-nos a fé.

Ergueste-nos uma escola.

Conduze-nos à lição.

No trabalho, sê nosso Guia.

Em nossa debilidade sê nossa força.

Ante o esplendor desta hora que só a ti pode ser tributado, debalde procuro palavras para exprimir-te gratidão, porque apenas encontro as lágrimas de alegria que me vertem do peito.

Ainda assim, Mestre, imploro engrandeças as mãos que se entrelaçaram, generosas, para que o nosso templo se levantasse, em teu nome!

Na emoção que me comprime a alma toda, sinto-te a presença invisível no amor em que nos reúnes; nos amigos abnegados que nos sustentam a luta; nas irmãs valorosas que nos acalentam as esperanças, amparando-nos os sonhos que hoje se realizam; no devotamento dos jovens que nos emprestam confiança e carinho; e na doçura das crianças que te refletem a divina simplicidade, acenando-nos o futuro!

Sinto-te como quando passavas na Terra, junto de nós!...

E rogo, mais uma vez, ilumines a todos os corações que nos partilham os cânticos de louvor!

E quanto a mim que sou, nesta Casa, o último dos últimos – servo a quem tudo tens dado e que *nada te deu ainda – trazido pelos amigos para algo dizer-te, não tenho outro recurso senão lembrar o cego de Jericó e rojar-me diante de tua bondade e de tua glória, a fim de pedir-te em pranto:*

– Senhor, que eu veja!

Que eu veja a tua vontade para que eu saiba servir.

Eurípedes

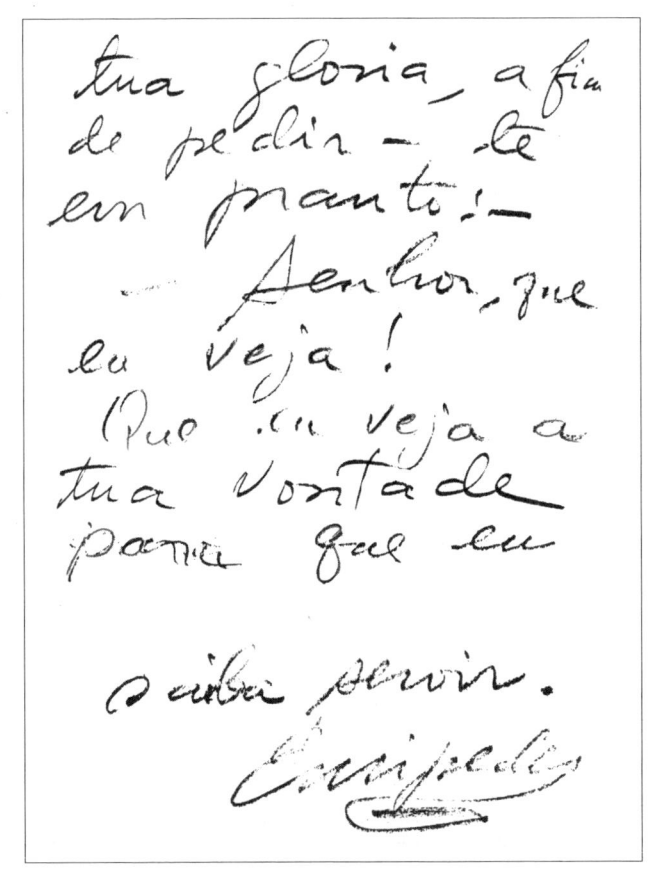

Reprodução fotográfica do trecho final da prece de Eurípedes, psicografada pelo médium Chico Xavier, na inauguração do Lar de Eurípedes, em Sacramento, MG, a 1º de novembro de 1959.

Logo após, o médium psicografa *Oração das Crianças* – enternecedores versos do Espírito de Casimiro Cunha:

> "Agradecemos, Jesus,
> O amparo de teu afeto,
> A luz, a alegria, o teto,
> A paz, o conforto e o pão...
> E por que nada tenhamos
> Para dar-te às mãos divinas,
> Em nossas mãos pequeninas,
> Trazemos-te o coração.
>
> Ensina-nos, Mestre Amado,
> A descobrir-te o roteiro,
> Para buscarmos, primeiro,
> Aprender e trabalhar.
> Cada dia, cada hora,
> Concede-nos, Doce Amigo,
> A bênção de estar contigo
> Na bênção de nosso lar."

☆

Deixando o lápis, mas ainda em transe mediúnico, Chico Xavier voltou-se para a tia Amália, segurou-lhe as mãos e disse: "Minha abençoada amiga". Nesse instante, delicado perfume de jasmins, provindo de invisível frasco, banhou as mãos de tia Amália, inundando o ambiente.

Muitos dos participantes da solenidade, de imediato, entenderam... a flor do jasmim era a preferida de Eurípedes...

Lágrimas, brandas, nos olhos dos presentes.

Nos corações emocionados e reconhecidos, reafirmou-se a certeza luminosa, evidenciada por Emmanuel:

"Por amor, os bem-aventurados que já conquistaram a Luz Divina descerão até nós, quais flamas solares que não apenas se retratam nos minaretes da Terra, mas penetram igualmente nas reentrâncias do abismo, aquecendo os vermes anônimos."[80]

Nas Esferas Superiores, a Missão de Eurípedes continua, em cumprimento à promessa de seguir ao lado dos companheiros retardatários, até a suprema vitória espiritual.

---

[80] Emmanuel, *Justiça Divina,* Psicografia de Francisco C. Xavier, Ed. FEB, Rio de Janeiro, RJ, 3ª ed., cap. 28.

Índice das ilustrações

1 - Vista de Sacramento na primeira década deste século 4/5
2 - Hermógenes E. de Araújo, pai de Eurípedes 6
3 - Jerônima P. de Almeida, mãe de Eurípedes 7
4 - Eurípedes Barsanulfo aos 33 anos................ 8
5 - Eurípedes na viagem experimental do bonde elétrico de Sacramento................ 9
6 - Registro de batismo de Eurípedes................ 28
7 - Mariano da Cunha 73
8 - Frederico Peiró 75
9 - Centro Espírita Fé e Amor, em Santa Maria 78
10 - Eurípedes Barsanulfo 95
11 - Mensagens psicografadas dos Espíritos de Bittencourt Sampaio e Dr. Bezerra de Menezes 115
12 - Trecho do Livro de Atas do G. E. Esperança e Caridade 116
13 - Mensagem psicografada do Espírito de Vicente de Paulo 117
14 - Colégio Allan Kardec e Grupo Esp. Esperança e Caridade 135
15 - Professores e alunos do Colégio Allan Kardec em 1913 139
16 - Carta do Presidente da FEB a Eurípedes em 1911 144
17 - Idem 145
18 - Idem 149
19 - Boletim Mensal do Colégio Allan Kardec 157
20 - Rótulos usados na Farmácia Espírita Esperança e Caridade .. 180
21 - Telegrama pedindo remédio 182
22 - Prescrições do Espírito do Dr. Bezerra 183

23 - Tia Amália, Laura de Almeida e Maria da Cruz 186
24 - Fatura de compras da Casa Fretin 187
25 - Fatura de compras da Drogaria do Leão 188
26 - Balancete da Farmácia Espírita 189
27 - Relação de Certificados do Correio referentes aos despachos de medicamentos 191
28 - Relação de pacotes de medicamentos despachados pela Farmácia Espírita 192
29 - Idem 193
30 - Relação de livros espíritas recomendados por Eurípedes 197
31 - Telegrama pedindo orientação espiritual 200
32 - Certidão de Óbito de Dalila Freire 201
33 - Título de Eleitor de Eurípedes 203
34 - Professores e alunos do Colégio Allan Kardec em 1910 206
35 - Ata da Câmara Municipal 207
36 - Acordo e Síntese de polêmica religiosa 212
37 - Bilhete de Eurípedes a seu pai 243
38 - Quarto de Eurípedes, na Chácara Triângulo 249
39 - Notícia da desencarnação de Eurípedes no jornal *O Borá* 289
40 - Idem, nos jornais *Tribuna de Igarapava, Jornal do Triângulo* e *O Pharol* 291
41 - Idem, no jornal *O Pharol* 294
42 - Folhinha de 1º/11/1918 com anotação referente à desencarnação de Eurípedes 295
43 - Busto de Eurípedes, em bronze, em Sacramento ... 306
44 - O modelo em gesso do mesmo busto 310
45 - Trecho final da prece de Eurípedes, psicografado pelo médium Chico Xavier 313

IDE | Conhecimento e educação espírita

No ano de 1963, Francisco Cândido Xavier ofereceu a um grupo de voluntários o entusiasmo e a tarefa de fundarem um periódico para divulgação do Espiritismo. Nascia, então, o Instituto de Difusão Espírita - IDE, cujos nome e sigla foram também sugeridos por ele.

Assim, com a ajuda de muitas pessoas e da espiritualidade, o Instituto de Difusão Espírita se tornou uma entidade de utilidade pública, assistencial e sem fins lucrativos, fiel à sua finalidade de divulgar a Doutrina Espírita, por meio de livros, estudos e auxílio (material e espiritual).

Tendo como foco principal as obras básicas de Allan Kardec, a preços populares, a IDE Editora possui cerca de 300 títulos, muitos psicografados por Chico Xavier, divulgando-os em todo o Brasil e em várias partes do mundo.

Além da editora, o Instituto de Difusão Espírita também se desenvolveu em outras frentes de trabalho, tanto voltadas à assistência e promoção social, como o acolhimento de pessoas em situação de rua (albergue), alimentação às famílias em momento de vulnerabilidade social, quanto aos trabalhos de evangelização infantil, mocidade espírita, artes, cursos doutrinários e assistência espiritual.

Ao adquirir um livro da IDE Editora, além de conhecer a Doutrina Espírita e aplicá-la em seu desenvolvimento espiritual, o leitor também estará colaborando com a divulgação do Evangelho do Cristo e com os trabalhos assistenciais do Instituto de Difusão Espírita.

www.idelivraria.com.br

leia estude pratique

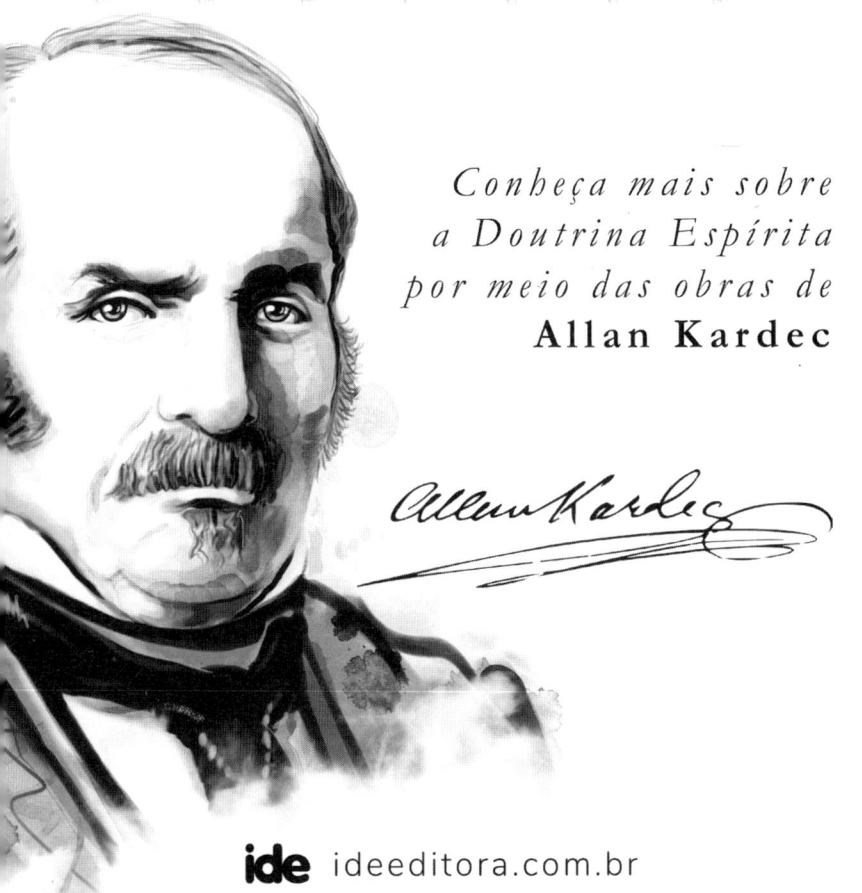

Conheça mais sobre a Doutrina Espírita por meio das obras de **Allan Kardec**

ide ideeditora.com.br

idelivraria.com.br

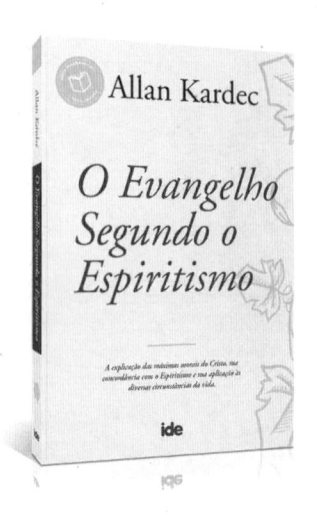

Pratique o "Evangelho no Lar"

Allan Kardec
O Evangelho Segundo o Espiritismo

Aponte a câmera do celular e faça download do roteiro do **Evangelho no lar**

Ide editora é nome fantasia do Instituto de Difusão Espírita, entidade sem fins lucrativos.

ideeditora   ide.editora   ideeditora

◄◄ DISTRIBUIÇÃO EXCLUSIVA ►►

boanova editora

Av. Porto Ferreira, 1031 | Parque Iracema
CEP 15809-020 | Catanduva-SP
17 3531.4444   17 99777.7413

- boanovaed
- boanovaeditora
- boanovaed
- www.boanova.net
- boanova@boanova.net

Fale pelo whatsapp   Acesse nossa loja